艺术管理研究文丛

论艺术管理教育

董 峰 著

Principles in the Education
of Arts Management

复旦大学出版社

上海戏剧学院"艺术管理国家一流本科专业建设点"
（文号：教高厅函〔2021〕7号）

上海戏剧学院教育部新文科研究与改革实践项目
"基于交叉、融合、应用为特征的艺术管理专业课程体系与教材体系建设实践"
（文号：教高厅函〔2021〕10号）

上海市地方高水平大学建设项目：中国特色艺术管理学术体系构建与实践

前　言

这是本人编撰的第三本文集,也是一段时间来集中思考艺术管理教育的阶段成果,其中还包括与范少鹏、董书欣、李彦燃、王纯子、周晓音等诸多师友合作的部分。这些思考有的在刊物发表,有的在论坛宣讲,主要涉及作为教育形态的艺术管理其学科生成、专业建设、教学组织、人才培养、产学合作、社会关联等诸多层面的核心议题,现在把这些文字按照发表时间顺序整理成书出版,可以算作当前艺术管理教育研究领域比较系统的专门论述,也是为进一步的研究提出一些观点和判断上的参照或者呼唤。艺术管理作为新兴、热门学科专业,特别需要知识的整理与生产,举凡举办研讨会议,撰写活动综述,整理教学档案,主编期刊丛书,发表学术论文,都是知识生产的基本方式,本书每篇文章要么保留或补充主要参考文献,要么补充延伸阅读书目,除了便于读者广泛且深入地了解文章背后的信息,也包含了促进知识生产的初心。

算起来,从我发表第一篇艺术管理教育专题论文至今已 10 年有余。一路走来,雪泥鸿爪,唯留几篇薄文于管理及教学之外,良而慨之。在这职涯的半途,之所以捡拾这些文字,仔细想来,无非有三个缘由:(1)作为新建专业的创始人,怎么朝着完美的目标把教学工作创造性地组织起来;(2)曾经担任过高校教务处负责人,怎么把前沿阅读与宏观思考这一职业习惯落实在具体的学科专业建设中;(3)本科读的是教育学专业,似乎毕业之后不管思虑哪样工作总有老本行的影子。这些经历综合在一起,就成了今天这个样子：执着于教育情怀与念想，把工作与学习、学习与思考、思考与写作结合起来，每年都有不问大小的成果拿出手，慢工细活，累月经年，不经意间，这段旅程的跋涉就获取了更高的意义和价值，即使处在暗地也生出更多光来。

无疑，这本书的内容都是有感而发，或者说完全是在实际的工作中基于实践和阅读的需要。在全国的范围内从无到有、从弱到强创造出一个大家并不能马上接受而社会又迫切需要的学科专业来，其难度非身处其中无法言之。这里有太多的问题不仅亟需方案的拟订和实施，而且亟需学术的创造与应用。首篇《艺术管理：在专业化的建设中》算是赵志红主编的约稿，放在《艺术教育》"头条"的位置，直到作为对艺术管理学科专业回顾与展望的最新一篇《艺术管理教学策略的嬗变与发展（1983—2023）》，再加上中国艺术管理教育年会多场开幕致辞，基本上等于把艺术管理教育从内部构成到外部关系的各个方面梳理了一遍，不仅回应了大家普遍关注、疑惑、争论的焦点话题，而且在学理上作了更为深入的反思与探讨。这些研究都是从教育学的角度切入，抓住艺术管理教育发展所要解决的基本问题，对参考资料及数据尽可能一网打尽，对各种概念、观点与判断作了必要的综述、辨析，在理论层面把叙述框架建构起来，更加突出文章的完整度与逻辑性，尤其注重整个研究在中国场景的契合度与适用性。文章写得很慢，有的篇什想好了题目却迟迟下不了笔，有的篇什花费了一年的时间才磨出来，而写完后往往又要放几周拿出来再读一遍，修改、加工与润饰，力求严谨朴实、平易晓畅，甚至能有一些为读者乐见的文风。

不客气地说，不同时段我个人关注艺术、管理、教育跨学科探索的视域与成果，基本代表了当时这个领域的前沿水平。虽然，这一"水平"似乎很快也就落后了，但其中的情怀、思路和观念则是历久弥新的。

现在，艺术管理及其教育在中国大地上已呈蓬勃繁茂之势，更是到了对其基本问题的规律性认知与形成社会化共识的新阶段。诚如吴敬琏先生给中国发展研究者的忠告:开拓思想市场、研究基本问题、探寻中国发展路径;如果艺术管理及其教育的基本问题弄不清楚,就不可能从根本上解决中国艺术管理及其教育高质量发展问题。中国艺术管理及其教育这一领域的先行者以及每年招录的硕博研究生目前全国加起来超过了3 000人,但是针对艺术管理及其教育基本问题每年发表的论文、出版的著作还不够丰富且尤其缺乏分量之作,在各种热闹的论坛上也多是熟悉的面孔讲着相似的内容。文章写不出实情,发言讲不出真话,社会上的弊病似乎正在艺术管理及其教育这一新生的领域蔓延开来。年轻人初来乍到可能还只是不敢、不愿,久而久之就固化成了不能、不会。我想说的是,一个艺术管理教师思想虚空甚至为零,粗看起来是因为缺乏勇气与风气,而现实中更多表现为方法与能力问题。其实在国内人文社科领域尤其是在艺术学门类,方法论是最被忽视和欠缺的,研究什么、为什么研究以及如何研究又如何写作表达,大多数人既没有文笔、阅读积累,又没有方法论自觉。这和西方明显不同,西方讲究学术训练其实就是对一整套研究方法、写作规则的尊重和应用。所以我在已出版的拙著《艺术管理学》专门写下"作为学科工具的研究方法"一节,也在这本书以不同的方式多次提到了这个问题。话说三遍,不厌其烦,是担心听者寥寥,总觉得有再说的必要。

没有思想,人是不能成为教师的,尤其在大学;没有思想,教育是没有希望的,也尤其在大学。今年恰逢改革开放45周年,具有现代意义的中国艺术管理及其教育也正是改革开放进程中思想解放的产物,反之,艺术管理及其教育的发展也在一定程度上改变了整个社会对艺术领域管理议题的看法、认识和观念。可以说,中国艺术管理及其教育未来的发展也必将建立在独立思考精神、前瞻性判断以及扎实的理论研究之上。这里,我不揣谫陋,提出关于艺术管理教育的一孔之见请大家指正,也更是借此机会,鼓动大家都来努力,在今日中国再次面临时代更迭、中西碰撞、社会问题纷繁复杂的当下,仔细地观察、体味和思量,用带有温度的文字,还原艺术本初的思想性和原创性,测度中国艺术管理及其教育创造未来的可能与道路。

董 峰

2023年6月26日沪上寓所

目　录

"艺术管理"：在专业化的建设中	001
试论艺术管理学科建设问题	010
在融汇交互中发展艺术管理教育	025
对艺术管理的教育学解读	033
艺术管理专业办学模式评析	047
艺术管理者的社会需求及其供给	057
艺术管理学的学科状况	070
塑造艺管专业实践性的教学品质	085
构建文化创意语境下艺术管理教育新生态	091
试论艺术管理学科的文化推动力	104
美国艺术管理研究生教育课程设置探讨	116
艺术管理与创意类学科发展的新动力与新机制	128
艺术市场生态中的学界议题	138
全球化语境下区域艺术管理教育的合作与发展	150
再辨艺术管理专业教育与行业发展的关系	156
多元文化语境下的艺术管理教育	166
艺术管理学科的阶段特征与未来走向	178
艺术管理教育发展的学术支撑与思想引领	192
艺术管理专业的应用属性与实现途径	196
新时代艺术管理教育发展的上海共识	236

艺术机构对教育本质的回归 　　　　　　　　　　　241

艺术管理教育共同体的价值观念和行为模式 　　　　247

艺术管理本科教学形态的融合创新 　　　　　　　　251

艺术管理一流本科专业课程体系的内涵与重构 　　264

剧院管理学科专业化的必要与可行 　　　　　　　　275

戏剧管理的知识逻辑与教育路径 　　　　　　　　　292

艺术管理教学策略的嬗变与发展(1983—2023) 　　302

附录

中国艺术管理教育大事记(1978—2023) 　　　　　316

"艺术管理"：在专业化的建设中

严格地说，"艺术管理"尚不能称之为一个完整且规范的专业，不仅因为其专业名称尚不统一、专业属性尚不明确，单是就其合法身份而言，至今还没有在教育部颁布的本科专业目录里取得一席之地，而只是在公共事业管理、文化产业管理以及诸如美术学、音乐学、影视学等艺术理论类本科专业里以一个方向的形式存在[①]，这也是本文标题中的艺术管理要加上引号的原由。但这似乎并不影响"艺术管理"作为"专业"的建设和发展。据了解，目前全国已有30多所高等院校正在举办此类"专业"，在办学范畴上，"艺术管理"已经超出艺术院校而在经管类、文科类、综合类甚至理工类院校受到热捧。面对蓬勃发展的态势，"艺术管理"亟需在专业化的建构上进行经验总结和理论的探索。事实上，已有越来越多的作者纷纷撰文，主要从教学实践与经验出发，以开放包容、学习借鉴的姿态探讨艺术管理专业的建设与发展[②]，充分展示了艺术管理系科创始人和研

---

① 这里所说的本科专业目录是指《普通高等学校本科专业目录》，即国家教育部（原国家教育委员会）制订与修订的有关普通高等学校本科专业的目录，是高等教育工作的基本指导性文件之一。它规定专业划分、名称及所属门类，是设置和调整专业、实施人才培养、安排招生、授予学位、指导就业，进行教育统计和人才需求预测等工作的重要依据。改革开放以来，国家教育部已经进行了3次大规模的学科目录和专业设置调整工作。第一次修订目录于1987年颁布实施，修订后的专业种数由1300多种调减到671种，解决了"十年动乱"所造成的专业设置混乱的局面，专业名称和专业内涵得到整理和规范。第二次修订目录于1993年正式颁布实施，专业种数为504种，重点解决专业归并和总体优化的问题，形成了体系完整、统一规范、比较科学合理的本科专业目录。第三次修订目录于1998年颁布实施，修订工作按照"科学、规范、拓宽"的原则进行，使本科专业目录的学科门类达到11个，专业类71个，专业种数由504种调减到249种，改变了过去过分强调"专业对口"的教育观念和模式。
② 比较有代表性的文章，如薛志良、马琳《关于艺术管理与文化创意产业的若干探讨》，《艺术教育》2006年第6期；张朝霞：《搭乘创意产业快车培育高端专业人才——关于构建开（转下页）

究人员为发展中国的艺术管理教育所做的努力。

一、专业开设的初衷

　　针对艺术管理专业的热门与火爆的事实,人们更多地是从表面现象谈起,或者说对新生事物总是报以冷眼观望的心态。简单地说,大家往往认为开设艺术管理专业主要是从扩招的角度考虑的,技能技法艺术专业在扩招中总有量的限制,而更多的院校又在扩招的大潮中耐不住扩招的诱惑,于是只好在艺术管理、艺术教育、广电编导等面广量大的新兴专业上打主意。当然,更有人说,办艺术管理就是在技能技法专业玩不下去的老师又不甘寂寞才搞出来的一块自留地。这样说也不是没有一点道理。从招生的具体情形来看,大部分艺术院校确实把艺术设计、艺术传媒、艺术教育、艺术管理这些交叉、应用性专业作为招生的主力,而绘画、戏曲、音乐表演、舞蹈表演、作曲等艺术专业在一线艺术院校还是坚持走少而精的办学模式,而新专业也往往不大受传统专业里的大咖们的待见。

　　但是问题并非如此简单。一个专业的新兴必定有特定的社会背景,也有持续的时代动力,还有规范的教育标准。这正是教育社会学的基本逻辑所在。首先,从外部讲,它与社会发展联系在一起。根据国际经济社会发展经验,一个地区的人均GDP超过3000美元[①],社会对文化产品的消费需求开始增强,文化行业在强有力的需求下迅速成长。2005年,我国东部沿海地区人均GDP开始超过3000美元,苏浙地区则达到5000—6000美元,社会进入一个新的发展阶段。当前,我国经济发展模式已从

　　(接上页)放性艺术管理核心课程体系的思考》,《艺术教育》2006年第7期;张兰生:《从澳大利亚的艺术管理教育看此专业在中国的构建与发展》,《艺术教育》2006年第8期;李培峰:《综合艺术院校文化管理类专业建设模式的探索与思考》,《新疆艺术学院学报》2006年第4期。

① 历史经验表明,当一国人均GDP超过3000美元时,教育、文化、健康、休闲等非物质消费就会进入大众化阶段,超过5000美元时将进入快速增长期。

高耗能、高污染向环境友好型、资源节约型的道路转变,其中蕴涵着越来越快的经济结构调整和新兴产业萌生。在这样一种大背景下,全国公益性的文化事业和经营性的文化产业如朝阳般普照大江南北,并日渐显现其后劲与活力,由此带来艺术管理人才的广阔需求。这才是艺术管理作为新建专业而兴起的最大谜底。否则,为什么不是其他专业的火爆,而是艺术管理?为什么不在别的时间里火爆,而恰恰在这个时期?其中必然有社会的背景、时代的动力、教育的标准在里面交互催生。有关专家估算,我国文化潜在消费能力 2005 年已达到 6 000 亿元,与此相关,书画业、文物业、博物馆业、会展业、演出业、音像业、广播影视业、娱乐业、艺术培训业、文化旅游业、群众文化业正处在蓬勃发展之中。当前从中央到地方,纷纷出台了"十一五"时期文化发展规划纲要(2006—2010),提出了文化事业和文化产业发展的基本目标、主要思路和战略举措。由此,文化行业创意、经营、管理人才奇缺的情况已成为制约经济文化社会和谐发展的最大瓶颈,于是,艺术管理人才培养就提上了议事日程,至于是谁来吃螃蟹,全看他的眼光与魄力以及责任与担当了。

其次,就内部来说,与传统学科的转向和提升相关。新世纪以来,文学艺术研究正发生着重大的转向。随着科技的进步,社会生产力的发展,人们在基本物质需求得到不断满足的基础上,对文化、科技、教育的需求变得越来越重要、越来越日常化。扩而大之,作为软实力的文化、科技、教育也逐步超越经济、政治、军事而成为一个国家或地区是否具有竞争力的标志性力量。这种社会方向上的根本转型,要求艺术学科面对急剧变化的现实,打破原有学科界限,转换原有的研究范式,提升原有的学科内容,孕育新的学科生长点。一般认为,当前艺术学科已经明显地呈现出由原先侧重艺术产品的研究转向侧重艺术市场的研究,由原先侧重艺术生产者的研究转向侧重艺术消费者的研究,即由传统的研究艺术家、艺术作品、艺术风格与流派以及社会背景等,转向现代的研究艺术市场、艺术消费、艺术赞助机制等。学术转向与行业转型几乎同步发生。过去是艺术生产者引导消费者，现在是艺术消费者推动生产者。也就是说，艺术市场由此变得更加规模庞大且结构复杂，而艺术市场的顺畅运转与持续发展离不开一大批艺术管理人才的支撑和引领。

如果说这个转向在初期尚存在着对西方盲目的、偶然的移植或借鉴，那么在今天更多地则是由本土实践内生的一种迫切的需要。如中央美术学院、中央戏剧学院、北京电影学院，他们原有的美术学、戏剧学、电影学专业无不侧重史论方面的研究，这几年，经过不断的准备和调整，已经分别开办了美术展览与策划、戏剧制作与营销、电影制片与发行等专业方向，而这些侧重艺术市场的专业方向在师资、课程、教学管理等方面无一例外地都是在传统史论专业方向的基础上延伸、拓展、转向而来。

二、人才培养的可能

在"艺术管理"这个名词还没有出现的时候，其实就有了艺术管理这种实践，这就是大家通常说的"存在先于本质"。从广义的社会学角度来说，"艺术"产生之后，在规模化和复杂性的生产过程中就与"管理"在某种程度上结下了不解之缘，其实管理职能蕴含在各门类集体性艺术活动的全过程之中。换句话说，在未有艺术管理专业之前，就已有艺术管理人才了。早期的艺术管理人才一般直接来源于艺术实践，直到专业化之前，艺术机构里的艺术管理人才既有属于"艺而优则仕"的领导型管理者，也有属于很难在专业上发展下去转而从事艺术管理工作的服务型管理者，另外一个来源就是间接从其他部门、行业转换过来，多在政府文化部门或艺术团体从事行政管理工作。

显然，这样的人才供给方式从规模和质量上都不能满足当前的需要。在文化艺术行业大发展的背景下，艺术管理作为新型的知识领域和人才类型受到重视，逐步演化，两者的正式结盟最终使原先归属不同体系的门类形成统一复合体，从实践上升至研究，成为一个专业化的教育体系，专业化的艺术管理人才培养由可能变成现实。

20世纪60年代,经过短暂的社会培训之后,英、美等西方国家在学校教育的层面开设艺术管理专业,培养专门的艺术管理人才。而我国艺术管理人才的专业化培养,则在20世纪80年代以成人教育或干部培训的形式大力发展。那时的艺术院校采用灵活的机制与政府主管部门或文化类企事业单位合作办学,陆续举办"文化艺术管理"干部培训班、成人大专班,招收有相关工作经历的从业人员,培养了一批"短、平、快"式的专业人才,满足了改革开放伊始社会经济发展的急需。与此同时,中央文化管理干部学院和省级文化管理干部学校也相继成立,承担各级文化系统管理干部和业务干部、文化经营和管理人员的各类岗位培训、管理技能培训以及部分的学历教育。2000年之后,顺应经济蓬勃发展的形势,艺术院校系科大家庭里出现了新兴的教学组织——艺术管理,这是一个为文化行业培养不同类型、不同层次管理人才的特殊部门。

究竟哪家艺术院校最早开设了艺术管理专业教育,一直有不同的说法,也有相关的研究文章。如果不是从形式上拼校史,其实这一点并不重要。但是,对于走在专业建设前列的艺术院校的办学创举,哪怕挂一漏万,还是值得一说。2001年中央戏剧学院较早地创建艺术管理系,招收演出制作管理和艺术院团管理两个专业方向的本科生,着重培养戏剧制作、舞台监督、演出运营领域的各类管理人才。这一年还有多家艺术院校开始了艺术管理教育。2003年中央美术学院创建的艺术管理专业是中国第一个视觉艺术管理的专业,专门培养艺术经纪人、艺术策划人和文化管理者,学生毕业后可从事艺术品投资咨询、拍卖行或画廊的经营、美术馆和文化部门的管理、文化活动和艺术展览的策划等。随后各艺术院校纷纷建立起艺术管理系,或在美术学系、音乐学系、影视学系、舞蹈学系等下面设立艺术管理专业,依托本校传统优势专业资源,在专业设置和人才培养方向上各有侧重。

不仅如此,经管类、文科类、综合性甚至理工类高等院校也分别依托其管理学、经济学、文学、历史学等学科优势,以高起点加入到艺术管理专业建设中来,积极承接国家文化市场领域重要课题,开展文化艺术管理的学科建设和人才培养。尤其是"211工程"院校、"985工程"高校活跃于文化管理学术研究和人才培养的前沿领域,对文化和艺术管理的学科化建设起到了示范作用,提升了学术水平,促进了人才培养机制的构建。由于这类高校拥有雄厚的文化艺术研究资源和管理学、经济学的学科实力以及高水平的师资队伍,它们利用学科交叉的优势,在很短的时间内就形成了从本科专业到硕士、博士一套完整的艺术管理人才培养体系,而且很快就抢占了学术制高点,成为国家文化艺术管理研究的主要基地,如1999年和2002年,上海交通大学和北京大学先后成为文化部设立的国家文化产业创新与发展研究基地;2004年,教育部在山东大学、中国海洋大学、中国传媒大学、云南大学等全国重点高校以试办的形式首次增设"文化产业管理"本科专业[①];2007年文化部命名清华大学、南京大学、南京航空航天大学、中国海洋大学、华中师范大学、云南大学6所高校的文化产业研究机构为国家文化产业研究中心。文化部要求这些高校以组织文化产业基础理论和相关课题研究、培养各类文化产业专门人才、进行政策咨询和信息服务、承担国家和地方政府部门交给的文化产业课题等为主要任务,力争成为今后一个时期内文化产业理论研究和人才培养的主导力量。政策驱动下文化产业管理专业暂时的后来居上给艺术管理教育带来很大的鼓舞和信心。

三、教学组织的安排

一般来说,"专业"是指具有一定逻辑关系的一系列课程的一种组织

---

① 文化产业管理专业于2000年前后开始创建,2004年成为教育部在全国四所高校首批试点建设的专业,2011纳入学科专业目录,修业年限为四年,授予学位为管理学学士或艺术学学士。该专业学生主要学习文化产业管理及相关学科的基本理论和基本知识,接受文化理论、产业管理、文化创新方面的基本训练,掌握文化产业管理相关分析问题和解决问题的基本能力。

形式,还可以指根据科学分工或生产部门的分工把学业分成的门类,这个门类也就是培养学生的各个专门领域,学生学完所包含的全部课程,就可以形成一定的知识与能力结构,获得该专业的毕业证书。"艺术管理"的专业化建设就是指高校采取什么样的课程组织方式与资源配置途径,以便高效地传承"艺术管理"知识、培养"艺术管理"人才。在我们国家,新专业的设置必须在一定的条件和标准下由政府教育主管部门根据《高等学校本科专业设置规定》(1999年颁布)批准,但是前期的准备工作必须由高校按照高等教育的要求来完成。

在教学组织安排上,即使把艺术管理作为一个专业来对待,也是十分宽泛的。作为艺术管理人才,在层次上,既有宏观战略方面的理论型管理人才,也有具体操作层面的实践型人才;在类型上,既有音乐与表演方面的管理人才,也有美术与设计方面的管理人才,当然无论是音乐与表演,还是美术与设计,都还可以继续细分为更为具体的艺术门类,比如演出、展览、影视、设计、传媒等,不一而足。作为规范的专业建制,不可能针对一个具体的艺术门类来培养艺术管理人才,尽管对于某个就业岗位而言,它所需要的人才往往是具体的、专业对口的。如何正确处理人才培养的层次与类型,把艺术管理首先作为一个整体专业进行学科建构,同时又不缺失各类艺术院校自身的优势和特色,这就是专业化建设需要逐步解决的一个课题。作为人才培养体系的专业而言,掌握一项或几项具体艺术门类是必需的,也是初步的,但关键在于要能够超越具体的艺术门类从而构建起作为这个专业人才所共有的基本、核心的学业素养,在课程设置、师资配置、生源招录标准等方面有着内在的一致性。否则,艺术管理的专业化建构便无从谈起。实际上,每个学校都在充分利用自身优势塑造教学特色的同时,也在积极培育艺术管理之所以为本科专业的共同品格。这里,仅就综合性艺术院校的一般的思路和做法略陈管见。

总体来说,综合性艺术院校学科众多、专业齐全,更适合培养艺术管理人才,因为当前的艺术市场以及艺术项目、艺术活动往往不只涉及一个具体的艺术门类,而是呈现着多个艺术门类综合跨界的趋势,因此艺术管理人才的培养也就有着复合型、交叉类、宽口径的要求。在人才培养上的规格和层次上,就综合性艺术院校而言,艺术管理人才的培养主要侧重具体操作层面的实践型人才而不是宏观战略方面的理论型管理人才。在类型上,不是针对具体的艺术门类比如音乐、美术、舞蹈等来培养艺术管理人才,而是把这些艺术门类归结为音乐与表演、美术与设计、影视与传媒等多个复合领域。如果单就具体的艺术门类设置艺术管理专业,其狭窄或单一的人才培养口径与教学内容无疑不利于毕业生拥有宽阔的社会适应面以及持续的职业进阶能力。在课程设置上,专业课应占整个本科学分体系的 60%,设置为必选、限选和任选三种方式。专业必选课是艺术管理学科的基础课程平台,以公共管理类基础课程、公共艺术类基础课程、公共艺术管理类基础课程(包括理论和实践课程)为主,学分约占专业课的 40%。专业限选课是艺术管理学科不同专业方向的课程群(模组课),大致可以设置美术与设计类、音乐与表演类、影视与传媒类三个模组,学生根据个人的兴趣、特长、爱好自主选择一类,每类课程群均以门类艺术理论课程、门类艺术实践课程、门类艺术赏析课程、门类艺术管理课程为主,学分约占专业课的 35%。专业任选课包括课程讲授、艺术实践与学术讲座等形式,课程讲授是指艺术管理与教育类、管理类、经济类、科技类等学科相互交叉、融合的相关课程,也有艺术管理实践操作类课程、综合艺术赏析类相关课程;同时把以艺术市场调研和艺术作品欣赏为主的社会实践与以文化产业理论和艺术管理案例为主的学术讲座也纳入课程体系之中。学分约占专业课的 25%。

开放式的课程体系和自主化的选课方式,如此,在学分制的框架内可以有效地培养社会急需的艺术管理复合型人才所应具备的知识、能力和素质。其一,熟练掌握一个艺术门类的技能技法(比如熟练掌握一门乐器的演奏)以及该艺术门类的理论和历史;其二,基本熟悉多个相关艺术门类的学科理论和实践方法;其三,大致了解艺术生产和消费的国家政策、市场态势;其四,具有深厚的文化艺术修养和敏锐的文化经营眼光;其五,具有艺术管理领域知识的深度,熟练掌握艺术赏析与评论、艺术策划与制作、艺术市场与营销的理论与实务;其六,具有清楚的思维、表达和写作的能力;其七,具有持续学习、独立思考和敢于创新的能力;其八,具有与他人合作的能力、对社会负责的态度。

主要参考文献:

1. [英]约翰·皮克、弗朗西斯·里德皮克:《艺术管理与剧院管理》,甄悦等译,北京:中国戏剧出版社,1988年。
2. 冯向东:《学科、专业建设与人才培养》,《高等教育研究》2002年第3期。
3. 南京艺术学院教务处:《南京艺术学院学分制指南(2003)》(内部资料),2003年6月。
4. [美]琼·杰夫瑞:《美国艺术管理教育的历史回顾》,高高译,《美术研究》2004年增刊。
5. 林蕙青、潘懋元:《高等学校学科专业结构调整研究》,《高等教育研究》2007年第7期。

原载:《艺术教育》2007年第9期

试论艺术管理学科建设问题

当前艺术管理在组织实践、理论探讨、专业建制方面呈现出积极发展的态势，也积累了多方面的成果。在梳理文献的基础上，可以运用教育学理论以及逻辑工具对艺术管理学科建设的研究对象、体系、方法等基本问题进行深入探讨，提出有关学科建设的初步看法与建议。需要指出的是，在日常用语乃至学术论文中，不少高校老师对学科、专业这些基础概念的认识、理解是模糊的，甚至是错误的，这种情况在"艺术管理"领域尤为突出。也就是说，虽然自2000年以来已有不少文章论及艺术管理学科或者专业议题，但在实际上几乎对"学科"与"专业"既没有作明确的界定，也没有作清晰的区分，两者往往是混用的，这似乎与20世纪80年代的情况很不一样。依照教育学的观点，在最为简约的意义上说，学科是知识的分类，专业是学业的分类，当然两者又是紧密联系在一起的。

一、艺术管理学科建设问题的提出

"艺术管理学科"不是哪个人凭自己的研究兴趣、研究需要一时兴起提出来的，而是首先由社会的发展变化，当然也包括艺术在其中的发展变化所提示，并经过许多人以各种方式不约而同地探讨、论述，才使它逐步在学科化的层面成为一个新的理论表达，从而学科的建设元理论、元问题也就自然而然地提上了日程。

近年来，艺术在社会发展实践领域呈现着根本性变化，其一，纳入国家软实力层面；其二，融入经济大发展范畴；其三，深入民众日常生活领域;其四,进入自身结构转向阶段①。这些变化可以从时下的流行词中得到足够的证明:文化产业、文化创意、艺术经济、艺术行销、艺术经纪人、艺术化生存,等等。实践的发展需要理论的自觉,理论的自觉意味着学科的萌生。于是"艺术管理"便以学科化的方式逐步地进入人们的视野和研究领域。

其实,艺术管理学科建设由来已久。即使不算国外,单就国内而言,早在1982年就不断有人呼吁尽快建立中国的文化艺术管理学②,并开始多方面的努力,逐步形成了20世纪80年代中后期和21世纪初期两次高潮。

1. 文章发表和著作出版

1983年7月,李军在《长江日报》发表《文艺改革需要研究文艺管理学》一文,倡导建立文艺管理学,此后,就艺术管理学科建设进行研讨的文章陆续问世。20世纪80年代中后期代表性的文章有:李军《一门新兴学科:文化艺术管理学》(《文化管理》1985年第1期),商尔刚《文化管理学理论意义浅谈》(《文化管理》1985年第1期),汪建德《文化管理学研究刍议》(《中国文化报》1986年3月9日),李军《建立和发展文化艺术管理科学》(《中国文化报》1986年5月4日),商尔刚与汪建德《关于建立艺术管理学的宏观思考:一次探索性的对话》(《戏剧景观》1987年第4期),龚心瀚《关于文化管理学科建设之管见》(《上海大学学报·社科版》1988年第1期),李准《艺术管理学的研究和实现我国文艺管理的科学化》(《社会科学战线》1988年第3期),高占祥《谈谈文化管理研究的指导思想》《论文化管理学框架构想》(《文坛百论》,北京:文化艺术出版社,1990年)。这些论文主要从政策或宏观的视角针对艺术发展领域的问题进行呼吁,对其学科建设进行经验化的畅想。今天看来,虽然都不算高头讲章,也缺少

---

① 从关注艺术创作与艺术生产转移到艺术消费、艺术市场上。
② 在当时的语境下,文化管理、文化艺术管理和艺术管理在概念上没有严格的区分,如果不是从政策、体制等层面来表述,文化管理指的就是艺术管理。

严密的论证,但是在那个文化体制比较僵化的时代发出今天都不算落后的声音,尤其显得弥足珍贵,也更值得后人特别珍惜。20世纪以来,相关的文章多了起来,其中比较重要的有范迪安《机遇与任务:应运而生的艺术管理学科》(《美术研究》2004年增刊),余丁《走向学科化的艺术管理》(《美术研究》2004年增刊),田川流《论文化艺术管理的主体系统》(《文艺研究》2005年第2期),李方军《对艺术管理新学科的认识与思考》(中国美术批评网 2006-09),曹意强《艺术管理的观念与学术状况》(《新美术》2007年第3期),郭大路《新时期的文化艺术管理学》(中国文化传播网 2007-10),董峰《艺术管理:在专业化的建设中》《艺术教育》2007年第9期)。这些文章的特点是均出自高校教师之手,主要着眼于艺术管理的专业教学与人才培养而进行的学科建设研究。与此同时,一批有分量的著作也相继写作或出版,如戴碧湘编《文化管理学概论(征求意见稿)》(文化部文化干部管理学院教材,1986年),李军著《困扰与转机——文化艺术管理学初探》(武汉:湖北人民出版社,1987年),索世晖、洪永平等著《文艺管理学导论》(北京:求实出版社,1989年),商尔刚与汪建德著《文化管理学初探》(北京:文化艺术出版社,1991年),田川流与何群著《文化艺术管理学》(成都:成都科技大学出版社,1996年),吕艺生著《艺术管理学》(上海:上海音乐出版社,2004年),曹意强编著《艺术管理概论·美术卷》(杭州:中国美院出版社,2007年),余丁编著《艺术管理学概论》(北京:高等教育出版社,2008年)等。艺术管理学科建设正是在这些越来越丰富、越来越厚实的论文与著作、教材积累的基础上展开的。

2. 学术平台和会议交流

一门学科的形成与发展离不开学术平台的搭建以及学术交流的推进。在此期间,学界创办了国内第一份文化艺术管理研究刊物《文化管理》(文化部,1985年),出版了第一本《文化管理研究》专集(吉林省艺术研究所,1989年),尽管前者没能坚持几年的时间就停刊了,但这种以期刊聚集学术的学科意识还是相当超前的。自1986年3月文化部召开"文化艺术管理科学建设与发展座谈会"起,艺术管理的学术研讨会相继在全国各地文化系统普遍展开。1987年在大连、1988年在吉林、1989年在大连、1990年在北戴河,文化部牵头连续四次召开了全国艺术管理学研讨会,主要围绕艺术管理体制、艺术团体运行机制、艺术市场经营方式等问题展开热烈讨论。此后,此类研讨会虽不再召开,但是以文化管理的名义举办的全国研讨却持续至今。除了组织国内学术研讨会外,1988年在北京和上海分别举行了国际艺术管理研讨会。2006年中央美院牵头召开了全国艺术管理教育年会,2007年移师上海,2008年又回师北京,这三次年会虽然在议题上没有充分展开,但在主题上更加接近艺术管理的本体,而不再像过去那样侧重于宏观和体制方面。总之,不管是何时召开的研讨会,也不管确定什么样的主题,都离不开对艺术管理学科本身的组织和管理问题进行呼吁和探讨,如对创建学会、举办刊物、编写教材、学科建设等话题都曾有所涉及。

3. 专业建设和人才培养

最早的艺术管理人才培养从1983年开始,此年,上海戏曲学校举办"艺术管理专修班",中央文化管理干部学院成立文化管理教研室。80年代中后期,以干部培训、成人教育为主的人才培养多了起来,主要设置文化管理、电影管理、剧院团管理、图书发行等短、平、快的实用专业,上海、北京、武汉、南京等城市是其中办学集中的地方,尤其是上海,在政府的推动下,1987年3所高校相继设置了研究生、本科、专修科三个不同层次的文化管理专业。21世纪以来,艺术管理专业首先在艺术院校兴办,以本科教育为主,教学呈现多样化特点。2001年,中央戏剧学院最早举办表演类的艺术管理专业,设置演出制作管理和艺术院团管理两个专业方向;2003年,中央美术学院创建的艺术管理专业是中国第一个视觉艺术管理的专业,专门培养艺术经纪人、艺术策划人和文化管理者。随后各艺术院校纷纷建立起艺术管理系,综合类、管理类、经济类院校也分别以学科交叉的形式举办文化产业、艺术管理类专业。所有的学科都是以教育为缘起①,专业教育的形成,加快了艺术管理学科建设的步伐。

4. 学会组织和研究队伍

文化艺术管理实践的发展和理论研究的深入,需要一个广泛的阵地提供支撑,以此把全国的研究队伍组织起来,促进学术的交流,而学会的成立恰恰搭建了这样一个有效的平台。在多方的努力下,中国文化管理学会1991年12月依法成立②,2000年1月重新登记,2000年秋天中国文化管理学正式成为艺术科学(一级学科)下边的国家二级学科,之后在其下面设立了艺术管理专业委员会。2006年,中央美院牵头筹建中国艺术管理教育学会③。学会成立以来,立足时代要求,有针对性地开展各方面的工作,有效地促进了学术交流、人才培养和学科建设,标识着在我国已初步形成了由从事艺术管理实践、艺术管理研究和艺术管理教学的三方面力量组成的艺术管理学研究队伍。这支队伍初始以文化部学者官员为班底,以中央文化管理干部学院、地方文化主管部门人员为重要补充,很大程度上带有官方色彩;而目前这支队伍则是由高校艺术学、文学等传统学科转化而来,由管理学、经济学等优势学科以及相关从业人员加盟,更加具有学术性和市场眼光。

---

① 参见[美]华勒斯坦等:《学科·知识·权力》,刘健芝等译,北京:生活·读书·新知三联书店,1999年。
② 中国文化管理协会(China Culture Administration Association,简称CCAA)前身为中国文化管理学会,成立于1991年12月20日,为响应党的十七届六中全会和十八大关于建设文化强国的号召,适应政府管理部门的职能转变,该会经文化部、民政部批准更名为"中国文化管理协会"。
③ 2006年,中国艺术管理教育学会在中央美术学院成立,英文名称为China Association for Arts Administration Educators,简称CAAAE。这是以高等院校艺术管理相关专业为主体自愿组成的非营利社会团体,也是全国艺术管理教育的行业组织,其基本宗旨有以下四点:(1)加强中国各艺术院校在艺术管理教育中的学术交流和资源共享,其范围包括视觉艺术、音乐艺术、舞蹈艺术和影视艺术等领域的管理、教育、传播、机构组织等方面;(2)为会员及会员单位提供正式的行业、课程、教学标准和行为准则;(3)鼓励和支持会员单位在艺术管理领域的科研、出版和学术交流;(4)推进艺术管理专业的国际学术交流。学会实行主席团负责制,主席团和常务理事会经由全体会员代表大会选举产生,任期五年。

按照教育学的经验,从一个学科的研究队伍、研究组织、研究阵地、研究成果、人才培养等外部构成的角度来说,艺术管理作为一门新兴学科,已经具备了大致的框架和初步的形态,在我国学科体系中占有了一定的位置。但是就学科建设的内涵来讲,虽然冠之以学,又经过30多年的发展,但与其他成熟的学科相比,艺术管理学还不能说已经形成了完整、独立的学科建制。作为学科,其基础研究还非常薄弱,在概念的使用上,很多研究者把艺术管理学研究与文化产业研究混为一谈,把艺术管理与艺术产业、艺术经济和艺术市场营销中所涉及的问题相混淆。人们对于艺术管理学的研究对象、学科框架还没有明确的认识,对于学科定位还争执不下,对研究范式还缺乏必要的理论观照。整体看来,艺术管理的理论研究仍未摆脱自发状态,急需确立某种可以衡量的学科标准和学术规范。

二、艺术管理学的研究对象

任何一门学科的建立都必须具有自己独特的研究对象,否则就不能称其为学科。艺术管理学科的建构与发展很大程度上取决于人们如何规定和理解艺术管理学的研究对象及其内涵的约束性。对此,从提出艺术管理学的那一天起,国内学者围绕研究对象问题进行了有益的初步探讨。

李军运用社会系统理论探讨了文化艺术管理系统的特殊性,作为动态系统的文化艺术管理的特殊矛盾所规定的质,即文化艺术管理这一完整社会现象的内部规律性,就是文化艺术管理学的对象;他认为文化艺术管理学就是要研究文化艺术管理现象的内部规律,诸如文化艺术管理的体制、职能、目标、过程、方法等的特殊性[①]。李准从艺术生产作为一种特殊的精神生产与物质生产有着许多不同之处的角度出发,指出艺术管理

[①] 李军:《一门新兴的学科:文化艺术管理学》,《文化管理》1985年第1期。

学作为科学应当有自己的要求和规定性,不但要研究艺术管理的一般规律,还要着重研究我国社会主义文艺事业管理的特殊规律与要求[1]。龚心瀚认为文化管理学是以文化产品的经营管理工作为研究对象的,要研究文化管理中的各种现象、关系、矛盾[2]。高占祥认为文化管理学是以研究文化管理的目标、体制、原则、手段、方法以及文化管理者的素质、管理者的管理艺术为对象的,需要从理论和实践的结合上去回答和解决文化管理中遇到的实际问题[3]。与此相关的论点还有,艺术管理的主体是艺术组织[4],艺术管理探讨的是艺术组织的管理方法和技巧[5],艺术和艺术家是艺术管理的核心对象,艺术创作与欣赏体制的产业化是艺术管理的内容[6],艺术管理学是以艺术生产管理为研究对象的[7]。

从已有的文献来看,可以认为目前对艺术管理学研究对象的探讨包含了"艺术管理规律说""艺术管理现象说""艺术管理问题说"三种观点,如此简要的概括虽然有着十分丰富的意涵,但是这些观点既没有得到充分地论证和阐释,也没有得到广泛的认同和呼应。这恰恰是新兴学科的必由之路。在一门学科创生的时候,人们对其研究对象的认识往往并不十分明确,而学科自身的发展也正是随着人们对其研究对象的进一步把握而逐步走向成熟的。因此,对艺术管理学的对象、范围乃至整个学科体系,都不宜一开始就定得过细、过死,应该从一般性的原则出发,开拓较宽的研究环境,留有较大的探讨余地。

第一,艺术管理学的研究对象应反映艺术管理的整体性。我们所说

---

[1] 李准:《艺术管理学的研究和实现我国文艺管理的科学化》,《社会科学战线》1988年第3期。
[2] 龚心瀚:《关于文化管理学科建设之管见》,《上海大学学报(社会科学版)》1988年第1期。
[3] 高占祥:《论文化管理学框架构想》,《文坛百论》,北京:文化艺术出版社,1990年;高占祥:《建立科学的文化管理理论体系——在第四届全国艺术管理学研讨会上的讲话》,1990年7月。
[4] 余丁:《走向学科化的艺术管理》,《美术研究》2004年增刊。
[5] 李方军:《对艺术管理新学科的认识与思考》,中国美术批评网2006-09。
[6] 曹意强:《艺术管理的观念与学术状况》,《新美术》2007年第3期。
[7] 商尔刚、汪建德:《关于建立艺术管理学的宏观思考:一次探索性的对话》,《戏剧景观》1987年第4期。

的艺术管理学是以艺术管理的整体为研究客体的，它要向人们提供一个关于艺术管理的完整形象。尽管艺术领域的管理议题包含着不同的层次和门类，艺术管理在学术的视野里包含着某种单一属性、某一局部现象或某一侧面，其中蕴含的艺术管理的某一具体的规律也需要揭示，但就学科的研究对象而言，应该是整体性的。当然，艺术管理学的研究对象并非这些不同的层次和门类的拼合，其研究的具体内容亦非这些层次和门类的简单相加。艺术管理学研究对象所体现的整体性，并不意味着涵盖艺术管理方方面面的问题，而只能从系统论的观点去理解。它是把不同门类和层次的艺术作为一个整体，通过对艺术管理现象与社会主要现象之间的关系、艺术管理内部主要构成要素之间的关系等的阐述，来展示艺术管理的整体性的。

第二，艺术管理学的研究对象应体现艺术管理的一般性。艺术管理学无论是艺术科学中的一个分支，还是管理科学中的一个分支，对于艺术学或管理学而言，它的研究对象只能是其中的特殊现象或特殊规律。但是艺术管理发展到今天已变得纷繁多样，艺术管理逐步朝着独立学科的方向发展，它所研究的就应该是艺术管理这一领域中一般的、共同的现象和规律。艺术管理中的矛盾很多，规律也是多方面、多层次的，作为独立形态的一门学科，艺术管理学不可能也不必要一一铺叙各种各样的艺术管理，而只能研究共性的问题，探索一般的规律。换句话说，艺术管理学研究的是基本理论，并在此基础上提供进行艺术管理活动所应遵循的一般性或共性的原理、原则和方法，用以指导艺术管理的实践。

第三，艺术管理学直接的和主要的研究对象是艺术组织。这一点可从艺术管理的定义中予以考察。余丁认为艺术管理是人类为了有成效地实现艺术组织或机构目的而进行的有意识的活动[1]；李方军则认为艺术管理是艺术组织结合商业管理、经济原则和沟通技巧来促进艺术各方面

---

[1] 余丁：《走向学科化的艺术管理》，《美术研究》2004年增刊。

的发展方法与手段[①];曹意强认为艺术管理就是运用传统的管理功能促进表演和视觉艺术产品,并将艺术家的作品呈现给观众[②]。目前对艺术管理所作的定义并不多,但在有限的定义中都指向"艺术组织"这一核心要素,并非偶然。艺术组织是艺术管理的生存基础,任何艺术管理行为都是由艺术组织发出的,脱离艺术组织空谈管理是不可取的。实际上,以作为艺术管理主体的艺术组织为艺术管理学直接的和主要的研究对象,恰恰能够反映出艺术管理的整体性和一般性,达到揭示艺术管理中的主要矛盾和一般规律的目的。

三、艺术管理学的学科体系

成熟的学科体系主要指分支学科的形成和发展,即学科在长期的构建过程中所形成的学术生态总体结构的系统分类和分层描述。对于新兴的学科而言,学科体系首先表现为学科研究应当包含的课题、内容和范畴。在确定艺术管理学研究对象的基础上,还应具体地明确艺术管理学所要研究的基本问题,所要形成的基本科类,这样才能深入地、具体地把握对象的实体,进而确立艺术管理学的体系。

那么,文化艺术管理学的研究应当包括哪些课题和内容?这可以从相关研究成果和政策规定一窥究竟。1986年,李准比较系统地提出了文化管理学10个方面的课题,可以简要归纳为6个方面:对文化艺术的政策、法律、规划的研究,对艺术团体的领导体制和管理机制的研究,对艺术各门类的比例和总体结构的研究,对艺术的生产、流通、消费之间的相互作用和关系的研究,对文艺队伍的建设的研究,对中外文艺交流活动的研究。高占祥认为从实际需要来看,文化管理学所要研究的基本问题,至少

---

① 李方军:《对艺术管理新学科的认识与思考》,中国美术批评网,2006年9月。
② 曹意强:《艺术管理的观念与学术状况》,《新美术》2007年第3期。

应该包含13个方面：文化人才的管理，文化团体的管理，文艺创作的管理，文化经营的管理，文化市场的管理，文化交流的管理，文化设施的管理，文化科技的管理，文化财物的管理，文化后勤的管理，同时还应包括文化管理史、文化发展战略、古今中外文化管理比较研究。另外从"全国艺术科学规划年度课题指南"中也可见一斑，早在2000年《全国艺术科学"十五"规划课题指南》已经对文化管理学科的研究范畴有了明确界定；过了7年，《全国艺术科学"十一五"规划2007年度课题指南》又把"文化管理研究"演变发展成了"文化艺术管理研究"，从中我们不难看出文化艺术管理学的研究方向是紧跟时代步伐的，切合实际的，更加注重学术积累，更加关注公共文化艺术建设和文化艺术产业发展。

由此看来，艺术管理学所要研究的范围是很广的，它要研究艺术管理中的领导体制、行政法规、价值取向、公共关系与法律等一些人们通常所关心的问题，更要研究艺术生产、艺术供求和艺术销售的原理、原则与方法，还要研究微观领域的发展计划、营销原则、领导风格、组织结构、经济与财务管理、资金筹措等方面。围绕这些课题产生的管理经验、技巧、知识、理论等，都是艺术管理这门学科所要涉猎的范围。如果需要加以概括，可以认为目前艺术管理学关键性的研究领域大致可以分为：(1)艺术管理学的历史、理论和方法研究；(2)艺术管理专业教育与人才培养研究；(3)艺术管理与文化政策、文化创意及文化资源的互动关系研究；(4)艺术管理思想、原则与方法、技术研究；(5)艺术机构与文化企业、文创园区运营与管理研究；(6)艺术市场与营销、观众拓展与公共艺术教育研究；(7)艺术赞助与筹资研究；(8)艺术项目、艺术活动、艺术节庆的策划、执行与评估研究；(9)艺术创富、艺术品牌、艺术跨文化交流研究；(10)国际艺术管理比较研究。面对如此广泛而庞杂的课题、范围，对于艺术管理学科体系构建而言，需要跳脱表面现象的纠缠，在学理的层面上考虑两个方面的依据：一是从逻辑上考虑艺术管理学科体系内在的结构。作为一个完整的学科，其体系构成必然是按照其全部知识内在的逻辑联系来展开的，从特定的视角和标准对知识体系进行分类或取舍。二是从艺术管理的实践需要出发来研究和建设艺术管理学科体系。理论有来源于实践并服务于实践的一面,所以,艺术管理学科体系的建设必须考虑艺术事业发展的实际和需要。这样就可以把艺术管理学科体系分为基础理论类、应用理论类、分门理论类、技术方法类四个方面(见表2-1)。其中,基础理论类学科主要是讨论艺术管理的基础性和综合性问题或艺术管理的共性问题;应用理论类主要是讨论艺术管理的不同领域的问题或专门化的问题;分层理论类是专门讨论不同门类的艺术管理问题;技术方法类主要阐述艺术管理的技术和方法类问题。

表2-1 艺术管理学科体系

基础理论类	艺术管理原理、比较艺术管理学、中外艺术管理史、艺术经济学、艺术资源学、艺术市场学、艺术传播与艺术接受
应用理论类	艺术组织、文化企业、创意机构、艺术行政、艺术行销、艺术经纪、艺术法、观众拓展、会员与志愿者
分门理论类	表演艺术管理、视觉艺术管理、影视艺术管理、新媒体艺术管理、剧院团管理、美术馆管理
技术方法类	艺术管理实操训练、艺术管理研究方法、艺术管理人工智能

其实,我国艺术管理学已经分化为若干学科,如艺术经济学、艺术市场学、艺术行政学、艺术法学、艺术行销管理学、表演艺术管理学等,这些分支学科都已经有了相对成熟的著作问世[①]。艺术管理是一种不断发展变化的实践活动,将会不断有新的知识、新的管理方式、新的管理经验,被

---

① 如李书亮:《艺术经济学概说》,北京:文化艺术出版社,1983年;顾兆贵:《艺术经济学导论》,北京:文化艺术出版社,2004年;林日葵:《艺术经济学》,北京:中国商业出版社,2006年;章利国:《艺术市场学》,杭州:中国美术学院出版社,2003年;李万康:《艺术市场学概论》,上海:复旦大学出版社,2005年;《艺术行政学》,吴国淳主讲课程;伦纳德·D.杜博夫:《艺术法概要》,周林译,北京:中国社会科学出版社,1995年;《艺术行销管理学概论》,孙厚声主讲课程;王絮:《表演艺术管理学引论》,沈阳:辽宁教育出版社,1990年;赵方:《表演艺术管理学》,北京:中国经济出版社,2001年。

纳入艺术管理学的研究范围，从而充实这门学科的理论体系。

四、艺术管理学的研究方法

学科研究方法在一门学科的发展中起着十分重要的作用，一般都把具有独特的研究方法作为学科成熟的一个标志。科学的研究方法是为了确定某种科学理论而探讨其规律和联系的途径，没有正确的科学方法是完成不了科学研究任务的。为了抓住文化艺术管理领域里的特殊现象，文化艺术管理学还要根据自身的特点制定它自己的方法，只有当它有了具体的研究方法，这个学科才是独立的学科。

一般认为，从学科层次上来看，学科研究方法大致分为四个层次：第一是哲学和一般科学方法，这是最高层次并适用于所有学科的；第二是分属两大科学领域——自然科学和社会科学与适用于多种学科的跨学科领域的方法；第三是具体学科或一级学科层次上的方法；第四是次级学科层次上的方法。从哲学上讲，相对低级层次的方法与相对高级层次的方法之间的关系应当是特殊与一般的关系。第四层次的方法要受第一层次、第二层次中相关领域以及第三层次中所属学科的方法论的指导。

由于艺术管理学是一门理论和实践相结合的交叉类、应用型学科，显然，其研究方法属于第四层次，艺术学是其基础，管理学是其依托，社会学、人类学、心理学、传播学、经济学等诸学科渗透其中，所以，在研究方法上，一方面它受到高级层次学科方法的指导，另一方面它还存在着与跨领域、跨学科的各层次学科的交叉关系，需要借鉴或者综合文化艺术学、现代管理学等相邻学科的方法论成果。在工具的意义上，艺术管理学常用的方法初步看来有市场调查法、田野考察法、案例分析法、文献检索法等。

1. 市场调查法。文化艺术管理的实践性决定了我们首先要对文化艺术管理活动进行实地调查，在当前文化产业蓬勃发展的态势下，尤其需要对艺术市场和群众的艺术需求进行调查。通过问卷、民意测验、座谈会、访谈等手段，有计划地、系统地了解文化艺术管理的实际过程、基本状况，弄清楚已取得的成绩和存在的问题，这样调查得到的材料就是我们进行科学研究的第一手材料。调查过程不仅要注意定性分析，还要加强定量分析，对各种数据的统计、分析，可以使我们对研究对象的了解更为全面。深入开展市场调查，对艺术管理过程中涌现的新现象、新问题，逐步从理论上加以概括和提炼，探寻其本质，总结其规律，才能不断丰富这门新的学科。

2. 田野考察法。田野考察是来自文化人类学、考古学的基本研究方法，举凡考古学、文学、艺术学、民俗学、管理学等，都可透过田野资料的收集和记录，架构出新的研究体系和理论基础。对于人们了解艺术家的创作过程、文化艺术资源的生态保护、不同群体的艺术需求等，田野考察法有着不可取代的作用，它要求调查者要与被调查对象共同生活一段时间，从中观察、了解和认识他们的社会与文化，这样才有利于对被调查者文化的深入研究和解释。总之，只有在正确的方法论基础上才能客观、正确地实施和评价艺术管理行为，才能科学、有效地为艺术管理在方法上找到有力的支撑。

3. 案例分析法。又称个案研究法，由哈佛大学于1880年开发完成，后被哈佛商学院用于培养高级经理和管理精英的教育实践，逐渐发展为今天的"案例分析法"，被许多公司借鉴过来成为用于培养公司企业得力员工的一种重要方法。通过使用这种方法对员工进行培训，能明显地增加员工对公司各项业务的了解，培养员工间良好的人际关系，提高员工解决问题的能力，增加公司的凝聚力。

在艺术的赞助与收藏、策划与传播、行销与推广中有很多成功的经典案例。作为艺术管理研究的一个重要方法，案例分析法就是把艺术管理的理论分析放在艺术管理的实验之上，把艺术管理的实验研究作为检验、修正理论的手段，这是一种以现有对象为目标进行研究，从中获得收益的方法，其特点就是通过对艺术管理实践中一个个具体生动的案例进行周密的考察、分析、透视,从更深层的规律性上挖掘、扩展,然后上升到一般的理论。同时,运用案例分析法还可以更好地认识艺术管理中的问题,获得更好的方法和技能、技巧,有力地指导、推动文化艺术活动的整体管理。

4. 文献检索法。任何研究总是在前人研究的基础上进行的,总要有所继承,若想在理论上有所继承,就需要进行文献检索,这是迅速走到理论研究前沿阵地的有效途径。艺术管理学研究亦如此。虽然艺术管理学只有短暂的过去,但是艺术管理却有着漫长的历史。人类很早就对自身的文化艺术活动进行社会控制和协调,并且形成了丰富的、多样性的文献。把古今中外文化艺术管理体制、原则、方法、政策进行比较分析,将各种经验——成功的与失败的,都纳入我们的视野,这就是要求我们"古为今用""洋为中用",从古今中外的文化管理经验中吸取营养,融合创新,建立适合当前形势的艺术管理学。

"研究工具"用以搜集和分析与研究问题有关的资料和数据,以阐明研究问题和满足研究目标,它的选择取决于3个条件:研究问题的类型、现象中实际行为的控制水平、时间因素。必须说明,这里所说的研究工具应该是综合使用的。艺术管理活动十分错综复杂,不能只运用一种方法进行研究,而需要各种方法的有机结合。只有这样,我们才可以从不同角度、不同层次、不同方面去探索艺术管理的本质联系,总结出它的规律,建设一门系统的、科学的艺术管理学。

主要参考文献:

1. 李军:《一门新兴学科:文化艺术管理学》,《文化管理》1985年第1期。
2. 龚心瀚:《关于文化管理学科建设之管见》,《上海大学学报(社会科学版)》1988年第1期。
3. 李准:《艺术管理学的研究和实现我国文艺管理的科学化》,《社会科学战线》1988年第3期。
4. 高占祥:《论文化管理学框架构想》,《文坛百论》,北京:文化艺术出版社,1990年。
5. 高占祥:《建立科学的文化管理理论体系——在第四届全国艺术管理学研讨会上的讲话》,1990年7月。

6. 余丁:《走向学科化的艺术管理》,《美术研究》2004年增刊。
7. 田川流:《论文化艺术管理的主体系统》,《文艺研究》2005年第2期。
8. 曹意强:《艺术管理的观念与学术状况》,《新美术》2007年第3期。
9. 项贤明:《教育学的学科反思与重建》,《教育研究》2003年第10期。

原载:《南京艺术学院学报(美术与设计)》2008年第5期

在融汇交互中发展艺术管理教育[①]

2006年是全国各地高校纷纷设立艺术管理系科的重要年份,在这一年,中国艺术管理教育学会应运而生并召开首届年会,之后每年一届,由不同的高校轮流举办,此举对于草创期的中国艺术管理教育在专业教学交流方面起到了至关重要的作用。经过北京和上海的流转之后,第4届中国艺术管理教育年会暨艺术管理国际论坛2009年5月6日—8日在南京艺术学院举行。文化部副部长王文章发来贺信。教育部社科司司长杨光、中央文化干部管理学院院长姚涵、江苏省教育厅副厅长杨湘宁、文化部文化市场司美术品处处长李蕊、江苏省文化厅艺术处处长吴小平、中国艺术管理教育学会主席谢大京、武汉音乐学院党委副书记付洪涛、南京艺术学院党委书记米如群、南京艺术学院院长邹建平等领导出席会议,南京艺术学院副院长刘伟冬主持会议开幕式。

本次会议围绕"艺术管理学科建构与理论视域""艺术管理产学研的互动与融合"以及"艺术展演的项目策划与受众拓展"等主题特别安排了国际论坛、业界发言、分组讨论、学生参赛等环节,其中三个分组为"第一组:艺术展演及观众拓展""第二组:艺术管理教学组织与人才培养""第三组:艺术管理学科建构与理论视域",以此搭建了艺术管理学界与业界融汇的渠道、老师和学生交互的平台、内地与海外沟通的桥梁。50多家单

[①] 本文是为2009年5月6日—8日南京艺术学院"第4届中国艺术管理教育年会暨艺术管理国际论坛"撰写的综述。

位的 100 余位代表、68 名同学参加了本次活动,大会收到学术论文 52 篇、大奖赛策划方案 33 份。

一、中外融汇推动知识创新

艺术管理学科在欧美主要国家不仅兴起的早而且发展的快,目前已近成熟。国内发展艺术管理学科自然离不开对西方的学习与借鉴。本次国际论坛分为嘉宾演讲和听众互动两个环节,以便国内外的学者深入地沟通和交流。美国学者、百老汇资深剧院总监托尼·斯蒂马奇(Tony Stimac)提供了美国在戏剧或音乐剧创作、剧场设施和观众培养等方面的不同于中国的做法及经验。在观众培养方面,美国剧场可谓煞费苦心,百老汇设计了各种宣传手册,免费附加在银行账单中一起寄到美国百姓手中,进行观众拓展。托尼·斯蒂马奇还提供了一份美国剧院进行观众开发的媒介统计数据表,通过对"广播""电视""口口相传""宣传册"等宣传手段进行数据分析,几种科学有效的观众拓展方式跃然纸上。国家大剧院发展部主任潘勇,2001 年赴美国肯尼迪表演艺术中心学习艺术管理,师从迈克尔·凯撒等名家,主修战略策划、市场营销、资金筹措和财务管理等课程。他着重阐述了从艺术管理专业实践到理论建构的学术路向。他认为中国艺术的创作水平很高,然而相比国外的类似团体,收入却异常的低,根源在于艺术机构的管理者不懂得如何为艺术获取资源,也就是不懂得"艺术管理",他指出解决这个问题将是未来相当一段时间文化艺术发展的重点。潘勇在国家大剧院工作的第一年就为其筹款 1.6 亿元人民币,他用成功经验证明了艺术机构与商业公司合作的多种可能性。中国美术馆国际事务部馆员、策展人杨应时结合自己在美国哈佛大学、哥伦比亚大学先后攻读艺术管理硕士、博士学位时选修的两门课程,探讨了"美国非营利机构筹款与艺术管理相关的课程设置"①。他认为艺术管理的存在以使命(mission driving)为目的,其生存主要依赖筹款,途径有以下几种:(1)商业途径;(2)基金会;(3)个人捐赠及会员费;(4)政府对项目的支持、减免税政策;(5)组织筹款特别活动。结合在美国选修"社会捐助:政策与实务"与"支持结构:艺术与人文的发展与筹款"课程,杨应时探讨了美国高校艺术管理课程的设置与教学组织,特别提出交流、沟通与表达能力在艺术管理人才培养中至关重要。美国学者、策展人田霏宇以"小制作化、大可能性:中国年轻艺术家与泡沫后的展览经济"为题,思考了艺术系统如何利用现实资源,恰当进行市场定位。他认为,在泡沫时期,经济迅速发展导致艺术圈内大制作泛滥,然而却缺乏对于作品内容和质量的考量。他主张以改革开放30年来消费文化的演变作为主题,买卖一些相对便宜的作品,以商业画廊的形式从事非营利机构的工作。他认为中国当代艺术系统充满了资金和运作的可能性。来自香港的学者郑新文在发言中提到自己是从业界转到学校从事教学工作的,因而最关注的是如何为业界培训艺术管理专业人才,以便让毕业生在未来的岗位上尽快发挥自己的作用。他展示了自己多年经验总结出来的艺术管理业界招聘员工的一般要求,包括综合素质、工作态度和价值观、艺术知识等六个方面,说明了不同培训目标对从事艺术管理工作的重要性,也指出了业界专家对艺术管理各方面专业知识的不足。

二、学用交互促进人才培养

艺术管理是一个新兴的复合型实践类专业,强调理论教学与实践训练

---

① 非营利组织是指在政府部门和商业企业之外的一切志愿团体、社会组织或民间协会,是介于政府(第一部门)与企业(第二部门)之间的"第三部门",它们共同形成三种影响社会的主要力量。非营利组织必须产生收益,以提供其活动的资金,但是,其收入和支出都是受到限制的。非营利组织因此往往通过公、私部门捐赠来获得经费,而且经常是免税的状态。私人对非营利组织的捐款有时还可以抵税。

相结合，注重学生广阔的社会适应面和持久的发展潜力。当前全国已普遍建立起公益性的大剧院、美术馆、文化馆、艺术中心以及商业化的文创园、拍卖行、演艺公司等，这不仅为艺术管理人才培养提供了社会需求，而且也提供了专业教学资源。业界发言以"访谈"的形式进行，特别邀请全国知名文化单位代表与院校代表面对面，促成产学研的良性互动。江苏省演艺集团董事长顾欣认为艺术不能再走"关起门来孤芳自赏"的老路，而是要通过专门的艺术经营管理者把优秀的艺术积极地推给大众，拓展艺术的生产力，让艺术被广大受众认可、接受乃至喜爱；同时他指出实际工作中艺术管理专业人才难求的压力，并对艺术管理教育的现状与发展提出了许多建议。作为民营企业，长风堂集团拥有博物馆、拍卖行、画廊、培训中心等业务部门，其博物馆具备每年筹资1亿元征集藏品的能力，副总经理顾颖对长风堂的发展历程和现状作了全面介绍，给大家在艺术管理教育实践方面诸多启示。江苏省文化产业集团副总经理崔建平提出艺术管理的基本特征不仅是艺术，还属于经济范畴，艺术产品的创作、推广、交易、消费都体现其商业价值；艺术与市场间需要一座桥梁，而市场认知度就是其价值的体现；艺术产品的定位很重要，内容也很重要。在市场经济的环境中，如何来管理艺术活动，要从艺术作品的创制、艺术产品的传播、艺术商品的营销这三个艺术产业基本链条的环节出发，形成市场闭环。凤凰出版传媒集团江苏文艺出版社副社长沈瑞则坦言，在网络书籍、杂志等广为普及的当下，出版社的日子的确不好过，针对网络阅读和手机阅读的广泛使用带来的冲击，需要寻求更为科学的生存之道。艺术图书的出版是艺术管理中重要的组成部分，这类图书的出版前景值得我们深入思考和关注。也可以说，艺术管理的初创阶段，它的边界应该是开放的，也是随着时代而不断变化的。

三、教师建言：凝集学科共识

分组讨论是各参会院校就办学，尤其是教学中碰到的实际问题所展开的内部交流。与会代表从专业本身出发,着重探讨了学科建设面临的机遇与挑战、人才的需求与培养机制以及教学中的课程设置等问题。有代表认为,作为一门新兴学科,艺术管理的学科属性尚未取得共识,各个学校的教育方式也千差万别,有的学校设置为人文学科,有的归类为社会学科,有的定位为艺术学科,因此学校培养计划、课程设置以及教学安排等方面的差异也相对较大,而艺术类学科与其他学科的相对脱节,不仅导致学生知识素养的贯通性比较弱,就连教师的知识结构也存在一定程度的缺失。

有代表建议当前需要把艺术管理作为一个既定的学科,而不是再去考虑它是否已经定位为一个学科。我们有必要搞清楚我们在做什么,而不是我们要不要去做。有代表指出艺术管理理论的建构要有正确的价值观,要清楚艺术管理到底是为了什么。西方的艺术管理教育已经从工具层面发展到宏观的对艺术文化的反思层面,虽然中国的艺术管理教育还正在经历工具层面,仍不可以忽略在教育的过程中渗透正确价值观的重要性。艺术管理并不是直接管理艺术作品和艺术家个人,而是针对艺术机构和组织的管理,是对艺术家及其作品的推介与营销。艺术管理者应该通过有效的管理方式来促进艺术传播,形成社会价值,对艺术创作进行引领。

艺术管理专业从无到有至今已有10余年,目前全国有50所高校开设此类专业,专业教师300多人,每年毕业生2 000多人。大家一致认为艺术管理人才尽管是紧缺的,但艺术管理教育的建设与发展却存在着诸多需要解决的问题。有代表提出艺术管理工作者的使命所在就是引导和教育捐赠人树立"艺术得益于社会故而必将服务于社会"的理念,艺术管理者应成为当今社会中艺术传播方向的"引导者",从事艺术管理的人一定要是懂艺术的人。有些代表建议艺术管理教育的发展还需要与本院校的办学传统与优势相结合,与当地经济社会文化发展的水平相适应。要对学生进行个性化的培养,给予学生最大化的自由学习空间。从学科建设来看,要依据各自院校特点对专业方向进行细分,更好地进行艺术管理的教学组织及人才培养。作为新建专业,有些代表反映其课程设置尚处在不断的调整之中,目前似乎很难梳理出一条比较清晰的线索来,不过实践中的一些共性问题却突显出来:(1)在课程内容上,是以艺术为核心还是以管理为核心;(2)在课程目标上是侧重"学"还是侧重"用";(3)在课程的关系上,是有机的融合,还是无序的排列。在具体的教学环节上,大部分代表希望构建"产学研"一体化的人才培养模式,把经典案例引入核心课程,将艺术展演的实践与案例分析结合,以项目带教学,不断完善和丰富实践教学。

四、学生办会:拓展育人渠道

本次年会的一项重要活动是学生参与的"从创意到策划:全国大学生首届艺术展演受众拓展方案设计大奖赛"。此次大奖赛旨在鼓励参赛学生以艺术管理专业知识为依托,就美术展览、艺术品拍卖、音乐演出、晚会组织以及艺术作品或艺术家推广等领域,开展意图满足现有及潜在观众群需要,以此能够增进艺术组织、艺术家以及艺术作品与受众之间关系的策划,进而提出各种具有创新性的受众拓展方案。这些方案需要充分进行市场调研,广泛收集相关信息,明确方案的创意点和操作性,以及必须包括但不限于艺术营销、院团规划、教育培训、观众维护以及销售发行等方面的内容。来自18所高校的33份方案参加角逐。评审采取匿名并且去掉最高分和最低分的方式进行,通过学生现场陈述和答辩等环节的比赛,共决出特等奖2名,一等奖4名,二等奖6名。南京艺术学院人文学院的项目《"艺动·金陵"——全国大学生艺术展演获奖作品高校巡演》和上海戏剧学院艺术管理系的项目《"到甘家大院听昆曲"——昆曲的整合营销计划》获得特等奖。本次年会主办方为获奖团队颁发了奖金和证书。

从年会、论坛到大赛,整个会务的策划、筹备及执行等工作全部由学生团队完成,成为本届年会获取最多点赞的一大亮点。首先,以年会整体方案招标的方式确定两名主要负责人,然后由这两位主要负责人自主招聘"代表与接待组、财务与筹资组、材料与宣传组、场地与会务组、策划与活动组"等5个工作小组的成员,潘君、单兆赓、石洁如、葛金霞、戴兆宏、王越、陈旭、陈闻轩、曹凡、汪骁、杨龙亮、李宙翰、房茜、朱杰等同学脱颖而出,受命组成工作团队。其次,学生团队创造性地开展工作,形成了一些超出学生这个年龄层次的会务做法和经验,可以说,在做事能力上,一些学生的表现远比一些老师好。比如采取"参与式建构"的方式制定会务方案,先是由团队每位成员按照要求分别拿出一套文本,然后是大家投票从中选出3套优秀文本,最后经过集体讨论把3套优秀文本融汇成一套可供执行的方案,这样就保证了这套将被执行的工作方案不是大家由上而下被动接受的,而是在主动参与中共同建构的。再比如方案执行中"定任务、定流程、定条件、定人头、定时限"的五定原则,一项工作分配或轮转到了自己手里时,要么有效地完成要么及时地传给其他人;尤其在大赛进行环节,充分考虑了每一个细节以及各个流程的衔接,确保"公开、公平、公正"原则得以最为严格的落实。其三,坚持"无档案不工作"原则及"宣传倒逼工作"的原则,在筹备期间,提前编印会议手册,并把52篇参会论文经过专业排版编印成论文集;在会务中设计了大量的工作表格,每天编印并及时发送工作简报;会后分别在江苏省委机关报《新华日报》和《中国文化报》主办的期刊《艺术教育》上发表图文报道[1],在《南京艺术学院学报》上发表了学术会议综述。其四,把艺术管理的学术活动与专业展示及考察充分结合起来。5月6日,学生团队巧妙策划,精心准备,为参会代表呈现了一场"可看、可听、可做、可买"的情景体验式"吴韵汉风踏歌来"江苏民间工艺精品展。5月8日,学校在夫子庙晚晴楼宴请与会师生并夜

---

[1] 《新华日报》2009年5月8日以"好的艺术管理能让艺术卖出好价钱——中外专家昨在宁探讨艺术营销"为题进行深度报道,《艺术教育》2009年第6期进行图文报道。

游秦淮河,5月9日学校组织大家前往扬州瘦西湖考察,全部活动的外联与内勤工作也由学生全程负责。本次会务学生团队充分吸收历届年兄弟院校一些积极有效的做法,紧密结合校方对外办会的基础要求,在会务筹备与组织工作中做出了很多创新,充分展示了艺术管理专业学生的专业品质和热情,"作为办会样板"给参会代表留下了深刻的印象,也成为业界广为流传的一段佳话。

原载:《南京艺术学院学报(美术与设计)》2009年第4期

延伸阅读篇目:

1. 贾梦雨:《好的艺术管理能让艺术卖出好价钱——中外专家昨在宁探讨艺术营销》,《新华日报》2009年5月8日。
2. 赵志红、包筱玲:《搭建学界和业界互通的桥梁——"第四届中国艺术管理教育年会暨艺术管理国际论坛"在南京艺术学院成功举办》,《艺术教育》2009年第6期。

对艺术管理的教育学解读

如何认识和把握艺术管理的内涵？艺术管理包括哪些构成要素以及这些构成要素之间是什么关系？艺术管理的职能与目标是什么？如何确立艺术管理的分析框架？本文针对艺术管理学科建构和专业发展的需要，在梳理文献的基础上，对艺术管理的相关语词进行了区分，对艺术管理的词源进行了考察，对艺术管理已有定义进行了评判，进而在教育学的语境下从多个方面对艺术管理的内涵属性进行分析和探讨。

一、辨析艺术管理概念的由来与意义

作为一种特殊的社会活动而非现代意义的管理形态，艺术管理走过了人类漫长的历史道路。在今天的文献中，讨论艺术管理的历史，无不从古希腊分司音乐、戏剧、舞蹈等9位缪斯的神话，古希腊城邦"戏剧节""酒神节"以及柏拉图《理想国》的艺术管理思想谈起。在中国，艺术管理源头则可追溯到周朝的时候，史料记载的周代"大司乐"是最早出现的乐舞管理机构，它拥有从艺人员1500人，可称得上是世界最早的，也是规模最大的音乐舞蹈学校和专业的表演艺术团体。对艺术管理发展历史的探讨就是连接已存、在场和将往的通路，对揭示艺术管理的本质、规律和价值具有提示意义和启发功能。

国内学者往往是在宽泛乃至松散的意义上论述艺术管理的，对其内涵的认识差别很大，甚至有诸多不确切之处。有的论述把艺术管理内涵泛化，把艺术管理等同于政治统治、社会教育、科学研究中包含艺术的那部分，认为艺术管理就是国家/政府对社会管控的文化过程，历代统治者包括皇帝都从事艺术管理工作，甚至把焚书坑儒、文字狱当作反动的艺术管理事件进行批判；还认为对艺术的分类、强调艺术的教化功能等研究也是艺术管理。而相反的错误则是把艺术管理窄化为艺术市场或者更为具体的艺术行政，不少著作谈艺术管理实际上指的是艺术市场或艺术行政，而且还是某一个具体门类的艺术管理。

艺术管理作为规范的术语，在国内出现已有 20 余年的时间了。近年来，由于文化与经济、社会的融合发展以及相关人才培养规模的不断扩大，艺术管理俨然成为一个流行词而备受关注。当下，通过艺术界学者们不懈的努力，更因为文化艺术已经上升为国家战略层面的需要，艺术学由原先设置在文学门类的一级学科升格为与文学并列的学科门类已指日可待，因而将艺术管理设置为二级学科以及本科专业以充实新的学科门类，就成了艺术教育界讨论的热点。

尽管如此，一个无法回避的问题是，到目前为止，还没有一个对于艺术管理严格而规范的定义。对于每一位从事艺术管理研究、教学、学习的人来说，不免会面对人们的诘问：什么是艺术管理？谁来实施艺术管理？在哪开展艺术管理？如何进行艺术管理？等等，而每一位从事艺术管理领域教学和研究的人则需要清楚说出这些问题的答案。因为，对艺术管理内涵的界定，是把握艺术管理现象与问题的起码要求，也是组成艺术管理学理论的基本内容，更是确立艺术管理专业人才培养目标及其课程体系的前提与基础。当然，人们对艺术管理的历史由来、实践操作、专业发展、学术建构已经从不同的角度出发作了多方面的探讨，对艺术管理的概念作出了不同的解释，但这些观点既没有得到充分的论证和阐释，也没有形成广泛的认同和呼应，似乎艺术管理依然是一个用自己的研究来自我定义的领域。

就对艺术管理概念的辨析而言，可以说，要从理论上对艺术管理的内涵进行确切的把握，并非人皆明之。不同学者在研究艺术管理时立足点不同,所占有的材料不同,因此,他们对艺术管理一词的所作的内涵界定也不尽相同,艺术管理目前还没有一个统一的定义。而现有的对于艺术管理这一术语的概念及其表述大都不能清晰、明确、全面地揭示其内涵,以致对艺术管理学的核心概念、逻辑起点、学科框架,也很难在学理的层面进行深入探讨;对作为大学教育的艺术管理,也无法明确其人才培养的规模、类型、层次和规格。

逻辑学认为,概念反映客观事物一般的、本质的特征,定义是对概念的内涵或语词的意义所作的简要而准确的描述。如何达到对一个名词、术语、概念的准确理解和全面把握,不仅是时间上学术积累的问题,更是一个方法和思路的问题。对艺术管理的定义不仅需要确定艺术和管理的基本范畴,而且也需要对艺术管理这一术语的形成与发展有清晰的认识,同时还需要在概念的逻辑学框架内进行思维的概括与提炼。当然,艺术管理作为特殊的实践性活动,在学科创始的时候,人们对其内涵的认识往往并不是十分明确的,甚至是模糊的、宽泛的,而学科自身的发展也正是随着人们在对其核心概念的反思与争辩、吸收与借鉴中的进一步把握而逐步走向成熟的。

二、辨析艺术管理的路径与方法

1. 对艺术管理语词的追溯

"艺术管理"这个词最初是怎样产生的?即"艺术管理"作为术语,在实践以及理论研究中是如何被约定俗成的?对词源的考察可以帮助我们了解事物名称的演变过程,进而了解词义的生成过程。一般来说,一个新的术语的产生总是落后于实践的,新的术语的产生总是对过往或在场实践的归纳、概括和提炼;当然也有一部分新的术语的产生源于对将来实践的推测、预知和研判。

"艺术管理"作为一个固定且规范的术语首先出现于欧美国家。由于资料的限制，目前无法溯本求源弄清楚"Arts Management"或"Arts Administration"是在什么时期、什么情况下生成的以及如何变迁的。但是，在20世纪早期西方一些针对博物馆、剧院团的艺术评论以及其后的文化经济学、艺术社会学的著作中，我们可以时而看见"艺术管理"这个词，它被用于阐述艺术与商业关系以及艺术事务的复杂性与专业化，如英国艺术批评家罗杰·弗莱（Roger Fry，1866—1934）1912年在《为"奥米加"工场筹集资金的信》里就使用了"艺术管理"一词①。到了50、60年代，冠名艺术管理的著作以及相关系科已在欧美陆续出现，主要讨论的是艺术项目或艺术组织的运营与管理。而这两个词也各有侧重，"Arts Management"强调艺术实践过程中的管理和操作技巧；"Arts Administration"强调管理的对象是机构而非个体，注重管理过程中的决策研究、选择和制定。国内方面，"艺术管理"是在"文化管理""文艺管理"等术语之后出现的。1983年李军（武汉）在《长江日报》发表《文艺改革需要研究文艺管理学》，1986年戴碧湘（北京）编写《文化管理学概论》，1987年文化部文化管理干部学院在大连举办第一届艺术管理学研讨会。这是能够查得到的资料里出现的最早的"艺术管理"术语。而细读这些材料，可以发现，"文化管理""文艺管理"这些术语表达的内涵多指宏观、政府、体制以及商品交换等层面的内容，还明显受到当时意识形态的限制；而"艺术管理"这个词一经产生便主要是指艺术表演团体的改革、经营与管理。进入21世纪，现代意义的"艺术管理"作为规范且含义丰富的术语在业界、学界、媒体以及官方被广泛地使用起来。

从了解与艺术管理相关的语词入手也是定义艺术管理的有效策略。这些语词大致可以归纳为三个方面：第一，文化管理、文化事业管理、文化产业管理；第二，艺术市场管理、艺术组织管理、艺术中介管理、艺术行政、

---

① 参见［英］罗杰·弗莱：《弗莱艺术批评文选》，沈语冰译，南京：江苏美术出版社，2010年，第148页。

艺术营销;第三,表演艺术管理、视觉艺术管理、影视艺术管理、戏剧管理、画廊管理、剧院团管理、博物馆管理。第一类属于宏观层面,说明艺术管理属于什么;第二类属于中观层面,说明艺术管理等同于什么;第三类属于具体操作的微观层面,说明艺术管理包含什么。在日常生活中,人们往往把艺术管理与以上不同类别的语词等同起来,把宏观、中观、微观混为一谈。其实,这些概念属于不同的范畴或领域,彼此之间既相互联系,又相互区分;在概念上既有相互交叉处,更有显著的不同之处。在这些相关语词构成的庞杂体系中,分别归纳出艺术管理与其他语词之间的同、异之处,也是趋近艺术管理内涵的有效方式,也就是说,对相关语词的区分恰恰可以反映出艺术管理自身的并以此区别于其他事物面貌的规定性。而其中一些具有规范定义的语词在概念界定的思路、方法上也可以为确立艺术管理的内涵提供参考和借鉴。

2. 对艺术管理定义的评析

西方对艺术管理的认识也是持多层面内涵分析的方式[①]。典型的观点除美国学者丹·马丁(Dar Mardin)将5个传统管理职能引入艺术机构的管理过程的论述外,还有梅根·马修斯(Megan Matthews)的"艺术管理要将艺术和观众结合在一起";弗朗索瓦·科尔伯特(François Colbert)强调艺术部门的特殊性,即"非连续性生产模式……艺术与行政的双重管理模式……以及产品的非物质性使其价值依赖于公众趣味的评估";以及沃克·基希贝格(Volker Kirchberg)和塔索斯·塞穆贝拉斯(Tasos Zembylas)提出的"可以将艺术管理视作艺术和文化生产,销售和消费汇集处的社会活动"。

这些定义中,直到目前比较公认的还是丹·马丁的观点:艺术管理是5种传统管理——计划、组织、实施、监督和控制在艺术领域的应用,有助

---

① 参见[加]德里克·宗(Derrick Chong)在其《艺术管理》一书中对艺术管理的理解和定义的总结。Derrick Chong, *Arts Management*, London: Routledge, 2010, pp. 5-6。

于把表演或视觉艺术的作品展示给观众。这种具有管理和推动创造性的过程,并能把艺术传达给观众的领域,一般有两个:公共的、非营利性艺术机构和私人的、商业的、以营利为目的的艺术实体。这个包含着丰富内容的定义首先突出了管理的职能与过程;其次把握了组织这个载体;再者限制了艺术的范围。这种将一般管理学说应用到具体艺术领域,一时成为流行的观点,但后来也常被质疑,因为这种定义没有揭示出艺术管理与上位概念——管理——的差异性。

随着西方社会学的介入,艺术管理的定义出现了新的变化,不再局限于把艺术管理视为单纯的技术性问题,而是将关怀的意义与艺术相结合,热情地介入艺术的生产与再生产过程中,这就使艺术管理更加具有自身的主动性。

西方经典艺术管理著作还常把艺术管理作为一项工作来定义,或者从艺术管理者的角度来定义、解释艺术管理,从介绍艺术管理的工作事项/业务、工作方式/要求、工作范围、工作环境,以及艺术管理者的角色、身份和地位,来解读和阐释艺术管理的内涵与属性。这项工作在本质上是艺术生产、消费及政府干预三者之间的处理具体事务的中介行为,尽管当代艺术管理在技术方面与以往如此不同,但这项工作的本质多少年来始终未变。在西方实践中,大多数人谈起艺术管理时首先涉及的是艺术组织的管理职能,而非艺术生产的管理实践。

中国学者(包括大陆和港台的中国学者)也是从概念的定义开始推进艺术管理及其教育与研究的。到目前为止,在可查阅到的材料中,对艺术管理所作的定义已有20多项,王文章(北京)、郑新文(香港)、徐翠云(北京)、顾颖(上海)等人所提炼的艺术管理定义比较具有代表性,也产生了一定的影响[①]。通过对这些目前已有的艺术管理定义进行梳理、辨析和

[①] 如王文章:管理者为了一定的目的,对艺术创造活动的生产全过程和艺术事业的总体发展所进行的管理就是艺术管理。艺术管理实际上就是协调和组织一个以上的群体进行艺术生产,这种艺术生产不同于一般的物质生产,它主要是精神领域的创造活动,它有它的复(转下页)

比较,可以为艺术管理内涵的科学界定提供必要的学术铺垫。

其一是对艺术管理一种或多种内涵的揭示。收集并归纳这些内涵大致包括:(1)传统管理职能在艺术领域的应用;(2)对具体艺术项目行政事务的操作指南;(3)对艺术活动、艺术生产的协调与管控;(4)对艺术市场、艺术商业的经营与管理;(5)对艺术组织、艺术机构的运营与管理。可以说这些方面共同构成了艺术管理的整体内涵,但是还缺乏更为本质的概括和提升。

其二是对艺术管理某个方面现象的描述。如把艺术管理理解为艺术(艺术家、艺术作品)与观众之间的"合约""中介"或者"桥梁"。这些定义还只是描述性的而非判断性的,仅仅列举了概念的外延而没有揭示其内涵。抽空艺术或者抛弃管理来谈艺术管理的观点只能是隔靴搔痒,模糊宽泛而不得要领。

其三是大部分的所谓定义概而言之存在两大弊症。一是基础性概念、前提性知识以及逻辑性方法的缺乏。在根本没有弄懂艺术与管理这一基础性概念的情况下谈艺术管理的特点、行为、过程,在根本没有弄懂学科和专业这一前提性知识的情况下谈艺术管理教育与研究,由此,所谓

(接上页)杂性,所以艺术管理跟一般的企业和事业管理是不同的。艺术管理分为宏观管理和微观管理两个方面。宏观管理就是对艺术事业的总体发展的管理;微观管理主要是指对艺术表演团体等的管理(王文章:《艺术管理概论》,《艺术评论》2009年第7期);郑新文:艺术管理就是筹办艺术活动所需要协调的一系列行政工作,通过艺术管理技能,以最符合经济效益的方法实现艺术家或艺术团体的艺术目标(郑新文:《艺术管理概论》,上海:上海音乐学院出版社,2008年);徐翠耘:艺术管理是管理、经济和审美目标等关系的互动,是艺术组织或个人结合商业管理、经济原则和沟通技巧来促进艺术各个方面发展的方法与手段,是艺术组织的管理方法和技巧,它是艺术组织的管理者对艺术组织实行组织、计划、领导和控制,以运用有限的人力、物力、财力等获取最有效的管理效益的一种管理行为(徐翠耘:《艺术管理的角色、目的与方法研究》,TOM美术同盟,http://www.tom.com/,2008年5月)。顾颖:艺术管理是艺术产业管理者对艺术领域的人、财、物、信息和时间等实行有计划的组织、指挥、协调和决策,使管理者对艺术组织的利用达到最大化的效果和价值,从而实现管理者预先设定的目标。艺术管理的主体既可以是艺术领域外的艺术部门的上级主管部门,也可以是艺术组织或部门内部的管理者。艺术管理的客体就宏观和微观来讲,主要有两类:艺术机构人员与艺术家(顾颖:《艺术管理模式研究》,复旦大学硕士学位论文,2008年)。

的艺术管理定义难免似是而非,甚至存在诸多错讹之处。二是对艺术管理的认识抽象化、绝对化,动辄把艺术管理这一术语当作全称判断使用,不作语境的区分和范围的界定,缺乏具体的指向和明确的范畴。这种表达方式在日常的口语表述中似乎还能接受,但是在学术研究及课堂教学中则是一大忌讳。

三、对艺术管理内涵的界定

人类试图或多或少地认识和把握周围世界,而当概念和人们的自我理解与事实相遇时,现实就变得物化了,也就具有了被感知的路径,所以德国古典哲学创始人伊曼努尔·康德(Immanuel Kant,1724—1804)说无概念无感知。逻辑学认为概念反映客观事物一般的、本质的特征,定义是对概念的内涵或语词的意义所作的简要而准确的描述。

1. 艺术管理的本质与特征

艺术管理不同于任何一种传统的管理方式,而有其内在的规律和特殊性。从宽泛的意义上讲,艺术管理乃是管理在艺术领域的应用和实施,这无疑是一种人类特有的社会现象(社会活动或社会行为),那么这种社会现象涵盖哪些要素、凭借什么条件、采取何种手段、达成怎样的目标?对这些纷繁复杂的表象背后本质进行揭示就完成了概念的定义。只有把握这一"原点性"的定义,才能在此统摄下揭示艺术管理这个概念所反映的事物本质属性之总和。认定艺术管理是"在艺术的范畴或领域里的一种特殊的管理现象或一种特殊的管理活动",接着就需追问"艺术的范畴或领域"具体指什么,因为艺术的范畴或领域包罗万象,必须确指,否则无从谈起,也没有意义。这个追问可以置换为"艺术管理是从什么地方开始以及怎样开始的"。毋庸置疑,管理究其本质来说就是不同的人在共同的任务中的有效协作,那么艺术管理则可理解为在艺术领域中人与人之间的协作。而这些协作是在什么领域发生以及如何发生的呢?

首先是大型艺术项目的出现，不管宫廷、寺庙还是民间，在祭祀或节日、丰收或胜利的庆祝、集体性的艺术赏玩的活动中，当规模达到一定程度时，艺术管理也就出现了，因为艺人的选拔或招聘、任务安排、观众组织、器械筹措等事项都离不开专人的协调。其次是复杂的艺术交易市场的形成。艺术传播的扩大导致艺术作品无法在"作者"和"观众"之间单独完成，中介也就必然出现，尤其当艺术创作及其展示成为一种生产与营销机制时，这个领域必然需要专业的管理技巧和手段以协调各类人力和事务。再次，大规模、专业化的艺术机构的设置，一定需要计划、组织、人员优化、资源调配、监督指导、控制这些人类专有的活动，来促进表演和视觉艺术作品以最佳的方式呈现给观众，这就一定需要艺术管理。可以说，艺术项目、艺术市场、艺术组织构成了艺术管理发生的领域，而理论化最高的领域当属艺术组织。因此，本文把艺术管理界定为对艺术组织及其活动进行协调与掌控的行为。

在"艺术的范畴或领域"之后继续的追问是，"特殊的管理现象或特殊的管理活动"究竟特殊在哪里，这正是艺术管理之所以具有合法性、自主性的全部理由。就本质而言，本文认为，艺术管理是对艺术机构及其活动所进行的计划、组织、领导和控制，涉及艺术项目企划与制作、艺术市场与营销、艺术筹资与赞助、艺术政策与法律，以及艺术资源整合、艺术观众拓展、艺术品牌塑造等领域，是对艺术与社会外部因素互动关系的统筹与掌控。

2. 艺术管理的构成要素及其关系

从广义的艺术生产以及社会学的角度入手，艺术作品最后的完成依赖于观众的公共参与和阐释，这使得艺术不得不进入一个系统当中。艺术所在的这个系统实际上包括了艺术生产与消费的两端以及它们的中间环节。法裔美籍达达主义代表人物马塞尔·杜尚（Marcel Duchamp，1887—1968）认为艺术家（生产者）和观众（消费者）代表了艺术市场之间的审美关联。中间环节由各类角色组成，包括批评家、策划人、艺术经纪人、项目制作人以及艺术机构经理等,除了批评家之外,其他人员都承担管理者的角色。就生产过程而言,艺术管理可以借用企业管理的方式,也由"生产—配送—消费"3个步骤完成。比如,一场展览或演出的基本元素就可以按照这个方式加以排列,从而形成了艺术管理的整体性构成要素与流程步骤(见图4-1)。

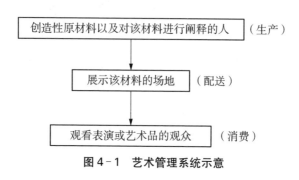

图4-1 艺术管理系统示意

借鉴管理要素构成理论,可以宽泛地将艺术管理这一系统的构成划分为管理主体、管理的对象与范围、管理手段与技术、管理理念与目标等要素。艺术管理主体是指施行管理行为的人,即围绕艺术组织及其活动拟定策略、实施行为、发挥影响的人,也可以宽泛地把艺术机构作为艺术管理的主体。艺术管理主体有不同的层次和类型。管理的对象与范围是指管理行为施行的载体,艺术管理的对象和范围首先是艺术机构基层的人,但可以延伸为艺术组织及其活动,当然包括与艺术组织及其活动相关联的艺术家、艺术作品、观众、艺术空间、资金、资产等。一般来说,一个人或一个艺术机构可以同时具有管理主体和管理对象的双重属性。艺术管理者不仅是艺术家与观众的中间人,也是艺术家与政府的中间人。管理手段和技术是指管理主体为了实施管理所使用的管理工具、所凭借的管理技术。规章制度、奖惩办法、资源配置方式、机构框架、人员安排、项目设计,都可以成为管理的手段和技术。管理理念与目标,是指管理之所以按照这样的方式而不是那样的方式来进行,其背后所秉持的理论和观念,其眼前所朝向的目标与愿景。理念与目标决定着管理行为的性质和基本倾向,理念的变革是管理制度变迁的先导和基本动因,决定着制度演变的方向。管理理念既体现为管理指针和管理目标,又表现为管理要求和管理手段。对于非营利艺术机构,理念和目标尤为重要。

讨论艺术管理的目的、问题和参数时必须涉及社会分工之网。在上述4个要素中,管理主体关注的是"谁来管"的问题,管理对象关注的是"管什么"的问题,管理手段关注的是"如何管理以及用什么方式管"的问题,管理目标关注的是"为什么管以及管到哪里"的问题。四个要素在实际运行过程中构成艺术管理的完整系统。

3. 艺术管理的职能与目标

现在需要讨论的是,在艺术项目、艺术市场、艺术组织等领域,艺术管理这种行为是怎样发生的?也就是说,艺术管理是一个"复数"概念,在艺术的层面上是由演艺管理、美术管理、剧院团管理、画廊管理等构成的,那么,在管理的层面上是如何构成的?或者说艺术管理的基本过程及其职能、核心的要件是什么?对艺术项目、艺术市场、艺术组织等领域的管理行为进行逻辑上的区分,从开始到结束形成一个完整的流程,那么这个流程必定是由诸多环节构成的。从美术展览、音乐演出、影视制作等诸多艺术门类具体地概括这种流程,大致可以包括艺术创意与策划、艺术生产与制作、艺术筹资与募款、艺术推广与营销、艺术评价与反馈等部分。所谓艺术管理就是管理的诸多职能在这些过程里的具体应用。进一步说,艺术策划、艺术筹资、艺术营销是艺术管理的更为核心的要件,也是艺术管理学核心的基本概念,这三个方面构成了艺术组织发展的三驾马车,而且也可引申到所有的文化艺术管理领域,成为文化艺术机构的三根支柱——这一观点已成共识。遵循基本职能,艺术管理一般需要处理多个方面的事项,如规划与发展,市场营销与公共关系,人力资源管理,财务管理,委员会关系,会员与志愿者关系,政府关系,等等。

管理就是达成最优化的目标。如果认定了艺术管理的学术价值,就必须从目标设置方面来探讨艺术管理的内涵属性。国内学者在对西方艺术管理所要达成目标的文献译介上对这个问题作出了比较深入的描述。当代社会中的艺术组织,无论是视觉艺术还是表演艺术,其面临的首要问题就是合理地摆正管理、经济和美学目标三者之间的关系,充分发挥其互动作用,最大限度地满足各种层次的需要。对于艺术管理工作目的的如下表述则显得单一与片面了:(1)协助艺术家,将其作品呈现给观众;(2)使艺术家能专注于从事艺术创作;(3)鼓励社区发掘其艺术潜力,鼓励民众参与艺术活动,推广艺术教育,发掘并培养职业艺术家。按照加拿大艺术管理学者德里克·宗(Derrick Chong)的观点①,无论什么样的艺术机构,都需要完成3个任务(即艺术管理的3个目的):第一,艺术机构要在表演和展览中突显艺术的美学价值和艺术的原生态;第二,艺术机构要具有一种亲和力,在不同的社会、经济形态中,开发和引导观众,使观众参与到艺术实践中来;第三,艺术机构必须保证投入资金的稳定的、透明的、高效率的运转。美国艺术管理学者威廉·伯恩斯(William J. Byrness)也有同样的论述②。这些表达的一个流行说法就是"三个追求":一是追求卓越性和艺术真诚;二是追求亲和力和受众开发;三是追求公共责任心与经费的有效使用。艺术管理"三个追求"的目标是相辅相成、缺一不可的。从历史上来看,那些有着百年以上历史的艺术机构,无不坚守着这3个原则,如果忽视了其中任何一项,即使获得一时的繁荣与成功,那也注定是短命的。

4. 艺术管理的分析框架

艺术管理是一个开放式的术语,不管是作为一种行为还是一项工作,亦或是一种职业还是一类现象,如何对艺术管理进行清晰完整的描述,或者说如何对艺术管理进行学术化的研究?本文提出的分析框架是必须立

---

① [加]德里克·宗:《艺术管理》(第二版),方华译,上海:上海书店出版社,2017年。
② 美国学者威廉·伯恩斯著的《管理与艺术》(Management and the Art,亦译作《艺术管理这一行》)1987年出版,2003年台北五观艺术管理有限公司出版桂雅文译中文本。

足于艺术组织及其活动这一核心基点,然后在此基础上分别从分类、分期、分型、分层出发,对艺术管理的外部形态加以整体化的认识和把握。把所有属于或者等于艺术管理议题的知识恰当而有条理地架构在一个逻辑的体系内,采取合力而非单向的解读方案,才能避免对艺术管理产生混乱且庞杂的认识。

一是分类,可以从艺术的角度对艺术管理进行分类,如表演艺术管理、视觉艺术管理、影视艺术管理、综合艺术管理以及戏剧管理、画廊管理、剧院团管理、博物馆管理;也可以从管理的角度对艺术管理进行分类,如营利性艺术管理、非营利性艺术管理。二是分层,即可以分别划分为宏观、中观、微观艺术管理,宏观艺术管理说明艺术管理属于什么,中观艺术管理说明艺术管理等于什么,微观艺术管理说明艺术包括什么。三是分型,按照管理的形态划分为对艺术活动或艺术生产的协调,对艺术组织的运营与管理,对艺术市场、艺术商业的经营与管理,对具体艺术项目行政事务的操作指南。四是分期,即可以划分为传统艺术管理与现代艺术管理。

对艺术管理的分析无论在任何意义上都不是单一问题而是复合问题,因而任何一种设问方式或解读结果都不能实现完整的问题覆盖。采取复合问题的处理模式和技术线路,就会分别从不同的角度、不同的层面、不同的意义诉求目标和不同的知识价值准则来实现其非全称性接入研究。其实艺术管理的分析框架是合力解读方案,强调内涵的复杂性和多元性,以及解读的过程性。对艺术管理的解读几乎难以接近,甚至没有终极结论和标准答案,或者说原本就不存在终极结论和标准答案,一切都是探索和解读的过程。这一思想贯穿于艺术管理的不同范畴,包括学科、专业与课题,以及实践、行为与职业。这里还需明确,不可混淆艺术管理作为一种实践、活动、行为的分析框架和作为知识、理论、学科的分析框架,尽管两者互有联系,但绝对是不同的范畴。

主要参考文献:

1. [英]约翰·皮克、弗朗西斯·里德皮克:《艺术管理与剧院管理》,甄悦等译,北京:中国戏剧出版社,1988年。
2. [德]维纳·汉利希、阿冈·克莱恩:《文化管理A—Z:600个大学与职业专用名词》,吴佳真、于礼本译,台北:五观艺术管理有限公司,2001年。
3. 洪惠瑛:《艺术管理》,台北:扬智文化事业股份有限公司,2002年。
4. 曹意强:《艺术管理的观念和学术状况》,《新美术》2007年第3期。
5. 孟庆耘:《对艺术管理途径和方法的探索》,《艺术视界》2007年第6期。
6. 郑新文:《艺术管理概论》,上海:上海音乐学院出版社,2008年。
7. 徐翠耘:《艺术管理的角色、目的与方法研究》,TOM美术同盟,http://www.tom.com/,2008年5月。
8. 顾颖:《艺术管理模式研究》,复旦大学硕士学位论文,2008年。
9. 王文章:《艺术管理概论》,《艺术评论》2009年第7期。
10. 李世葵:《艺术管理中的主客体研究》,武汉理工大学硕士学位论文,2009年。

原载:《艺术探索》2010年第6期

艺术管理专业办学模式评析[①]

艺术管理专业在西方的办学已有 50 多年的历史，而国内高校设置此类专业也有了 10 年左右的时间[②]。对这个伴随着文化产业、艺术市场蓬勃发展而普遍开设起来的新兴专业，在办学之初就备受争议。面对媒体热捧与专家质疑，招生火爆与就业困难，教育需求广阔与教学资源窘迫，至今人们对这个新兴专业办学状况的看法和认识依然是莫衷一是，褒贬不一。本文运用发放问卷、查阅资料、参加研讨会、实地考察等方式，对国内独立设置的本科艺术院校举办艺术管理专业的办学状况进行调查，力图梳理现状、汇总信息，进而分析问题、探讨对策，为今后的专业建设和人才培养提供必要的借鉴。查阅的资料来源于学校网站（2008 年 6 月以前的内容）和 2008 年招生简章。

需要说明的是，其一，本文言及的艺术管理专业，实际上指的是专业方向；其二，本文所讨论的办学模式并非严格意义上的概念[③]，这里大致包括了专业设置、招生方式、课程结构、教学组织等主要的方面，但依然具有"诸多要素构成的完整系统，稳定地且较长时间发挥作用"等基本特点；其三，尽管也有非艺术院校举办艺术管理专业，但是由于艺术管理专业发

[①] 本文系江苏省高校人文社会科学研究项目"江苏艺术管理专业人才需求及其培养机制研究"（项目编号：07SJD760005）阶段性成果。
[②] 若从山东艺术学院 1992 年设置艺术管理专科算起，已有 10 多年的时间，若从 2001 年中央戏剧学院设制本科专业算起，尚不足 10 年。
[③] 在艺术管理及其教育中，"模式""机制"这样的概念是经常被人使用的，但大都数人都没有从内涵上作清晰的界定，以至于词义含混不清，不知所云。通常认为，"模式"是个由诸多要素按照内在逻辑构成的具有稳定的、持续的影响力系统，"机制"则是指一套工作系统的组织或构成之间相互作用的内在过程和方式。

展的源头以及办学主体主要在艺术院校,所以非艺术院校不在本文讨论范围之内;其四,在越来越多的关于艺术管理专业建设的研究中,多篇文章涉及"模式""体系"等议题,尽管水准不一,但却表明艺术管理专业建设的研究正在走向深入,走向学术研究的系统化和整体性。

一、专业设置的类型与依据

近年来,教育部确认的独立设置的本科艺术院校全国共计31所。从2007和2008两个年度的招生简章可以看出,除沈阳音乐学院、西安音乐学院、天津美术学院、广州美术学院、西安美术学院之外,其余的艺术院校均以不同的名称开设了艺术管理专业,而解放军艺术学院虽然设置文管系,但不属于学历教育序列,故不在本文讨论范围之列。实际上,目前全国共有26所独立设置的本科艺术院校开设了艺术管理专业。在专业设置的名称上大多数院校采用"艺术管理"这样的叫法,也有个别院校使用艺术传播、艺术商务、艺术策划等名称,但在规范的、社会更加认同的层面上还是使用"艺术管理"这一称谓,如学术研究、学会组织、网站建设、媒体宣传等。

众所周知,国内高校专业的设置是以政府颁布的专业目录为依据的,"艺术管理"专业虽然大家约定俗成地命名,但并不在国家颁布的专业目录之内,所以在实际的办学过程中它还只是一个专业方向。其专业归属有两类情况,一类是归属公共事业管理专业,如中央戏剧学院、北京舞蹈学院、上海戏剧学院、四川音乐学院、吉林艺术学院、山东艺术学院、云南艺术学院、新疆艺术学院、南京艺术学院等;一类是归属美术学、音乐学、影视学等艺术理论专业。凡归属公共事业管理专业的院校对其毕业生授予管理学学士学位,而归属艺术理论专业的,则在一级学科上从属于艺术学,进而授予文学学士学位。但在实际办学中,不管艺术管理作为一个方向归属哪类专业,其人才培养方案没有太多的区别。

就办学依托而言,艺术管理专业大致有三种类型。其一,单独成立艺术管理系科,如中央戏剧学院、北京电影学院、中国音乐学院、天津音乐学院、上海音乐学院、星海音乐学院等。这种情况在管理方面由于相对单纯而更加富有效率,学生的专业思想更加巩固。其二,依托原有的艺术理论系科设置艺术管理专业,如中央美术学院在人文学院中设置(人文学院同时设置美术史论、文化遗产、美术教育等专业)、中央音乐学院在音乐学系里设置(音乐学系同时设有中国音乐史、西方音乐史、音乐美学等专业)、北京舞蹈学院在艺术传播系里设置、中国戏曲学院在戏文系里设置、上海戏剧学院在创意学院里设置、中国美术学院在公共艺术学院里设置。就理想状态而言,与多个相邻专业共同发展,有利于形成互容共生的教学生态,优化学术资源,除非本校的艺术管理有足够的规模和类型。其三,在文化基础教学部的基础上组建艺术管理专业,如山东艺术学院、广西艺术学院、云南艺术学院、新疆艺术学院、南京艺术学院、鲁迅美术学院等,其中绝大多数为地方综合性艺术院校。这是因为此类院校规模大,文化基础课教师数量多,专业筹建的初衷就是希望基础课教师能够逐步转型,文学课教师可以承担起文化创意、艺术传播、艺术写作等课程,思想政治理论课教师可以承担起艺术法律法规、艺术经济、艺术市场等课程,而外语、计算机教师也可以在专业教学上派上用场。从实际情况来看,依托公共课举办艺术管理专业很难避免一段办学庞杂、课程空心、师资边缘、学生迷茫的困难时期。

二、招生方式的共同要求与院校特点

招生是人才培养的首要环节,不同的招生方式反映了不同的办学取向,影响着不同的教学体系。在所有的高校中,艺术院校的招生方式是最令人眼花缭乱的,不仅不同的院校之间千差万别,就是同一个院校里不同的专业也是各不相同,甚至同一个院校同一个专业的不同专业方向也是完全不一样,如音乐表演专业里器乐和声乐的招生方式不同,而器乐里钢琴、小提琴、二胡等的招生方式也不同。对此,外界社会很难搞得清楚。艺术管理专业同样如此。

调查发现,国内艺术院校艺术管理专业的招生与录取方式共有四种情况:其一是不进行专业加试,直接按文化成绩择优录取,有上海音乐学院、中央美术学院、湖北美术学院、四川美术学院、南京艺术学院(2008年前)等;其二是进行专业加试,但专业成绩合格后则按文化成绩择优录取,有鲁迅美术学院、南京艺术学院(2008年后)等院校;其三是进行专业加试,且文化过线后按专业成绩进行录取,有中央戏剧学院、中央音乐学院、天津音乐学院、上海戏剧学院、广西艺术学院、四川音乐学院等;其四是进行专业加试,但专业、文化成绩过合格线后,按两分相加择优进行录取,有武汉音乐学院、中国美术学院、上海戏剧学院(群文专业)、中国音乐学院等。

在专业加试方面,各个学校的做法也各不相同。在专业加试次数上,有一试的,如国美、鲁美、南艺;有二试的,如北电、天音、吉艺;也有三试的,如中戏、央音、国音、北舞、中国戏曲学院、上戏等。在加试方式上,主要为面试、笔试、口试、才艺展示、技能测试等,甚至个别院校还有形象要求,如星海音乐学院。在专业加试内容上,有侧重文化素质的,如中戏、央美、北电、北舞、天音、山艺;也有侧重专业基础的,如央音、中国戏曲学院、吉艺、国美、星海音乐学院等;还有两者兼顾的,如国音、上戏、武音等。

通过对专业加试内容进行统计,可以把考试科目归纳为以下五个类别:(1)综合文化知识科目,个别学校考试内容还涉及语文、数学、英语、计算机等科目,主要以作文、演讲、口试、面试的形式进行;(2)艺术专业理论科目,包括艺术基础知识、艺术作品赏析或评论,主要以论文的形式进行;(3)艺术专业基础科目,包括试唱练耳、基本乐理、色彩、素描;(4)艺术专业技能科目,包括演奏、演唱、绘画、设计等方面;(5)艺术管理基本能力科目,包括文化产业案例分析、艺术活动策划文案写作。需要指出的是,大多数院校并不是单独设置一项考试科目,而是把几项科目组合起来进行考试。

为什么同样的专业在不同的院校于专业加试的次数、形式、内容和科目上会有如此大的差别?换言之,艺术管理专业对生源条件有没有基本、共同的要求?艺术管理专业在文化成绩之外究竟需要不需要进行专业加试?如果需要,什么样的专业加试是科学的和必须的?对待这些问题,办学者似乎还没有来得及深入思考就仓促上阵了。从已经进入这个专业的在校生的学习状况以及未来人才职业需求可以看出,报考艺术管理专业理想的生源状态是既具备文化优势又拥有艺术特长的考生。如果只强调文化优势,就面临学生不懂得艺术的问题,而不懂得艺术又如何进行艺术管理呢?如果只强调艺术特长,就面临学生文化成绩降低的问题,而文化都学不好又怎么搞管理呢?于是有一种观点认为,招生最好的办法是两者兼顾,但是如果不能制定一套科学系统的招生录取规则,以达到阳光招生的效果,很有可能哪一方都顾不上。

三、课程结构的"艺""管"取舍

课程设置是人才培养的核心要素,决定着人才培养的口径和方向,所以,凡是举办艺术管理专业的艺术院校无不优先考虑课程建设,力图根据课程的修读方式、性质、类别,从教育学的意义上设计一份科学合理的课程结构。而实际上,这种努力依然在过程之中,就某个具体的院校而言,自身的课程设置目前还很难理出一个清晰的线索来,再加上受到师资、教材等因素的限制,课程结构的科学性、合理性不知道又要打上多少折扣。如果把众多院校的课程设置作为一个整体,从艺术管理专业人才培养的目标和要求、艺术学和管理学之间的关联度以及课程的教学内容和知识体系来考察,目前艺术管理专业的课程结构就可以划分为四大版块[①]:管

---

① 其中不包括通常讲的公共文化基础课,如文学、外语、思政、体育等。

理、经济、法律类课程；艺术史论、技法、赏析类课程；艺术管理专业主体类课程；其他类课程。

1. 管理、经济、法律类课程。如管理学、经济学、法学、统计学、会计学、传播学、管理心理学、公共关系学、组织行为学、市场营销、财务管理、人力资源管理、知识产权保护，等等。这类课程数量较多，在课程名称上有的称作原理，有的称作概论，也有的称作应用或者实务，在课程属性上可以算作管理学方面的专业基础课。

2. 艺术史论、技法、赏析类课程。如中外艺术史、艺术技能技法基础（素描、色彩、视唱练耳、基本乐理等）、艺术特长（绘画、演唱、演奏、表演）、艺术作品赏析、艺术评论、艺术美学、视觉传达、平面设计、舞台美术、作品分析、音频技术、影视制作、视听语言、导演基础等。对于这类课程，不同的院校做法各不相同，有侧重史论内容的、有侧重技法内容的、有侧重赏析内容的；在课程属性上，这类课程可以算作艺术学方面的专业基础课。

3. 艺术管理专业主体类课程。如中外文化艺术管理史、文化产业管理、艺术管理学、艺术市场学、艺术传播学、艺术营销学、艺术经纪概论、艺术策划概论、艺术组织概论、艺术行政概论、艺术法律法规、美术展览策划、画廊管理、艺术品拍卖、音乐演出策划、剧院团管理、演出管理、晚会组织、媒介经营与管理、影视编导策划、节目制作等课程。此类课程无疑应该是培养方案中的主体，所占的比重应该是最大的，在课程属性上可以算作专业主干课程或者叫核心课程，但是这些课程在实际教学上如何做到名副其实，还有大量的工作要做。

4. 其他类课程。如论文写作、演讲技巧、谈判艺术、市场调查、文献检索、案例分析、采访编辑、节目主持、财务报表、项目管理、计算机应用、管理信息系统、广告创意、旅游文化、艺术资源、实用商务，等等。从中可以看出，此类课程一部分为必开课程，在课程属性上可以算作有助于专业延伸拓展的通识课程；还有一部分为可开可不开的凑数课程，而且数量庞杂，本文未作列举。

上述四个类别基本涵盖了每个院校的课程设置，问题是在这样的课程结构中如何设计具体的课程以及确定不同类别之间的比重。就现状而言，有的学校第1类课程比重过大，课程体系明显呈现"空心化"的倾向，也丧失了艺术院校自身的办学优势；有的学校第2类课程比重过大，给人以专业不鲜明的印象，进而模糊了艺术管理与艺术技能技法类、史论类专业的界限；有的学校第4类课程比重过大，实乃有东拼西凑的嫌疑。理想状态的课程设置应是以第1、2类为基础，第3类为主体，第4类为补充。依照教育学逻辑，不同的院校在有效设置艺术管理专业课程结构时，必然绕不开一些共性的问题：其一，在培养目标上是培养通才还是塑造专才；其二，在课程内容上是以艺术为核心还是以管理为核心；其三，在教学取向上是侧重"学"还是侧重"用"。其实，这些问题在艺术管理专业办学的实践中已经突显出来，日益成为学生家长乃至社会关注的焦点。

四、教学组织的示范与引领

如何把静态的教学资源转化成现实的教学活动，就属于教学组织的范畴了。艺术管理作为新兴的专业，各个院校都在结合自身的学术资源，针对教学组织中的不规范、不完善之处，进行着深入的思考和积极的探索，有些院校已经在师资来源、教材编用、实践教学、案例教学等方面积累了一些可资借鉴、可供推广的办学经验。

一是师资来源。中央美术学院的做法是一个典型。该院由范迪安、余丁和赵力等教授作为导师，聚集了一大批年轻骨干教师，同时充分利用学校在视觉艺术领域中的资源优势，广泛聘请国内外教授和专家作为兼职或特聘教授，由此初步建立了梯队比较齐全的师资队伍，这些老师在传统美术学科领域成绩斐然，并长期关注或参与艺术市场，同时大多还有海外留学背景，有了优秀的师资也就有了优质的教学，于是中央美术学院艺术管理的专业建设在几年内也就得到了较快的发展。另一个典型代表是上海音乐学院。该院由郑新文教授出任学科带头人,他曾任香港艺术发展局秘书长、香港艺术节行政总监,并在多个海内外艺术管理培训项目中担任教学及策划工作。郑新文教授把国外以及中国港台艺术管理教学经验引进大陆,领衔北京大学、复旦大学和南京艺术学院的优秀毕业生师资团队,从复旦大学、上海交通大学、华东师范大学等高校相关学科的资深专家和青年学者中聘任兼职教师,邀请上海交响乐团、上海音乐厅、上海大剧院等院团高级主管作为客座教授,为学生开设课程或举办讲座,走出了一条艺术管理专业建设的特色之路。而中国音乐学院、中央戏剧学院则是由谢大京、商尔刚等老师牵头,他们早在20世纪80年代就在艺术管理领域从事教学和研究工作并带出了一批师资队伍。

二是教材编用。目前全国整个艺术管理学科方面的专业教材数量还是非常有限的,而其内容大多还是以管理经济类知识简单地加上艺术理论类知识为主,并非有机地、内在地把两者充分结合起来。比如不少学校讲艺术传播课程,发给学生的还是大众传播学的教材。目前在教材建设方面走在全国前面的有中央美术学院、北京电影学院等,已公开推出一批核心课程的教材。中央美术学院首先从哥伦比亚大学引进五本专业教材,其后又以两家院校合作编写、自主编写等形式推出多本教材,有些教材已经公开出版,如《艺术管理概论》《美术馆学》《艺术品拍卖》,极大了满足了教学的需要。北京电影学院采取"双轨制":一方面结合影视产业发展的新形势,自行修订、编撰了各类专业教材;一方面有计划地编译国外优秀的影视管理相关书籍,使用国外最新的原版教材。相继出版《文化市场概论》《电影市场营销》《电影电视制片管理学》《影视制片项目管理》《影视投资学》《电影业经营学》《电影制片发行史》《电影经济学》等教材。此外,还积极探索主辅教材相结合的教学模式,主干课均有相应的原版英文教材或自己翻译的教材作为辅助材料。

三是实践教学。每家院校的艺术管理专业都十分重视实践教学,并积累了丰富的经验,典型首推中央音乐学院的做法。每学期举办一次的艺术管理策划制作周活动颇具特色，创办至今已经历了4个年头。经过全体师生的不懈努力，该活动目前已成为继中央音乐学院音乐节、北京电子音乐节、北京现代音乐节之后的又一常项活动，在全国范围内形成了相当的知名度。整个活动内容涉及项目主题策划，项目策划PK，各类宣传稿件撰写，活动海报、节目单设计，外联统筹，赞助经费筹资，场地管理，演出组织等，突出了艺术管理专业"学习与实习"共存的特点。而北京电影学院在实践教学方面的特色则是丰富而实在。首先是增加专业课程中的实践环节，专门开设制作实验室，鼓励学生DV短片拍摄，学习后期剪辑技术；其次是鼓励教师带领学生走出课堂，参与"北京市电影观众调研""天津市观众观影研究""电影制片业现状考察"活动；再次是开通"天堂影院"作为学生的"职场模拟"训练项目；最后是开辟浙江横店影视集团等教学实践基地。上海音乐学院、上海戏剧学院、天津音乐学院的实践教学也有诸多可圈可点之处。

四是案例教学。在艺术的赞助与收藏、策划与传播、行销与推广中有很多经典案例，艺术管理专业教学组织的一个重要的方面就是实施案例教学。所谓案例教学就是把艺术管理的理论分析放在艺术管理的实验之上，把艺术管理的实验研究作为检验、修正理论的手段，这是一种以现有对象为目标进行研究，从中获得收益的方法。其特点是通过对艺术管理实践中一个个具体生动的案例进行周密的考察、分析、透视，从更深层的规律性上挖掘、扩展，然后上升到一般的理论。在案例教学中，大多数院校是把案例内容贯穿在相关程教学中，南京艺术学院则不止于此，还把"艺术管理案例分析"作为一门课程单独开设，历时2个学期，总计4个学分。需要指出的是，案例教学的效果如何取决于如何精选和提炼艺术管理领域中的案例。

主要参考文献：
1. 李培峰：《综合艺术院校文化管理类专业建设模式的探索与思考》，《新疆艺术学院学报》2006 年第 4 期。
2. 杨晓星:《关于艺术管理学科综合构建的理性思考》,《星海音乐学院》2007 年第 3 期。
3. 蔡美娟:《论艺术管理专业学科体系的构建》,《华南理工大学学报(社会科学版)》2007 年第 6 期。
4. 周洪雷:《构建中国特色音乐艺术管理专业课程体系》,《音乐与表演》2008 年第 2 期。
5. 邓芳芳:《艺术管理专业办学实践模式初探》,《南京艺术学院学报(美术与设计)》2008 年第 5 期。
6. 孙燕江:《艺术管理人才素质特征及培养模式探讨》,《江苏技术师范学院学报》2009 年第 5 期。

原载:《齐鲁艺苑》2010 年第 5 期

艺术管理者的社会需求及其供给[①]

经济与社会的转型尤其需要科技的力量,也片刻离不开文化的支撑,而人才则是文化艺术发展的决定性要素。北京的演出业、上海的会展业以及湖南的娱乐业、广东的传媒业之所以在全国处于领先地位,是由人才的优势而不是资金、资源乃至制度的优势造就的,至于如何形成人才的优势那是另外的话题。在多种多样的文化艺术人才中,懂艺术、会创意、善经营的优秀的艺术管理人才又是居于第一位的关键性人才,对当下文化艺术的发展起着主导和引领的作用。本文在对艺术管理者进行界定的基础上,试图对艺术管理者的社会需求及教育供给进行探讨。

一、谁是艺术管理者

今天的互联网为我们最大程度地检索所需要的文献提供了可能。据可查的资料,明确把艺术管理作为一个规范的术语开始使用,应属1987年在大连召开的艺术管理学研讨会。紧接着,1988年在上海召开的国际艺术管理研讨会则以"艺术管理与艺术管理人才培训"为中心议题,分别探讨了"艺术管理人员担当的角色""艺术节的经营筹集与推广""艺术行政人员的素质与能力""艺术管理人才的培养"等论题。于是"艺术管理者"在国内正式进入学界的视野,进入了媒体的版面,逐步被人们接受、使

[①] 本文系江苏省教育厅人文社科研究项目"江苏省艺术管理专业人才需求及其培养机制研究"(项目编号:07SJD760005)阶段性成果。

用和传播。

2000年前后,在政府的主导下,国内文化艺术发生着扩张性的变化,催生了艺术管理专业的遍地开花,"艺术管理者"再一次在更大的范围内引起人们的关注。翻阅当时的报刊,可以发现像中国美术馆馆长范迪安、广东美术馆馆长王璜生、中国爱乐乐团艺术总监余隆、江苏演艺集团董事长顾欣等一大批从业者被媒体乃至学界广泛称为"艺术管理者",身兼艺术家和管理者两种角色,而这些所谓的"艺术管理者"也恰恰是中国艺术管理职业化、学科化的鼓吹者与推动者。2005年,美国肯尼迪艺术中心总裁迈克尔·凯撒(Michael M. Kaiser)来华讲学,这位在艺术行业创造了诸多神话、被中国文化部誉为能使艺术行业"起死回生""点石成金"的艺术管理大师与中国的同行们交流了艺术策划、艺术筹资、艺术营销等国际经验[①]。至此,在与国际接轨的情况下,"艺术管理者"成为人们所尊敬的称谓乃至职业,到美国学习艺术管理的人也多了起来。而在此10年前(1995年)凯撒就出版了《艺术行业的战略策划》,两年后译成中文[②],这本书被中国新兴的艺术管理阶层奉为圭臬,凯撒则被演艺界视若神明。

其实,在"艺术管理者"这一术语出现之前,并非没有从事艺术管理的人。可以认为,哪怕是一两千年前,只要有了大型艺术项目的实施,大量的艺术市场交易或者大规模、规划化的艺术机构运营,就一定需要计划、组织、人员优化、资源调配、监督指导、控制等这些人类专有的活动,来促进表演和视觉艺术作品以最佳的方式呈现给观众,就一定需要艺术管理者。比如我国计划经济时代的剧院经理、剧团团长、美术馆馆长、博物馆馆长,甚至音协、剧协、美协主席等,都可以归入此列,只是他们通常具有行政化的色彩和准官员的身份,依靠在实践中的摸爬滚打而积累经验来管理艺术事务。而在当下,这些半政府性质的艺术组织(机构、团体)的管

---

① 参见《中国青年报》2005年11月21日。
② [美]迈克尔·凯撒:《艺术行业的战略策划》,潘勇译,北京:中央音乐学院出版社,2003年。

理者的外部环境不仅发生了颠覆性的变化,其自身的使命也面临着前所未有的市场挑战,呈现出在规模、素质、功能上都不适应的新情况,而且随着更多的属于市场范畴的演艺经纪公司、艺术品拍卖行、琴行、画廊的蓬勃发展,竞争日趋激烈,于是专业化的艺术管理者应运而生。由此可见,真正意义上的艺术管理者的出现与文化产业的兴起与发展有关,与艺术与商业的关系被重新认识并加以实践有关,更与艺术组织所承担的职责与使命有关。

艺术管理者在国内生成的路径及背景与欧美的情况基本类似,也是逐步经历了大型艺术项目的实施、大量的艺术市场交易以及大规模、规划化的艺术机构运营等不同阶段。新的阶段产生后并不是对旧阶段的代替,而是两者叠加并存,三个阶段的艺术管理者也分别呈现出业余感觉型、职业经验型和学术理论型的管理手段与方式,因此在这个意义上说,欧美的艺术管理专业是在艺术机构的经验基础上诞生的。1946年英国成立的大不列颠艺术委员会[ACGB]以及美国仿效其模式随后建立的国家艺术基金会[NEA],最终促成了1966年哈佛商学院艺术经营管理研究所的出现,英国、澳大利亚等国紧随其后,相继开展艺术管理教育,以培养新型的艺术管理专门人材,其后美国国际艺术管理教育协会[AAAB](国际组织)也随之出现。

当然,国内艺术管理者在当下的语境里更多还是一个泛称,包括艺术经纪人、项目策划师、推广创意人、影视制片人、节目制作人、艺术经理、行政总裁、舞台监督,也包括政府类、事业类、企业类艺术机构的负责人,还包括在日常行政意义上的器材保管者、财务管理者、办公室主任等角色,以及在政府统计报告里的"文化从业人员",这些人在通常情况下也被宽泛地称为艺术工作者。但是在学理上,作为专有称谓的艺术管理者正在形成,我们可以将之归纳为"在艺术领域直接从事创意与策划、生产与制作、筹资与募款、推广与营销的专业化人士",包括决策层,也包括执行层。这些从业者需要合理地协调管理、经济和文化三个目标之间的关系,在法律或行政管制、市场与商业利润以及艺术和美学诉求的不同压力下保持平衡,以此为艺术家提供自由的创作环境,使观众享受愉悦的艺术作品,否则,艺术管理就会失去其专业意义。职业的性质决定了艺术管理者必须追求卓越性和艺术真诚,追求亲和力和受众开发,追求公共责任心与经费的有效使用。

二、艺术管理者的社会需求

在全球范围内,文化创意产业已不再是一个仅供讨论的范畴,而是有着巨大效益的直接现实。创意经济权威、英国人约翰·霍金斯(John Howkins)指出,全世界创意经济每天创造220亿美元的产值,并以5%的速度递增。在一些国家,增长的速度更快,美国达到14%,英国为12%[①]。中国也在迎头赶上。2003年文化部出台《关于支持和促进文化产业发展的若干意见》,2009年国务院颁布《文化产业振兴规划》,全国文化产业增加值以及从业人员呈现大规模的扩张趋势,2009年全国文化产业增加值8 400亿元,占全国GDP比重2.5%,文化产业从业人员1 200万,占城镇从业人员比重4%。这组数据既是文化产业对人才吸纳的说明,反过来也是人才对文化产业贡献的例证。而悖论是,若把这组数据与欧美发达国家乃至日、韩等亚洲国家进行比较就暴露了诸多问题。如在文化软实力、文化产业振兴以及公共文化服务体系等宏观层面表现为不能满足公民社会丰富而多元的精神需求,不能完成责任大国公平与正义的形象塑造;在微观实践层面则表现为在不断释放政策利好消息的情况下艺术组织如何激活?艺术市场如何培育?艺术精品如何生成?这些问题的关键在哪里以及出路又在哪里?是资金、资源,还是人才?当然是人的问题,是缺乏一批真正的懂艺术、会创意、善经营的高端复合型人才——艺术管

---

① 金元浦:《文化创意产业概论》,北京:高等教育出版社,2010年,第43页。

理者的问题。

为什么说文化艺术发展的关键性问题是缺乏艺术管理者？我们可以通过对文化政策转换性的解读来找寻内在的答案。为此，我们把现任文化部部长蔡武的公开讲话选定为解读的文本，在逻辑上是完全可以成立的。从 2008 年以来，文化部部长在不同的时间、不同的场合，不厌其烦地重复着一个观点——"发展文化艺术最缺的就是真正懂艺术、会创意、善经营的艺术管理者"。本文选取其中三个讲话以窥探政府对艺术管理人才的热切期盼[①]。

2008 年，文化部部长在第二届院团长与院校长座谈会上指出，深化文化体制改革，推动文化大发展大繁荣，最缺的就是既懂文化、又懂经营管理的优秀的复合型人才。目前，包括院团在内的文化部门及各级文化单位中，熟悉市场规律和营销策略的文化经营管理人才的缺乏是个比较突出的问题，应当予以高度重视。近年来，为适应文化艺术事业发展的需要，大部分艺术院校都设置了艺术管理等专业，对于培养一支既懂艺术又懂管理的文化艺术管理人才队伍有着重要的意义。

2009 年，文化部部长在新中国文化事业发展成就新闻发布会上说，我们长期搞文化的人员普遍对现代市场经济体制下的运作方式不是特别熟悉，而在市场经济条件下，非常活跃的新兴的经营管理人才、企业家们，往往对文化自身了解得又不够深，怎么样使这两者有机地结合起来，成为复合型的人才，既懂文化，又懂市场，进行市场经营和管理，这是我们很大的一个任务。

2010 年，文化部部长向全国人大常委会报告近年来文化产业发展工作情况时说，应培养文化产业人才，尤其应着力加强领军人物和各类专门人才的培养；要培养懂文化、善创意、会经营的高端复合型人才和各类操作型、技能型、实用型人才，吸引财经、金融、科技等领域的优秀人才进入

---

① 分别参考：文化部网站内容，2008 年 10 月、2009 年 9 月、2010 年 4 月。

文化产业领域,注重海外文化创意、研发、管理等高端人才的引进,为文化产业发展提供强有力的人才保障。

当然,三年来类似"重复性的讲话"远不止这些,把这些内容贯穿起来解读,问题的关键以及求解的线索也就十分清晰了:讲缺乏就是讲需求,最缺乏就是最需求,文化艺术发展对艺术管理者有着巨大且多样的需求。对艺术行业而言,"全世界包括中国在内,最紧缺的是善于经营的人才"①。

其次,从艺术人才构成的主体变迁进行分析。艺术社会学认为,艺术不是由艺术家,而是由很多人组成的艺术界创造的。艺术界是一个人际网络,是一个圈子,包括了经销商、代理商、赞助人、批评家、馆长、发行者和推广人员等其他参与者②。没有人会从事艺术界的所有工作,所有艺术形式都有赖于分工,在艺术构思、生产、消费等领域形成了不同的角色。从艺术发展的进程来看,在不同的时期,艺术界的主体分别由不同角色承担。比如音乐界,就曾分别出现过以演员为中心、以编剧为中心、以导演为中心的时代,美术界也类似地出现过以赞助人为中心、以画家为中心、以批评家为中心的时代。而在今天,不管哪个艺术门类,都正在进入一个新的以制作人或策划人为中心的时代。"中心"就是主体,意味着在艺术界居于主导的地位,影响着各类艺术资源的流向以及审美趣味的变迁,引领着文化艺术发展的路径。中国不缺少画家、教授,缺的是高素质、有能力的艺术管理者。在音乐舞台之外,一流的艺术管理者虽然不一定为观众所识,却和演员一样甚至更加具有重大价值,一场演出、一出戏从无到有、完整运行并大获成功是离不开策划人、制片人的。就影视来说,目前根本不缺具体的编导、主演、制作技术人员,缺的是既懂文化又懂观众且具有产业理念能够进行市场化运作的艺术管理者。而这类人才的匮乏,

---

① 引自上海《联合时报》,日期不详,见上海政协网站。
② [英]奥斯汀·哈灵顿:《艺术与社会理论》,周计武、周雪娉译,南京:南京大学出版社,2010年,第29页。

使得我国没有专门从事艺术策划、营销、筹资方面的人才对文化创意资源进行产业运作,从而导致西方文化产品大规模进入中国市场,而中国文化优势却在大量流失。

最后,从实践的层面来分析。中国已经确立文化体制改革的路线图、时间表、任务书,走向市场、融入社会成为艺术院团"事改企"的必由之路,而中国的艺术市场也正在从弱小走向壮大,从无序走向规范,从松散走向健全。在这个背景下,各类艺术机构(企业、组织)就不能停留在原有的状态里向政府"等、靠、要"了,而是采取国际通行的做法,推行制作人制度以明确艺术经营管理权、执行权,建立和完善艺术生产经营的市场机制,建立商业营销和公益项目运营以及社会筹资机制。这些极其重要的工作早已超出了艺术创作人员的职责、能力范围,也不是传统意义上艺术技术人员、艺术行政人员以及艺术后勤人员所能为,艺术管理者作为艺术行业一个新的阶层就成了抢手的资源。

由此可以清楚看出,社会对艺术管理者的需求是真切而实在的,具体来说又包括类型、规模、素质等多个方面。

就类型而言,如果把艺术管理者作狭义的理解,其需求主体就是在艺术领域从事创意与策划、生产与制作、推广与营销以及筹资与募款的复合型、专业化人才。比如之前所说的演艺经纪人、项目策划师、推广创意人等。当然也可以适当扩大范围,把参与、组织、管理艺术活动的基层的经营人才也算在内。而高端的艺术管理人才,可以进行资本运作、市场开发等活动,类似于我们所说的艺术企业的CEO,这在当前尤其需要。

就规模来说,对艺术管理者的需求庞大但又无法准确作出整体性数字统计。以创意人才为例,北京、上海等地的统计数据显示,这两地的文化创意产业从业人员占总就业人口的比例不足1‰;而在纽约,文化创意产业人才占所有工作人口总数的12%,伦敦为14%,东京为15%。有数据表明,杭州传媒业从业人员达到60多万,但懂媒体经营管理的人才还不足1%。而就目前现实中绝大多数具体的剧院、舞蹈团、戏剧团、美术馆、博物馆等艺术机构来说,专业化的艺术管理者几乎还是空白。

至于对艺术管理者的素质需求可以说更为复杂。从西方发展的进程来看,艺术管理者所需要的专业能力和技巧主要体现在以下方面:战略性计划、委员会发展、艺术志愿者、项目规划、市场营销、募集资金、经费管理等,以及社区组织、项目评估、艺术教育、为公众创造欣赏艺术的便利条件等。由此可以认为,艺术管理者在艺术(艺术家、艺术作品)、观众(观众需求、潜在观众)以及两者之间的关联(审美、商业)上必须具备管理学、经济学、社会学、艺术学、心理学等综合的知识与能力。简单地说,应该记住六句话:真诚的文化审美能力,新奇的艺术创意能力,巧妙的组织运营能力,娴熟的市场运作能力,丰富的资源整合能力,流畅的文字表达能力。对于管理者个体,这六句话当然并非要求面面俱到,而是多多益善。

三、艺术管理者的供给

有需求就会有供给。适应文化艺术发展的需要,艺术管理者的供给也呈现了诸多新的特点,原有的供给渠道今后将长期存在,专业化的教育亦将逐步规范而成为人才供给的主要渠道。

1. 传统的供给渠道

传统的艺术管理人才一般直接来源于艺术创作者,既有属于"艺而优则仕"的领导型管理者,也有属于很难在专业上发展下去,转而从事艺术管理工作的服务型管理者;另外一个来源就是被动地从艺术之外的部门或行业转过来的交叉跨界型的管理者。这些类型的艺术管理者,很多人员没有经受过市场竞争的磨炼,一般来说缺乏经济和管理常识,市场意识以及营销能力薄弱,从业人员往往凭借师傅传授的或个人积累的经验来进行经营管理,以致削弱了文化艺术机构的社会适应性和市场竞争力,难以引领文化创意产业快速地发展。当然其中也不乏佼佼者,尤其是近年来,一些擅长商业运作、市场开发的经营管理人才主动从艺术之外的部门或行业转过来,很快成为艺术企业的"CEO"。比如上海大剧院艺术中心总裁方世忠,就是以华东师范大学哲学博士、中欧国际工商学院EMBA等身份转入艺术行业而成为艺术管理者的。要知道,将帅之才往往是不受专业限制的,世界还没有专门培养将帅之才的学校。因此,传统的供给模式在今后还将继续存在,成为艺术管理者的一个重要供给渠道。

2. 专门的教育渠道

学校是人才供给的主要渠道,到目前为止,根据保守的数据估算,全国已有100多所院校开设艺术管理或相关专业。所谓相关专业,目前包括文化产业管理、文化遗产管理、媒介经营管理,以及一些细分的门类艺术管理,如演艺管理、戏剧管理、影视制片与管理、艺术品经营与管理。从总体现状看,开设此类专业的院校大概有三种情况:(1)艺术院校依托原有艺术类专业向市场进行延伸;(2)综合性大学凭借原有的管理学、经济学专业向艺术拓展;(3)历史学、文学等老学科由传统向现代转型、突围。在一个较短的时间内以一哄而上的形式构建了文化产业管理以及艺术管理专业的本、硕、博完整的教育体系并形成了一个较大的办学规模。这种只讲教育需求不顾办学条件的专业发展模式恰恰是近十年来中国高等教育发展的一个缩影。

专门教育供给的渠道还包括类似于北大、清华等名校面向社会举办的艺术品经营与管理高级研修班,以及政府主管部门实施的海外人才引进计划,尽管这类渠道"名大于实",但毕竟也算一个有益的渠道补充。

3. 对教育供给模式的分析

关于文化产业管理、艺术管理以及相关专业人才培养的文章已有不少,但大多是谈认识、谈意义的空泛之作,甚至有一些不着边际的应景文章。究其根源,关键是没有搞懂大学教育与职业培训的区别,没有搞懂本科生与研究生的区别,没有搞懂个人成长与团队合作的区别,或者说在概念上混淆了这些区别,以至于这类新办专业的教育实践依然在不断地摸索之中,基本上还没有多少定型的学术积淀。

比如说，本科阶段能不能开设文化产业管理专业，这就是一个问题。四年本科，双休日、节假日去掉后，还剩下多少时间？要学习文化、学习产业、学习管理——文化、产业、管理本身就是社会科学中的基本范畴，最后还要在学生身上有机地生成一个所谓的"文化产业管理"知识体系来，谈何容易。尽管文化产业管理专业已办学多年，我们看到的却是它在不停地转向——转到文化政策或文化投资，不断地下沉——下沉到画廊管理、演艺管理，也就是艺术管理里面去了。那下沉或转向之后的文化产业管理还有自身存在的必要吗？实际上把文化产业作为研究生的学术方向倒是恰当的，而本科只能是艺术管理的地盘了。

比如说大学教育能不能培养全才式、订单式的艺术管理者？很多人希望培养的学生可以把文化和市场结合起来、把艺术和管理结合起来，"面面俱到，样样精通"，一毕业就能够担当起文化艺术机构的"CEO"，于是我们看到了一份大而空的课程表。还有不少人信誓旦旦：学界与业界无缝对接，按订单培养艺术机构"即时能用"的经营管理类人才。全才式的教育实际上是把对一个团队的要求放到一个人身上，果真可能？而订单式的教育实乃大学的自我矮化，主动放弃了大学原本具有的引领社会的功能，何需如此。要知道，大学本科教育只是提供一种将来的可能，学生在社会上要有一个经过实践的磨练和不断调整个人选择的成长期。一所只盯着学生就业的大学永远培养不出可以胜任工作的毕业生。

比如说人才培养能不能强调实践性的重要？实践当然重要，但绝对不能离开理论知识的积累。有人抱怨现行的教育花在大学课堂的时间太多，外出参观考察、见习实习、模拟实战的力度都非常不够，这样，职业技能和经验以及动手能力也就非常欠缺，造成了艺术管理人才的培养和文化市场需求的脱节，学生上岗后无法独当一面，而艺术企业还要增加培训成本。殊不知，一部大学史，不管是通识教育，还是专业培养，最终都殊途同归——指向批判性思维、独立性思维的训练与开发，指向学生最原点的素质和潜力。过于狭隘的职业教育不足以帮助学生迎接艺术发展未来的挑战。本科教育不是为了让学生得到第一份工作,而是第二份、第三份工作,让他在未来20到30年中,获得整个人生的基础①。但是,如果有人想把大学办成职业技术学校,那就不属于本文讨论范围之列了。

在对模糊、混乱的观念进行清理和反思的基础上,讨论作为大学教育的艺术管理者培养,必须对其人才的规模、类型、层次和规格确立特有的规定性,而不是像现在这样的状况,还在专业的外围徘徊,无法得其要领。

其一,在艺术管理专业设置上,其学科依托,可以是艺术学,也可以是管理学,两种路向都是社会的需要。早在20世纪50年代就已学科化的美国艺术管理专业,有的设在商学院,有的设在艺术学院。关键在于针对不同的艺术门类,不同的管理领域,提炼艺术管理作为一个新兴的"本科专业"所需要的最原点的要求和最一般的品质,同时兼顾不同的学科依托,生发不同的专业方向。进言之,把"艺术组织及其活动"作为艺术管理学的研究对象是实践和理论的双重需要。

其二,艺术管理人才培养规格的确立,需明确学生的知识、能力、素质结构的总体要求是什么,其个性化的特长又是什么。对这个问题形象化的表述就是"一门技术+一套理论"。一门技术可以是艺术方面的,比如吹拉弹唱、书法、绘画、设计等才艺,也可以是管理方面的,比如文案撰写、信息与数字化技术、英语应用、活动组织等技能。这就确保学生可以掌握哪怕是业余一些的一技之长。一套理论主要围绕"艺术组织及其活动"而设计,核心内容包括艺术创意与策划、艺术筹资与募款、艺术营销与推广,扩充一些还可以加上艺术生产与制作、艺术评价与反馈等领域。

其三,以上两点决定了艺术管理专业的教学内容与课程体系,需要实现"艺术"和"管理"两方面知识的有机融合和内在统一,而不是简单的拼

---

① 引自斯坦福大学校长约翰·汉尼斯在第四届中外大学校长论坛的发言。新华网,2010年5月3日。

盘。课程设置不能脱离艺术管理核心理论和基础技术这两大主体,但是需要兼顾艺术基础知识和管理基础知识以作为必要的学习铺垫,课程不在多而在精。对课程的学习要在有效的几门课上学深、学透,获得可资迁移的知识原点。课外的阅读要广、要博,以扩大学习的知识面和视野,拓宽专业度。一句话,凡在社会上三个月就可以学会的知识、技能或者经验,就一定不要在大学里涉及,大学所要提供的课程应是在社会上根本学不到的内容。

其四,构建开放式的教学体系和自主式的选课方式。艺术管理专业的学生不可以封闭起来关门培养,应该建立他们与纯艺术类学生相互选课、共同上课、共同学习的有效渠道。实际上完全可以把文化艺术创意、营销、管理类专业与艺术史论、创作、技术类专业,以开放式的教学体系和自主式的选课方式进行跨学科的链接。进而为学生提供可"纵向求专与厚"亦可"横向求宽与博"两种乃至更多种成长模式。由此可见,艺术管理专业开设在综合性艺术院校是最为理想的,也是最为合适的,不同门类的艺术、不同学科的专业,在一起交流、碰撞、混杂、交叉、融通,才能孕育一种良性的、互荣共生的人才培养生态。

其五,拉开本科生与研究生的距离。本科生当然应该回归课堂,回到图书馆。四年大学何其短暂,而社会、职场又是风云变幻,唯有苦读书式的粗毛坯培养,才能使学生掌握更为原点的知识,具备更为根本的素养,以不变应万变,成就未来一番事业。研究生则应回归学术,回到实践。研读更多的中外专业经典文献,以及一些文学、美学、艺术学、管理学的原著,逐步培育课题意识和项目意识,在教学的模式上更多地采取案例讨论交流、市场调查分析以及撰写研究报告、模拟演练与考察实验等,这些措施并非仅仅为了突出艺术管理人才实践能力的培养的重要性,而是要通过深入到实践中去,通过理论和实践的结合,获得发现问题、分析和解决问题的学术能力。

主要参考文献:

1. 曹意强:《艺术管理的观念与学术状况》,《新美术》2007年第3期。
2. [美]詹姆斯·海尔布伦、查尔斯·M. 格雷:《艺术文化经济学》(第二版),詹正茂等译,北京:中国人民大学出版社,2007年。
3. 余丁:《艺术管理学概论》,北京:高等教育出版社,2008年。
4. [英]维多利亚·D. 亚历山大:《艺术社会学》,章浩、沈杨译,南京:江苏美术出版社,2009年。
5. [英]克里斯·比尔顿:《创意与管理——从创意产业到创意管理》,向勇译,北京:新世界出版社,2010年。

原载:《南京艺术学院学报(美术与设计)》2010年第6期

艺术管理学的学科状况

凭借艺术学升格为门类学科之契机[①],艺术管理学亦走到学术前台。本文从艺术管理学的学科根基与脉络、系科设置以及专业与课程体系等方面分析了其学科进展状况与再出发的基本面向。

一、系科设置与学科进展

2011年,艺术学界发生了一系列重大而深刻的变向,艺术管理学成为走到学术前台的其中一例。王文章在为《中国艺术学大系》撰写的总序里指出,今天现代意义的艺术学学科体系包括"艺术原理、艺术史、艺术批评和艺术经营"四个部分,"艺术经营"即艺术管理、艺术传播、艺术教育等[②],着重探讨艺术与社会外部因素的互动关系,是当下艺术学研究不可或缺的选项。凌继尧在研讨国务院学位办"艺术学二级学科简介"编写方案中建议,艺术学理论二级学科可以设置为艺术理论、艺术史、艺术批评、艺术管理与艺术创意四个部分[③],可谓在传统原则上充分遵循了艺术发展的现实原则。凭借艺术学升格为门类学科之契机,类似的论述日渐集中且清晰。

受到相同的内外部条件的影响,文化管理、文化产业、文化遗产以及

---

① 2011年,国务院学位委员会第28次会议审议批准的《学位授予和人才培养学科目录》,将原隶属于"文学门类",列于中国语言文学(0501)、外国语言文学(0502)、新闻传播学(0503)之后的第四个一级学科艺术学(0504)升格为新的第13个学科门类"艺术学门类"。
② 王文章:《中国艺术学的当代建构》,《文艺研究》2011年第6期。
③ 凌继尧:《艺术学理论的二级学科设置》,《艺术百家》2011年第4期。

艺术策划、艺术市场、艺术商务、艺术科技等也和艺术管理一样成为新的学术议题，并且成为新的办学生长点。但是在学科和专业建构上长期进行着深入的理论探讨，当前基本确立了自己专有的研究对象及领域，大致勾画出比较清晰的学术架构体系，且已经涌现出一批比较成熟的研究成果，无疑首推艺术管理学科。

尽然如此，艺术界和教育界依然有人对艺术管理可以作为一门学问、一项职业不以为然——艺术需要管理？艺术何以管理？艺术谁来管理？以致艺术管理在圈子外尚未形成广泛的认同，在学术界也没达到应有的理论高度。但是在学理上尤其是在教育实践上，艺术管理却远远走在了时代的前面，不仅全部艺术院校，就连综合性甚至理工类院校也都纷纷设置艺术管理类系科，而报考的人数也在逐年攀升。作为专业教育的补充，一些知名高校的商学院或艺术学院凭借自身学术资源，也在大力举办艺术政策与管理、艺术行政与管理、艺术创意与管理、艺术经营与管理的高级研修班、培训班，以适应社会发展对专门人才的广泛需求。

其实，艺术管理在欧美从20世纪60年代起就是一个独立的系科。对于欧美最早的艺术管理系科设置的表述目前有3个版本：(1)1966年哈佛商学院创办艺术经营管理研究所进而创建哈佛艺术管理夏季学院，(2)1966年美国耶鲁大学开设艺术管理专业作为美术硕士的一部分，(3)1963年密执安大学开设戏剧管理实践选修课，继而1966年耶鲁大学建立戏剧管理专业。在国内通常采用第一种说法，并以此作为以专业教育的形式培养新型的艺术管理者的先河。在此之后，艺术管理培训课程以及系科在世界各地陆续开设起来，先是英、澳、加、俄等国家跟进，其后德语系国家奥地利、德国、瑞士等相继跟进。梳理这个进程，可以看到欧美艺术管理系科经历了两个阶段：1966—1980年缓慢成长阶段、1980年至今快速发展阶段。2000年统计，这类专业在全球各个大学中已经接近400个①。

---

① 资料来源：Y.艾芙瑞德、F.吉尔伯特：《艺术管理：进入新千年后的一门新学科》，《国（转下页）

专业教育的形成与发展,加快了艺术管理学科建设的步伐。伴随艺术管理系科设置的过程,美国国际艺术管理教育者协会(AAAE)①、世界文化艺术管理学会(AIMAC)②等学术组织也纷纷组建。尤其是后者,每两年举办一次论坛会议,对文化与艺术的生产、消费等领域的管理议题进行了深入的探究和细致的交流。而 1998 年创办的《国际艺术管理期刊》③,通过刊登经过严格审定的艺术管理和文化组织案例的研究报告以及相关的学术文章,成为这一新型学科的重要学术阵地。由专业教育、学术团体以及学术阵地共同构成了艺术管理学科化的平台,在很短的时间内汇聚、凝结了相当丰富的学术成果。这些成果体现了西方鲜明的学术特色,首先是展览、舞台、剧场等艺术管理活动的实务手册,从 A 到 Z,事无巨细,逐条呈现,当然并非为了让懒汉照搬,而是为提出创造性的方案和具体解决问题的方法提供线索和灵感;其次是关于艺术市场、艺术消费、艺术观众等方面的数据调查以及案例分析,通过展示周详的数据、典型的案例以及市场调查与案例分析的方法,为从事这个行业的研究者提

(接上页)际艺术管理杂志》2000 年第 2 期(冬季刊),转引自[加]弗朗索瓦·科尔伯特:《文化产业营销与管理》,高福进等译,上海:上海人民出版社,2002 年,第 22—23 页。

① 1979 年美国艺术管理教育者协会(AAAE)正式成立,其创建初期主要是为了定义艺术管理领域的专业性和推动其教育、学术研究的发展。资料来源:Sherburne Laughlin, "Defining and transforming education: association of arts administration educators", *Journal of Arts Management, Law and Society*, Vol. 47, No. 1, 2017, pp. 82-87.

② 世界文化艺术管理学会(International Association of Arts and Cultural Management,简称 AIMAC),是文化和艺术管理研究人员的国际网络。该学会的主要活动是在世界各地举行每两年一次的研究会议。

③ 1998 年秋季首次出版的《国际艺术管理》期刊(*International Journal of Arts Management*,简称 IJAM)已成为艺术管理及其教育界的重要刊物。该刊的目标是:(1)提供管理流程的见解,以及艺术组织在各种管理学科中的运作方式,包括市场营销、人力资源、财务、会计、生产和运营流程以及管理;(2)确定和鼓励在文化和艺术管理方面发展最佳实践,并通过出版案例研究和分析来促进其使用;(3)以严谨细致的方式解决当前与文化艺术组织息息相关的关键问题;(4)介绍艺术和文化管理领域的研究、测量评估和其他实证研究;(5)提供一个论坛来挑战和辩论(看似)合乎逻辑的理论和模型,以及它们在文化和艺术实践中的应用。投稿论文经过双盲程序评审,涵盖了学者和从业者直接感兴趣的广泛主题和观点,符合知识严谨性的最高标准。

供了必要的参照;最后是对艺术管理之由来、内涵、地位、功能、目标等作原理性的建构。基本覆盖了艺术管理的实践应用和学术研究的各个领域。

作为实践性和应用性很强的学科,艺术管理系科始终在与社会的互动、共振中前行。不同的媒体积极推销新生的"艺术管理"专有名词,蓬勃发展的艺文团体热切呼唤专门的艺术管理人才。经过学界与业界良性的互动,艺术管理专业被称为"一个新建科系成功的故事",而策展人、制作人、艺术经纪人以及政府官员也乐于将自己称为艺术管理者。结果在短短不到十年间,许多国家"又多了一个职业的种类"①。而在今天,艺术管理者广泛地包括多样的类型和不同的层次。

对于国内艺术管理系科的筹建、增设,已有不少的文章进行论述,本文不加赘述。总体看来,从 1983 年上海戏曲学校举办"艺术管理专修班",中央文化管理干部学院成立文化管理教研室至今,国内艺术管理系科经历了 20 世纪 80 年代中后期、21 世纪初期以来两个阶段,只是这两个阶段在办学的诸多方面并没有太多的关联,或者说几乎是割裂的,这也折射出中国社会 30 多年来发展的非延续性、非统一性。

与西方的学科进展类似,国内艺术管理的教育体系、学术团体等学科化平台也迅速搭建起来。其学术组织先有中国文化管理学会下设艺术管理专业委员会,尽管该会早在 1991 年设立且是经国家民政部批准的国家级学术团体,但是却与现代意义的艺术管理相去甚远,也和当下高校的艺术管理教育及学术几无关系。2006 年成立的中国艺术管理教育学会则是一个专门为教学、学术交流创建的平台,但是由于其隶属关系混乱,合法地位缺失,也缺乏与其上级学科艺术学的关联,所以无法形成外部的广泛认同,而内部的学术生长也明显不足。其专业教育则随着 2010 年前后

---

① [德]维纳·汉利希、阿闵·克莱恩:《文化管理 A—Z:600 个大学与职业专用名词》,吴佳真、于礼本译,台北:五观艺术管理有限公司,2001 年,第 22—23 页。

中国艺术研究院、南京艺术学院、上海大学率先招收艺术管理学博士生，从而标志着艺术管理学形成了本、硕、博一套完整的教育体系。国内的成果积累也有一定的规模，但主要还是以教材为多，以学科与专业的探讨为多。遗憾的是，直到目前国内尚无艺术管理学的专有刊物或系列丛书。长时间缺乏具有权威性、集中性、统一性的学术阵地，严重影响了艺术管理学学术资源的整合，更无法形成学术高地。

尽管艺术管理的学科建构的历史较为短暂，但是艺术管理实践却有一个漫长的过去。一般说来，当群体的人共同参与一项艺术活动时就需要一定的安排、协调，哪怕是最简单的安排、协调，艺术管理也算出现了。这种在艺术领域的简单安排与协调随着艺术市场的扩大、艺术组织的出现而变得愈加复杂且重要，到了现代社会，艺术管理则随着艺术在社会领域的变化，并且在欧美艺术机构的经验基础上，逐步进入理论化、学科化的层面。

艺术曾经从人类的生活和生产中走出来，形成了自身独立的面貌，而今天，艺术不仅与其外部环境，特别是与它的政策、市场、经济等外部非本体因素发生密切的关系，而且在一定程度上说，艺术又重新融入人类的生活、生产本身，成为人类的一种新的生活、生产方式。于是，以艺术为核心的文化其作用与价值在全球范围内得以被全面认识并重新定义。文化不仅渗透在经济体系的内部，而且文化本身也具备独立的经济面向，诸如文化产业、创意经济、旅游观光都成了一种新的产业形态。这种新的产业形态不仅有利于全面提升经济活动的品质与内涵，而且更加有利于调和商业效率和社会关怀的紧张关系。在政治层面，文化与国家、社会的关系也逐渐得以厘清，就是它可以成为塑造民主政治、公民社会的重要力量和形式，同时还可以成为在都市提升、社区建设以及乡村改造中塑造文化认同的枢纽。作为政府、市场、民间联结共同纽带的特殊力量，文化走向了时代发展的前台。于是，一系列规划、统筹、协调、调配、经营等管理学的要素自然而然地和文化议题勾连在一起，无论在理论还是在实践层面上，都形成了一个关于艺术的新的疆域。

反映在学术领域,就是文化经济、文化政策、文化产业成为诸多学科研究的议题。艺术学研究开始由传统的研究艺术家、艺术作品、艺术风格与流派以及社会背景等向现代的研究艺术市场、文化消费、文化推广等转向。而在实践领域则表现为公众的精神文化消费需求日趋旺盛,文化娱乐消费呈加速发展之势;与艺术相关的人口与事务激增,政府各层级和民间团体机构在艺术方面的投资十分庞杂和活跃,使得人们开始认识到"艺术的权威不能代替管理的权威"。由于传统的艺术事务人才供给模式无论在数量规模还是质量结构上都不能满足时代发展的需要,所以应运而生的艺术管理系科在大学里设置也是理所当然的了。

二、学科的根基与脉络

就像通常认为德国学者马克斯·德苏瓦尔(Max Dessoir,1867—1947)1906 年出版《美学与一般艺术学》标明了艺术学作为一门独立学科的诞生,或者美国管理大师弗雷德里克·温斯洛·泰勒(Frederick Winslow Taylor,1856—1915)1911 年出版《科学管理原理》以及法国管理大师法约尔(Henri Fayol,1841—1925)1916 年出版《工业管理和一般管理》标志着现代管理学的诞生一样,国际范围内可以视 1998 年《国际艺术管理期刊》的创刊为艺术管理实现学科化的标志。

将学科的产生标志在某本书、某项事件上只是研究的需要,当然也和某本书、某项事件对学科的奠基作用不可分割,但这并不表明学科全部的成熟与完善。学科成熟与完善的标志是必须架构起自主的学术根基与脉络,也就是必须确立独立的研究对象、方法以及知识体系。但是在现实中却有不少人对这一问题没有足够的正确认识,或者认为"学科"正面临着体制化以及对问题探讨、知识揭示的片面性、遮蔽性和有限性的质疑,而不需要对一个新的知识领域进行学科化的建构;或者认为可以把艺术管理看作是一个动态性学科,不需要急于下定义和作结论,不需要确立自身的研究对象和方法。这是由于对学科内涵的不了解而造成的误区。人类的思想学术主要以学科化的方式来提出问题、确立问题、展开问题、回答问题,形成分门别类的知识与启示,也形成分门别类的学科体系。任何一门学科的建立都必须具有自己独特的研究对象与方法,否则就不能称其为学科。问题的学科化就是要提供回答这些问题的全部概念和逻辑。对于艺术管理学而言,哪怕最初对这些概念和逻辑的提供是不完善、不合理的,但也是必需的,因为学科化首先是解决全部概念和逻辑的"有和无"的问题,其次才有可能判断其"好和差"的问题。永远停留在无的层面,学科建设只能原地踏步,连一个批驳的靶子都没有,何谈进一步的发展。当一般性的核心概念、理论模型、知识体系无法形成,后续的学术进展不可避免地会时时遇到瓶颈,甚至停滞不前。

　　对于艺术管理学科建构还有一种观点,就是认为由于艺术管理学是一种跨学科且涵盖面广的研究,并没有统一的理论基础,而是各依其相关参考学科呈多元化的现象,倘若没有考虑到相关学科就不可能有艺术管理学的形成[①]。换句话说,艺术管理学必须兼顾文化经济学、文化政策学、艺术社会学与艺术学、管理学的观点等各个层面,以避免让艺术管理流于纯功能性的窠臼中。在此,多元、多项性的通才是不可或缺的,学生可就个人喜好与擅长,选择最适合自己的科目。艺术管理与众不同的特色在于其复杂的交织性,横跨多学科的探讨,以及一个独立的专业化形式。这种跨学科的路径可以认为是艺术管理学科化的权宜之计,是通向学科化的过渡阶段,而并非终极目标。一种新的知识领域的出现,势必要展开跨学科的学术整合,俾使这个领域能够发展出自主的学术建构。这乃是一项艰难的学术工程,由微观而宏观,由实证而理论,包括了学界、业

---

① 参见[德]维纳·汉利希、阿闵·克莱恩:《文化管理A—Z:600个大学与职业专用名词》,吴佳真、于礼本译,第254页。

界以及官方共同努力的过程。在一定程度上说,也是老师、学生以及家长、反思型从业者相互作用的结果,这一点虽是学科专业生成的常识,但是在各类文献、各种场合却常常被忽视。

恰是由于人们对艺术管理学科的模糊认识,才导致今天我们在研究文献中难以看到对艺术管理学概念与框架的有效探讨,更无法分辨学科研究的理论视角、思维过程和学术工具。甚至在概念的使用上,很多研究者把艺术管理学研究与文化产业研究混为一谈,把艺术管理与艺术产业、艺术经济和艺术市场营销所涉及的问题相混淆。而一旦确立了艺术管理学的根基与脉络,也就明晰了当前艺术管理、艺术营销、艺术市场以及文化产业、文化政策等一系列议题各自的概念和逻辑。以艺术管理与文化产业为例足以对此予以说明。在时间上,通常认为艺术管理产生于中国的西周时期或西方的古希腊、古罗马时期,而文化产业则出现于20世纪40年代;在范畴上,艺术管理包括营利性和非营利性两个部分,即国内通常讲的公益性和经营性,而如果认定文化产业的核心就是流行艺术和娱乐文化,那基本上可以认为文化产业就是艺术管理中的营利性、经营性那部分,也就是说艺术管理包括文化产业;在本质上,艺术管理讲的是艺术领域各种要素的协调与优化,而文化产业则指的是文化领域市场化的运营;在目标上,艺术管理追求艺术的美学、社会和商业价值的最大化,而文化产业直接追求利润的回报。还有,文化产业多是美学批判以及经济统计学意义上的概念,在国际上并不通用,比如美国多用版权产业,英国则用创意产业,而日韩则用内容产业,这在学理上也就回避了法兰克福学派在否定的意义上命名文化产业这一概念的意蕴。

作为新兴的学科,艺术管理亟需有效地架构自主学术的基点及其框架,及时确立某种可以衡量的学科标准和学术规范,以清晰的概念与逻辑关照研究的对象及范式。因此可以说,对学科根基和脉络的界定,是把握艺术管理现象与问题最基本的要求,是艺术管理学研究摆脱自发状态走向学术自觉,并以此作为学科反思、再构建的必要路径。

当然，艺术管理学涉猎范围广泛而庞杂。它要研究艺术管理中的领导体制、行政法规、社会面向、公共关系与法律等一系列人们通常所关心的问题，更要研究艺术生产、艺术供求和艺术营销等原理、原则与方法，还要研究微观领域的发展远景、领导风格、组织结构、运行机制、经济与财务管理、资金筹措等方面。围绕这些课题而产生的管理经验、技巧、知识、理论等，都是艺术管理这门学科所要涉猎的范围。在主体上，既有政府，也有市场与社区；在类型上，既有视觉艺术，也有表演与剧场；在层次上，既有宏观战略决策，也有具体操作技术。面对如此广泛而庞杂的课题、范围，只有跳脱这些纷繁复杂的困扰，按照艺术管理全部实践议题以及知识领域的内在逻辑，探寻其最初的本源和起点，方可在学理的层面凝练出艺术管理学的理论根基与脉络。

就本质而言，艺术管理乃是艺术领域中人与人之间的协作，而这些协作在现代意义上必然伴随着艺术组织的出现而产生，因为美术馆、剧院团、艺术委员会等组织机构中，一定需要计划、组织、人员优化、资源调配、监督指导、控制等这些人类专有的活动，来促进表演和视觉艺术作品以最佳的方式呈现给观众。以艺术组织为艺术管理学直接的和主要的研究对象，恰恰能够反映出艺术管理学的整体性和一般性，达到揭示艺术管理中的主要矛盾和一般规律的目的。西方的艺术管理学主要就是研究包括营利性和非营利性两大类艺术组织在内的一系列管理过程及其效果。因此也回答了人们全部的困惑与质疑：艺术需要管理？艺术何以管理？艺术谁来管理？这里的艺术指向与艺术及艺术家密切相关的艺术组织。

将艺术管理学的研究对象界定为"艺术组织及其活动"，进而也形成了艺术管理学的两大学术面向。一类是复数的艺术组织面向的宏观政策问题；一类是具体的艺术组织所面向的微观行政问题。这也是艺术管理在英文里面有两种表达的由来。"Arts Administration"强调管理的对象是机构而非个体，注重管理过程中的决策研究、选择和制定。而艺术政策则是宏观层面的，主要表现为一国或一地区对艺术组织包括艺术家及其活动施加影响的制度或措施,无数艺术组织的面临的共同的外部环境问题,比如艺术体制、艺术资助(税收激励)制度、艺术审查制度、非营利组织制度、义工制度。"Arts Management"强调艺术实践过程中的管理和操作技巧,属于艺术行政范畴,包括了以下具体的艺术组织的运作和管理:艺术活动的内容、项目开发、节目策划与组织、安排和布置表演或展览;企业形象规划、广告宣传、文宣的设计、新闻稿的审定与发布、媒体的联系;经济与财务管理、筹款、资金募集、会计、预算;人员安排、场地、安全和售票。当然,除了以上两大学术面向以外还有诸多的中间地带和跨界地带。

将艺术管理学的研究对象界定为"艺术组织及其活动",也就进一步形成了艺术管理学的几大管理范畴,即艺术组织所要承担的核心职能或者说所要解决的基本问题。对于管理而言,开展活动或者实施项目是组织存在的前提与基础。每一个项目(活动)都需要计划、协调,每一种组织都需要对其事务、资源、人员进行安排。对艺术组织及其活动的全部管理环节进行逻辑上的区分,从开始到结束算作一个完整的流程。这个流程若从美术、音乐、影视等具体艺术门类来概括,大致包括艺术创意与策划、艺术生产与制作、艺术筹资与募款、艺术推广与营销、艺术评价与反馈等,其中艺术策划、艺术筹资、艺术营销在西方则是公认的艺术组织的三大实践支柱,也是艺术管理学核心的基本概念。这个界定是对艺术管理学作独立边界的划分,以区分于其他学科而独立存在的又一标志。

三、课程与教材建设以及艺术管理学再出发

艺术管理专业在国内初创时期,要么是传统艺术学的市场化延伸,要么是普通管理学的艺术化拓展,显然缺乏教学规范化的专业性归属和本体性内涵。直到今天依然有些院校没有解决好这个问题,课程设置无非就是"艺术+管理"的拼盘,而师资仍旧处在从相关学科"转或改"到艺术管理学科的路上。

但是，只要对艺术管理学根基与脉络的确认，在思路与结论上达成共识，其专业课程设置的问题也就迎刃而解。因为艺术管理学的根基与脉络，不仅是组成艺术管理学理论的基本内容，还是确立艺术管理专业人才培养目标及其课程体系的的前提与基础。只有确立了合理的学科根基与脉络，才能架构好完整的专业课程体系与教学内容。

换言之，逐步成型的具有自主规则的学术积累为艺术管理专业教学奠定了理论的支撑，由此可以使课程设置不再纠结于侧重"学"还是侧重"用"，顺利走出是以艺术为核心还是以管理为核心的摇摆，进而趋向以"艺术组织及其活动"对人才的内在要求为目标来架构课程体系。抓住专业"交叉性"的特点、人才实用性的需求，把艺术管理专业定位为应用型本科专业，以学生能力塑造为目标，着力培养"既懂艺术又会管理"的复合型、实用类人才，由此才能更好地适应蓬勃发展的文化艺术行业对艺术经纪、策划、制作、企宣、营销人才广泛而迫切的需求。

构建在艺术组织及其活动基础之上的艺术管理核心课程包括纵横两个方面：其一是超越于一般性艺术组织之上的专业素养课程，如艺术创意与策划、艺术筹资和募款、艺术推广和营销等，这是基本的理论范畴，但也要突出知识教学的能力塑造；其二是扎根于具体艺术组织的操作实务课程，如演出策划与制作、展览策划与制作、影视策划与制片等，这是实践运用的技术范畴，但是又不仅仅停留在技术方面，而是努力将技术与文化的、审美的、组织的等方面协调、结合起来，以实现艺管学生掌握"一套理论＋一门技术"的基本教学目标。

具体而言，可以按能力培养的指向将课程划分为 3 个类别：理论课（如艺术基础知识、管理基础知识）、理论＋实务课（如艺术创意与策划、艺术推广与营销）、实务课（如美术展览策划、音乐演出策划）。在理论课中，管理基础知识课程的教学内容尽量向艺术领域靠拢，或者以艺术领域为主选择教学案例；艺术基础知识课程则侧重艺术活动、艺术组织、艺术市场等方面的内容，尽量和传统艺术史论专业课程拉开距离。理论＋实务课程一般按"史论篇、实务篇、案例篇"的结构来编织教学内容,开设艺术创意与策划、艺术推广与营销、艺术筹资与募款等一批与国际接轨的前沿课程。实务课程要求进入实战或模拟状态,把课堂搬到剧院团、美术馆、拍卖行或者实验室,课程考试也在实践领域完成,如艺术品收藏与拍卖、节目编排与晚会组织等课程。

而以"创意、策划、操作"为专业逻辑主线恰是课程纵横两个方面结构的有机合成,自然是艺术管理专业的内在要求。拥有创意的人,要比只懂得操作机器的人强大,而且在多数情况下也比那些拥有机器的人强大。艺术被看作是核心的创意行为,艺术组织及其活动变得更加依赖于创意。在艺术管理的范畴内,创意侧重灵感,是新理念、新思路的产生;而策划侧重方案,是巧妙的安排与设计,是创意的具体化;操作侧重程序,是策划落实的具体步骤。"创意、策划、操作"的专业逻辑主线构成了艺术项目运作、艺术市场经营以及艺术组织管控的核心要件,也构成了艺术管理者全部的专业面貌和品质。

当然课程设置不是一成不变的,也不能千校一面,而是要体现课程特色,可以有院校自身的特点。但是这并不意味着课程设置可以脱离"艺术组织及其活动"这一研究对象,脱离"创意、策划、操作"这一专业逻辑主线,而是指以这些核心品质为基础,灵活地开展课题设计、选裁教学内容、设计教学方法。比如训练学生的策划能力,可以选用演出策划的素材,也可以用展览策划的素材,而这些素材可以突出地域特色,也可以注重国际前沿,但最终的指向是学生艺术项目策划能力的培养。

课程设置也并非只是取几个好听的名称,更需师资的优质以及教材的规范。在这个方面,台湾地区可谓走在了大陆的前面,台湾地区的艺术管理学在研究和教学方面几乎与国际同步,两者之间几乎没有时间差。以台湾地区和欧美发达国家为借镜,更加可以深切地认识到当前大陆艺管专业教学需要加强"创意、策划、操作"课程与教材建设,以及在这个领域什么是好的老师,什么是好的教材。欧美发达国家的艺管专业课程直接把最前沿的实践议题纳入课程体系,如"艺术博览会与双年展""艺术选址考察"等,更强调实务操作,也注重思维训练。但是这些教学理念的贯彻只能依靠良好的师资队伍方可实现,这也恰是欧美艺管专业取胜的路径,许多担任核心课程的老师往往就是(或者曾经是)某个艺术机构的管理者或者是政府文化部门的法规制定者。在我们这里,好的老师当然写得出好的教材,而好的教材不能是前段写艺术、后段写管理,也不仅是对艺术行业局部的经验、操作规范的介绍,更不能是西方艺术管理学术的翻版,而必须是对展览、拍卖、演出、剧场等艺术实践活动进行经验总结以及学术提升。这些也就构成了对艺术管理专业教材及其作者的基本要求,每一本教材兼具知识与技术、理论与实务的完整架构,既讲究思维的启发性,更关注它的实用性,力图为创造性的方案和具体解决问题的办法提供灵感、思路和线索。

作为艺术管理学科建设的参与者以及专业教学的组织者,本人以为要担任这个领域核心课程的老师首先要在艺术行业摸爬滚打十几年,拥有丰富的艺术事务操作经验,其次要有扎实的学术功底和完备的知识结构,并且能够将工作经验转化为知识;再次要符合教学的基本规范,具备课堂驾驭能力,能够将经验、知识设计成教学的课题。但是此类老师恰是当前最缺少的,其原因在于,国内大学老师、艺术经理以及政府文化官员由于体制、编制所限彼此割裂,每个人的身份都是固定的,几乎终身不变;而台湾地区和欧美由于人事的聘任制、任期制的灵活性,恰恰带来了人员的相互流动,由此带来了"研讨课""案例课""实践课"等新的教学形态。国内尽管不能从根本上突破教学内容空心化以及课程体系拼盘化的弊端,但也依据艺管专业的特性采取了一些对策,比如试行"学界与业界合作上课"的模式,规定每门课程的教学至少安排一次外出实习实践,至少一次邀请业界专家来课堂"现身说法"。当然诸多新的教改举措也将随着艺术管理学科的完善而逐步推进。

若将2001年界定为中国现代意义上的艺术管理系科设置的元年,那么至今已经10年了。10年算作一个轮回,也算作一个时代,艺术管理学需要对过去的10年进行系统地清理与反思,需要在新的起点上再出发。在10年的进程中,"艺术管理"基本形成了以艺术院校为主,综合性、文科类院校共同发展的一个很大规模的办学阵型;在10年的进程中,"艺术管理"初步构建了包括本科生、硕士、博士研究生在内的一个完整的专业教育体系;在10年的进程中,"艺术管理"适时搭建了学界、业界、政界共同对话的交流平台,形成了一个初步的教学与学术组织;在10年的进程中,"艺术管理"形成了一支从事实践、教学以及研究的队伍,积累了一批学术成果,为学科、专业奠定了扎实的基础,也为学科身份的合法化凝聚了共识。

也许,"艺术管理"在中国也是"一个新建科系成功的故事"。但10年注定只是这个故事的开始,是艺术管理学再出发的不可或缺的起点和基础。艺术管理学再出发,既是专业教学的需要,更是艺术发展的需要。

首先,艺术管理学需要从艺术学汲取营养。艺术学理论成熟而规范,是艺术管理学最直接的母体,当然,文化政策学、文化产业研究以及艺术社会学可以作为艺术管理学的支撑学科。因此,在艺术学成为门类学科的格局下,在"全国艺术学学会"(即一级学科艺术学理论)下面分设包含艺术管理学在内的各专业委员会,也是解决艺术管理学术组织的重要且有效的途径。

其次,艺术管理学需要在火热的艺术实践中深深扎根。所有的艺术管理学理论、学术观点都应该来源于艺术生产与消费、推广与营销的实践一线,所有的研究都能用数据奠基,用案例支撑。反过来艺术管理学必须能够对艺术组织及其活动拥有话语权,提出有意义的问题,或者为解答有意义的问题提供有意义的思路;对已有的艺术实践给予合理的评论与反馈,对将有的艺术实践给予前瞻的引导或预警。

再次,艺术管理学需要涌现出不同的学术观点、不同的研究方法,甚至形成不同的学术流派。更加开放地借鉴不同学科的方法、批判性思维,或者综合运用文化研究、思想史方法，或者选取经济学、管理学的视角，只有将艺术管理学置于不同学术领域、不同学科门类的相互之间的交流、碰撞之中，将艺术与管理、理论与实践有机地融合，才能更好地繁荣这门学科。这就需要尽快创办专属的学术刊物、创建官方学术网站，提升学会组织的合法性与内涵，以适应艺术管理未来发展之需要。

最后，艺术管理学需要与不同领域以及领域内部之间的协同作战。艺术行业及其管理究其本质而言是一个不可分割的整体，需要政、产、学、研之间的通力合作才能达成最优的目标。这种协作首先需要突破体制的障碍，在公民社会的框架下发挥各自的职能，尤其需要激活市场以及民间力量对艺术巨大且无形的支持潜能。艺术行业政、产、学、研之间的关系一旦打破壁垒，院校之间以及院校内部不同学科之间的协同关系也都将变成可能。

主要参考文献：

1. 紫雪：《近年来文化管理学科的建设与发展述评》，《上海大学学报（社会科学版）》1988年第6期。
2. 〔德〕维纳·汉利希、阿闵·克莱恩：《文化管理A—Z:600个大学与职业专用名词》，吴佳真、于礼本译，台北：五观艺术管理有限公司，2001年。
3. 〔加〕弗朗索瓦·科尔伯特：《文化产业营销与管理》，高福进等译，上海：上海人民出版社，2002年。
4. 台北艺术大学：《宏观与前瞻：两岸艺术管理教育论坛工作手册暨论文集》，内部资料，2010年。

原载：《南京艺术学院学报（美术与设计）》2011年第6期

塑造艺管专业实践性的教学品质

今年6月初,本人应邀参加了上海音乐学院"2012艺术管理周"。这项活动由上音艺术管理系全程制作及执行。历经数月的前期准备,充满诸多新鲜元素的专业教学项目,吸引了来自台南艺术大学、南京艺术学院、上海戏剧学院,以及武汉大学、复旦大学、上海大学等高校师生的参与。而主办方专门邀请上海交响乐团、上海文化广场剧院管理有限公司、交通银行企业文化部等10余家演艺界、金融界、企业界主管来校与师生互动,则是对学校所处上海这个国际化大都市文化资源的主动链接,同时也是对塑造艺术管理专业实践性教学品质的积极因应。

当前,全国艺术院校无不开设艺术管理专业,从创建至今,10余年的时间里,其办学规模与格局不断扩大并成型,而其专业内涵的建构及教学品质的塑造却依然处于艰难的探索之中。作为先导性的实验,近年来中央音乐学院、上海音乐学院先后推出的"艺术管理周",以及中戏、北电、国音、央美、南艺、广艺等院校施行的实践化、项目化教学模式,都是这个新建专业塑造其实践性教学品质的有效举措。尤其这次零距离观摩2012年上音艺管周,则从活动的各个环节以及每个细节里切实感受到,作为从艺术本体延伸、拓展出来的应用类新建专业,"艺术管理"可以从这些教改举措里进一步明晰发展的方向和路径,从而理顺这个专业人才培养的思路,并明晰其理念。因此,这次活动的主题及程序值得细致梳理,其意蕴及影响也值得深切关注。

活动一:艺管百脑汇——王牌教师课程观摩。本项活动集多校骨干教师及经典课程于一堂,以公开课的方式进行教学展示与交流。具体有台南艺术大学张瑀真主讲"跨领域的音乐产业"、南京艺术学院董峰主讲"当下艺术筹资的学理反思和策略规划"、上海戏剧学院徐英子主讲"德国戏剧管理最新进展"、上海音乐学院张颖主讲"艺术市场中的'定位'"。尽管4位老师来自不同的院校,之前并未对讲什么以及怎么讲做过任何沟通,但授课内容与教学方法却体现出诸多相同之处:其一,教学课题分别从不同的语境、不同的视角对艺术策划、艺术筹资、艺术营销等方面议题进行阐述,而这几个议题恰是艺术管理当前最为关键、最为前沿的选项。其二,课堂教学呈现新的形态,不再是传统的知识讲授,而是通过精心设计课题,在情景模拟、案例剖析、数据对比中组织学生进行自由讨论和交流,以行业中热点问题的解决为中心来组织课堂教学,最终指向学生思维的激活以及能力的提升,达到"寓学于用,用以致学"之目标。由此,艺术管理专业实践性的教学品质在课堂上得以有效地呈现出来。

活动二:艺管波士堂——艺术赞助论坛。筹资与赞助是艺术管理学的核心概念,也是西方公认的艺术机构的三大支柱之一。此项活动分别邀请两位知名演艺院团募款高手及两位大型企业的赞助主管,就"表演艺术院团如何吸引企业赞助"进行探讨与交流。受邀嘉宾首先分成两组,以对谈的形式讲述共同合作的"筹资与赞助"经典案例。首先,从各自角度对主题进行诠释和讲解,分享彼此促成艺术与商业完美结合的感受与体会;然后与在场师生进行互动,就筹资的专业知识、专业技能以及个案细节展开深入地讨论与解答。这项引起学生强烈共鸣的活动,包括项目主题与活动方式设计的真正的用心之处,不仅是讲授筹资方法与技巧,而是为在校学生提供一次与知名企业和艺术表演机构的高阶经理面对面的机会,同时还可以吸引更多的艺术企业走进艺术管理专业,为这个专业的学习者提供更多的实习机会和就业平台。恰是这样的机会和平台可以潜在地唤起学生对下一步学习与未来工作的热情。

活动三:创智本垒打——上海车王认证二手车超市音乐活动策划大赛。举办艺术创意与策划大奖赛是艺术管理专业重要的教学方式之一,之前国内艺术院校已经举办了多次。但是这次活动一改以往项目所存在的比赛主题由主办院系自行确定、比赛内容纸上谈兵、比赛评委由高校老师担任等闭门造车的缺陷,作出了导向性的创新。首先是与上海车王认证二手车超市(简称"车王"①)合作,邀请各校艺管同学一起动脑为"车王"策划一场精彩的音乐主题活动,以吸引目标消费群体。其次是评委以商界代表为主,评审过程不再是简单地集中陈述、现场提问、限时答题,而是选手、评委当然包括"车王"CEO就策划方案深入交换意见,相互探讨,提出质疑与辩驳。再次,由于选题来源于真实的企业,强调了实用性,所以获奖项目也不像过去那样束之高阁,而是进入企业的经营理念甚至是操作环节中。恰因如此,"车王"才是整个上音艺术管理周活动的主要赞助商。当然"车王"也是满载而归,不仅看中了一批好点子,盯上了几个好苗子,而且在比赛现场也碰撞出许多关于"二手车"品牌塑造与市场推广的思想火花。

活动四:锋声谁起——音乐著作权辩论表演赛。辩题的缘起是今年3月31日国家版权局公布《著作权法》修改草案,其中诸多条款引起音乐界及网友大量关注、讨论。我们知道版权是文化产业的基石,在美国,文化产业实际上被称为版权产业。作为艺管学生,当然需要及时跟进并对此作出学理反思。通过辩论赛的形式,探讨音乐著作权法的相关议题,更容易激励大家深入地关心知识产权保护,了解版权对发展音乐产业的价值与作用。鉴于艺管学生缺乏参加辩论赛的经验和技巧,本次活动特别邀请中国大学生辩论赛冠军队伍"武汉大学辩论队"参加以作表演赛,无疑增添了比赛活动的精彩度和观赏性,也为艺管学生起到了辩论赛的示范性作用。

活动五:乐乐吧——六·一主题派对。本次艺术管理周活动首日恰

---

① "车王"是上海新成立的二手车业务一站式服务供应商,其全新的经营理念以及服务模式表明其将来市场之广阔,但是目前需要深入地引导人们的消费观念。

逢六一儿童节,于是设计了一场主题扮装派对。所有参加者穿着小学制服,以童心求同乐,相互参与不同学校各自准备的集体性表演节目,并现场交换纪念品,以期友谊久远。此项活动可以使来自不同院校的师生在交往初始便以一种轻松活泼的形式快速地熟悉、了解对方,更多地交到不同学校的朋友。另一个目的则在于通过真实场景的参与,增强艺管学生的社会担当意识,努力于今后以更加专业的水准开展为特殊群体举办主题性演出项目。

亲身参与和体验这些活动,不由想起我曾多次说过的一句话:中国人会多,但是会开会的中国人不多。而这次活动的整个环节以及每个细节无不告诉我们开会、举办活动也是一门学问,好的会议主题、程序与形式不仅有助于达成会议目标,而且也有助于强化会议效果。活动的成功举办与上音艺术管理系系主任黄韵瑾老师的教育背景和工作经历有密不可分的关系。黄韵瑾早年留学美国哥伦比亚大学艺术管理专业,曾经在台湾地区云门舞集等演艺以及文创机构做过许多专案。可以说这些环节、细节恰恰体现着这样一位具有多元文化背景的老师对建设艺术管理专业、发展演艺行业的先进理念和思路。从此角度出发,这次卓有成效的艺管周,可以归纳为以下若干特点。

第一是学生操办,细节精致。举办艺术管理周是上音艺术管理系实践性教学的品牌项目,与相关课程对接,由二年级学生为主全程操办,以此训练学生策划构思与实务操作的能力。对老师而言,指导学生开展活动其实比个人亲自做一场活动还要花费时间和精力。艺管周活动虽然总计 3 天,但是学生筹备了将近一个学期。在老师的指导下,学生在团队合作中激发灵感、尝试失败、体验成长、增进情谊、收获颇丰。所以大家看到从海报宣传、名称润饰,到会场布置、嘉宾出场,每个项目的呈现都是精心构思,巧妙设计的。比如,5 场活动都发放了调查问卷,并配以小礼物赠送,真正在细节中用心,给人诸多感触。

第二是全程开放,深度互动。本次艺术管理周通过微博等现代媒介进行"自我营销",将宣传做到了校外,甚至做进了社区。首先是通过跨校参与,进行专业观摩,了解不同的环境,并相互交流自身学习的体验与感悟。其次是广泛引入社会资源,鼓励学生与各界人士深度交流,丰富个人交往的社会资源;而老师也以答谢的方式适时强化学生与业界广泛互动,为学生以后的毕业实习、就业积累充分的条件。再次是欢迎校内外师生及有兴趣的社会人士前来参加相关活动,尤其是邀请往届毕业生来校互动,在互动提问环节,已就职于不同演艺机构的往届校友具有工作针对性的思考给大家留下了深刻的印象。

第三是在开放与互动的背后,体现了上音艺术管理系对应用性专业内涵的建构以及实践性教学品质的塑造。艺术管理周只是这种建构与塑造的举措之一,按照最新的上音艺术管理课程架构①,自二年级起便安排学生参加有先后关系的演艺实践教学,一是执行校内各系演出活动;二是自行策划及执行"艺术管理周";三是赴上海大剧院、上海音乐厅、上海之春国际艺术节、上海文化广场等机构顶岗实习,除国内实习机会外,每年还选拔部分学生赴海外艺术机构实习2—4个月;四是毕业班学生通力完成"独立制作"——自主策划、募款、执行一个展演项目。4大实践教学项目版块,贯穿于整个课程体系之中,难度呈阶梯状逐级递升,并以制度化的方式给每位参与其中的执教者和学习者传导一个理念,即应用型的艺术管理专业其教学必然具有实践性品质,而不是像有些院校那样做得相反。

由此引申,本次活动的意义就有待于作进一步挖掘与提炼。至少在我看来,上音艺术管理专业的课程架构及其教改举措,为反思国内艺术管理专业的现状与走向以及解决教学环节存在的诸多问题提供了一个全新的视角。"艺管"在国内创建初始,是从艺术学、文学、管理学等学科借鉴而来,但几届学生培养下来,不少院校还未摆脱"假艺管"的尴尬,其专业

---

① 根据上海音乐学院艺术管理系宣传材料整理,此处不附。

课程还停留在艺术"史加论"的空心化层面，或者处于"艺术课加管理课"的拼盘化状态，以这样的课程体系来支撑艺术管理人才的培养进而促进艺文蓬勃发展只能是南辕北辙。而上音艺术管理的案例足以表明，塑造艺术管理专业实践性教学品质这一命题的提出，预示着当下国内艺管教育该升级换代了，即以开放和互动的理念，从教学目标、课程体系、课堂形态到教学资源的跨界整合、社会链接等，全方位地作整体性的升级换代。

原载：《人民音乐》2012年第9期

延伸阅读篇目：

1. 林江涌、魏农建、段明明：《项目教学：应用型教学模式的选择》，《中国大学教学》2010年第10期。
2. 钟宏桃：《艺术类大学生创新能力培养的教学改革策略研究》，《中国大学教学》2011年第7期。
3. 张谦、陈勇军：《艺术院校实践教学的创新探索——跨专业艺术实践教学体系初探——以艺术管理专业为例》，《南京艺术学院学报（美术与设计）》2011年第5期。

构建文化创意语境下艺术管理教育新生态

受艺术学科门类升格以及经济社会转型升级的驱动,"艺术管理及其教育"面临着"再出发"的内部可能和外部需求。基于现实困境及未来期待前瞻性地构建文化创意语境下的艺术管理及其教育新生态,是艺术管理及其从外延到内涵转型的核心要求与关键路径,"中美艺术管理工作坊暨青年艺管者圆桌会议"①对"艺术管理及其教育再出发"这一命题率先作出了及时因应和积极倡导。

一、缘起及主题

"艺术管理"作为调控艺术领域有目的、有计划、群体性活动的一项职业有着久远的过去,而作为人才培养机制的一门"专业"乃至"学科"在国内的创建与发展至今不过 30 余年,现今在艺术学科门类升格的大背景下面临着"再出发"的内部可能和外部需求。所谓"再出发",就是基于现实困境及未来期待推动艺术管理及其教育从外延到内涵的升级与转型,并以此前瞻性地构建文化创意语境下艺术管理及其教育新生态。这是必须

---

① "工作坊"(workshop)一词最早出现于教育与心理学研究领域。20 世纪 60 年代,美国的劳伦斯·哈普林(Lawence Harplin)将"工作坊"的概念引入都市计划中,成为可以供各种不同立场、族群的人们进行思考、探讨、相互交流的一种方式,甚至在争论都市计划或是对社区环境议题讨论时成为一种鼓励参与、创新以及找出解决对策的手法。

"圆桌会议"指围绕圆桌举行的会议,圆桌并没有主席位置,亦没有随从位置,人人平等。此概念源自英国传说中的亚瑟王与其圆桌骑士在卡默洛特时代的习俗。圆桌会议是指一种平等、对话的协商会议形式,是一个与会者围圆桌而坐的会议。

明确提出并需要迫切加以解决的重要课题。为此，南京艺术学院与美国瓦尔普莱索大学联合举办的"中美艺术管理工作坊暨青年艺管者圆桌会议"以及整场活动所表达的观点，恰是对"艺术管理及其教育再出发"这一命题率先作出的及时因应和积极倡导。

2013年3月29日—4月2日，南京艺术学院举办"中美艺术管理工作坊暨青年艺管者圆桌会议"。本次活动的主题是整合艺术管理职业与专业两个领域的不同资源，采取"跨界、对接、互动"的全新模式分享艺术展演策划与执行的新理念、新策略，由此探索文化创意语境下艺术管理及其教育新生态构建的渠道和机制。具体而言，是将美国以及中国大陆与港台地区的艺术机构资深管理专家、艺术管理专业名师与艺管专业学生以及艺管一线从业人员聚集起来，以工作坊、圆桌会议等有效方式围绕如下议题进行对话和研修：(1)社区艺术展演项目策划与执行，(2)艺术展演市场资源的整合与共享，(3)剧院团、美术馆等机构的经营与管理，(4)艺术管理之学界与业界、政府和媒体的关系同构，(5)艺术管理专业课程教学形态创新等，由此为艺术机构经营管理人士提供一个职业提升与交流合作的平台，为艺术管理专业师生提供一个教学观摩与学术探讨的机制。

这一主题及议题设计的背景与依据有四。其一，当下，伴随社会转型与时代变革，文化发展上升到国家战略的宏观层面，艺术行业正处于深刻的变革中；其二，作为对艺术机构及其活动承担着计划、组织、指挥、协调、监督等职能的艺术管理，在当前艺文发展中承载着新的使命和责任，无论是画廊、美术馆、拍卖公司等美术类机构，还是音乐厅、剧院团、演艺公司等音乐类机构，无不呈现崭新的面貌，同时蕴藏巨大的机遇，艺术展览和演出从业者开始大量攀升；其三，艺术学门类升格后需要在一个新的学术框架下调整艺术学内部的专业布局及其人才培养规格；其四，艺术管理专业正在成为院校办学新的增长点，但其培养的人才却远远不能适应社会及职业的需求。换言之，无论是作为专业还是职业，艺术管理在社会条件发生重大转向之际，亟需在文化创意语境下重新塑造新的生态以适应其至引领外部环境,这一新的事项至少需要从三个方面推进:(1)艺术管理基于不同学科、不同语境跨文化的对话,(2)艺术管理职业与专业之间人文价值和市场利益的平衡,(3)艺术管理产、学、研之间的链接。

根据不同国家地区、不同工作领域、不同艺术门类的艺管者共同对话与相互分享的要求,主办方特别邀请的嘉宾有:美国东芝加哥卡内基艺术中心执行董事伍丽莎、美国布劳尔美术馆馆长格雷格·赫茨力伯、上海大剧院艺术总监钱世锦、北京今日美术馆馆长谢素贞、上海东方艺术中心总经理林宏鸣、台湾地区东海大学林平、中国音乐学院谢大京、天津音乐学院张蓓荔、山东艺术学院田川流以及新锐策展人崔灿灿、新锐演出制作人柏昱等。这些应邀嘉宾中两位来自美国,两位来自台湾地区,六位分别来自北京、上海、南京等地;三位来自高校,七位来自展演一线。所开展的活动包括六场课程工作坊、两场艺术机构项目制作现场观摩、两场新锐策展人(演艺制作人)对谈、八场专家讲座以及两场青年艺管者2013圆桌会议,配合活动主题还举行了"2012年中国艺术管理高等教育十大新闻发布会",并召开学刊《艺术管理学研究》编委及作者座谈会;另外还呈现了由与会青年艺管者策划并举办的实验性展览和演出以及其他相关主题活动。这样的人员构成以及活动项目安排,为最大程度地实现"跨界、对接、互动"的艺术管理及其教育新生态之意图构造了充分的可能性,也为促进艺术管理学习者/从业者在身份转换中体验专业生成/职业进阶提供了新的资源与空间。

二、教学课题及呈现形式

教学课题由艺术实践中普遍性、典型性的问题生发,着眼于小型化、社区类、公益性的"演艺"与"策展"项目的实务操作方面。来自不同领域的专家集中围绕艺术社区服务、艺术基金会、艺术公众计划、艺术展演季等内容以"工作坊"的形式进行。

课程工作坊是一种应用类实践性专业常见且有效的教学模式，大致包括实践议题、产学结合、情境模拟、角色扮演以及方案拟定等环节，其实施的方式随着不同的议题而变化。在美国，艺术机构的资金很大一部分来自民间捐赠（22％），而捐赠的关键在于拓展受众。伍丽莎在工作坊中以具体事例与大家分享"艺术筹资与受众拓展"议题；美国Steppenwolf剧院采取全方位跟踪服务方式将其中61％的次票观众发展成为年票会员；波士顿博物馆为18岁至34岁的观众专门举办派对，提供DJ、食物和酒水，78％的客人是第一次出现，而女子合唱团的重组则使她们的听众扩大到原初的3倍之多。在与伍丽莎的双向论辩中，师生们逐渐形成以下共识：艺术筹资的共同之处在于开展充分的市场调查、有效发展受众、确立组织目标并努力实现，首先要考虑艺术能够给资助方提供什么，其次是艺术机构的目标和资助方的目标是否一致，再次是如何维护双方的友好关系。

在"社区艺术制作"工作坊，伍丽莎与大家讨论的是如何深入了解社区需求并使之在不同的艺术机构中得以实现。在社区艺术制作过程中，一个好的角色甚至关系整场节目的成败。选角可以通过张贴海报的方式也可以通过递投简历的方式进行，然后经过面试、投票产生人选。她还强调社区艺术制作应注意确定排练时间、地点、人员方面的细节。另外，强大的关系网也是一台节目成功制作的关键所在：我们应发动身边的亲朋好友，建立良好的工作关系网络，要记住在艺术社区领域大家更多是合作伙伴而非是竞争对手。

格雷格的"艺术博物馆与社区服务"工作坊探讨的依然是社区艺术，即美术馆是如何在社区及更大范围内进行推广的。为让社区人员及时得到美术馆展览信息，可以采取很多细节性的措施，如报纸宣传、网络媒体宣传、商业界的一些会议等；还可以通过举办开幕讲解、公开讲座、书籍宣传、音乐表演、筹募资金会议、免费咖啡，或者邀请一些诗人朗读等活动，吸引更多的艺术观众前来参观展览。在教学中，大家深刻体会到贴心化服务和细节性措施是艺术博物馆拓展受众的重点。博物馆开展社区服务，除了致力于全方位的前期宣传，活动期间也需要加设各类活动，使博物馆在营利的基础之上，带给消费者个性化的服务与享受。毋庸置疑，这些措施为扩大艺术领域市场与培养潜在受众创造了更多可能。

林平举办的两场工作坊分别是美术馆的风险管理和美术机构的公众计划。在美术馆管理中最容易碰到事故风险和道德风险，林平老师在和听众讨论具体案例以及布展情景的过程中，逐步让大家知晓了风险的来源及其预防措施。无论是硬件设施还是人工运作，比如光线、温湿度、预防虫害等，都是一个专业策展人在运作美术馆时所应注意的基本事项，一旦事故发生，对美术品所造成的伤害几乎都是永久性的。而对大家相对比较陌生的美术馆的道德风险管理这一话题，林平主要围绕美术馆馆员（尤其是馆长）的道德标准展开。一旦违反道德标准，很可能造成其收藏作品市场价格上、艺术价值上的变化，从而引起拍卖市场甚至艺术界的震荡。对风险的规避，一是尽可能地将危害因素排除，避免事故发生的可能性；二是降低事故发生的频率和机会，并把危害的严重程度降到最低。

美术机构的公众计划与文化资源的公共性密不可分，林平在这一课题里更多地是从学理思辨的角度与大家展开交流。文化资源不管形式与材质怎样变化，它最终都要达到吸引公众的目的。当然艺术的存在意义远不止于此，它将通过对所在地的文化涵养的润饰、突出文化艺术的特质而唤起人们对美学问题的思考、对文化共识的建构，这是美术机构与观众互动关系的价值所在。美术馆是一座城市的文化名片，一座城市的文化底蕴很大程度上可以通过一座美术馆呈现出来。大家从这场工作坊中得到的收获是：美术机构的公众计划的推进关键在于理念的培育。

开展新锐演出制作人、策展人对谈及现场教学观摩是对艺管专业理论讲授过多的教学形态进行变革的有益尝试。由于原有空泛的课堂讲授难以为继，所以这一教学方法很受学生欢迎，也带给一线教师很大的触动。两位受邀者在艺术管理职场扎下根基，而且成绩颇丰，比如新锐制作人崔灿灿学油画出身,本科毕业后做过几年画刊编辑,志向使然走上独立策展人之路,目前正在组织策划成都国际双年展;而新锐策演人柏昱原是公务员出身,因为割舍不掉戏剧的梦想,毅然投身话剧导演兼制作人,已有不少作品问鼎央视频道。两位嘉宾分别把自己的从业之路以及其中的心得分享给学生,也交流了个人对当前国内外演出与展览的观点、看法,还对青年艺管者本身应该保持的状态以及将来应该具备的品质提出了建议——年轻人也许资源尚少,经验不足,但其看待问题的态度是特有的,且极具价值。一名演艺制作人或独立策展人必须付出艰辛的学术努力并勇敢地承担社会责任,也必须具有道德底线和职业操守。

现场教学观摩是将课本知识运用于真实场景中并加以检验。在现场观摩中,学生不仅可以用耳听、用眼看,还可以动手做、用心记。演艺类"舞台管理"的现场观摩是在校剧场进行的,具体包括演出前安排建组会、做计划,提示导演、演员、服装、布景等相互协同工作;进剧场布置舞台,监督挂灯、对光、技术合成等各项工作环节,制定排练计划,安排演员进场排练;演出过程中合理调度,协调演员、音响灯光的协作,解决各种突发情况;在演出结束后安排拆台、总结等后续工作。而美术类"布展"的现场观摩则在校美术馆进行。在一场具体的展览中,学生们得以观摩、体会策展的构思以及布展的细节,比如展厅的环境、温度、灯光、装框、挂画等,再比如前期宣传、海报张贴、媒体邀请以及开幕式等环节。无论是"舞台管理"还是"布展",都不能只凭经验办事,也不可照本宣科,需要从展演筹划阶段就参与其中一直到展演结束之后进行总结,把知识学习和实务操练结合起来,以有效把握整场展演活动的规范,可谓细节决定成败。

三、学术议题及表达

学术议题包括圆桌会议和学术讲座两个环节,涵盖的内容依然包括在艺术展演现实中普遍关注的操作性议题,既有经验性的反思,也有前沿性的探讨。

之所以采取圆桌会议的形式,实乃希望所有的与会者彼此之间平等交流,放下资格的架子,不受外在的束缚,可以对议题充分发表自己的意见,从而达到广泛交流、深度研习的目的。两场圆桌会议分别围绕3个议题展开。其一侧重"专业"方面:(1)在专业建设上如何从跨学科的架构中塑造艺术管理完整的教学体系;(2)在教学上如何立足艺管实践性的专业品质进行课堂形态变革,包括如何面向社会推进产学研一体化教学机制,如何开展项目与案例教学设计等;(3)在科研上如何面向当下策展、演艺领域对艺术项目运作、艺术机构管理以及艺术市场营销等实践议题进行学术关照,也包括典型调研、案例分析等。其二侧重"职业"方面:(1)如何有效推进艺术信息发布、艺术项目运作、艺术机构管理以及艺术市场营销等,以实现艺术展演资源的整合与共享;(2)如何将不同场域的构思、策划跨界集结进而以市场化机制运作公益性的社区艺术项目。其三侧重学会建设方面:(1)如何在中国艺术管理教育学会的框架下构建院校之间的资源共享与合作机制,包括以学会名义进行科研课题立项、教学成果评审、学术刊物编印、年度报告公布等;(2)如何拓展艺管学界与业界、政府、媒体的链接与合作渠道,包括对艺文发展项目进行咨询、评估与规划,围绕艺术活动、机构及市场等领域之核心议题、热点事项、重点人物进行年度评选、推介等。

八场学术讲座涉及演艺领域与策展领域。演艺领域的主讲嘉宾是钱世锦、林宏鸣和谢大京,策展领域的主讲嘉宾是谢素贞、林平以及田川流等。钱世锦探讨的第一个问题是剧院、剧团、乐团建立演出季的必要性[①]。设立演出季是世界上发达国家的艺术院团都在遵循的运作模式,更是一个表演艺术机构的运营是否专业规范的标志。钱老师由上海大剧

---

① 演出季,也称为音乐季,是以音乐为主要内容的表演机构或场馆的周期性表演规划。演出季最早起源于西方国家,国际层面对音乐季的定义是不少于连续33周,也就是8个月。欧美交响乐团和剧场的音乐季大多以跨年划分,比如从9月开季一直持续到次年6月闭幕。

院演出季入手对国内演出季的方方面面进行了分析,指出要想成功制作优秀演出季,必须为节目以及市场做最充足的前期准备。钱老师强调,演出季并不是所有节目在一段时间的无序堆积,而是有理念、有追求、有设计、有标准的,要符合剧院的发展宗旨与愿景,并且体现剧院的运营特色以及内容质量要求。钱老师探讨的第二个问题是剧院团应急管理的思路与对策,对此,他提出以下四点:(1)提前做好应急预案,不管自己心里有多大把握,每个项目实施前都要有应急预案;(2)在发生危机的时候首先承认是自己的过错并在第一时间真诚地道歉;(3)保持信息畅通,做好沟通工作,设立发言人并及时与媒体、大众沟通;(4)马上讨论并落实行之有效的解决方案。

林宏鸣就当前演艺业面向市场的机制创新、面向世界的品牌创新、面向市民的理念创新进行了深入、系统的分析。其一,关于面向市场的机制创新,要破解市场经济条件下大型剧院经营管理的难题,要把所有权和经营管理权有效分离。其二,关于面向世界的品牌创新,要求剧院必须确立定位准确、特色鲜明、服务至上、营销制胜的运营理念。其三,关于面向市民的理念创新,应首先明确要把艺术殿堂变成艺术课堂和人生课堂的观点,开展系列公益演出,做到月月有开放日、周周有公益场、场场有学生票,把"管理就是服务"的观念全方位地渗透在剧院的管理工作中。

谢大京以北京天桥演艺区为例从七个方面探讨了剧场群建设的创意与运营构想。(1)构建政策运营平台,借鉴"一臂之距"管理方式[①],合理构建演艺街区;(2)构建资本运营平台,打破一家垄断局面,合理竞争;(3)构建创作平台,培养演出创作型人才;(4)构建表演人才孵化平台,免费培养专业型表演人才,最终回馈社会;(5)构建天桥老艺人研习所平台,传承发展天桥传统演艺文化;(6)构建版权交易平台,率先在全国推进演

---

① 一臂之距,是英国经济学家凯恩斯首先倡导的一套文化管理方法,指的是在三权分立的西方国家,某些艺术文化的国家管理机构,在国会的监督和委托下,在政府系统外独立从事相关艺术文化管理,从而与政府系统在行政关系上保持一定的距离。

艺业版权市场化交流机制；(7)构建信息交流平台，整合街区演艺信息。

　　台湾知名策展人、北京今日美术馆馆长谢素珍博士以"策展人的素养"为题对不同展览的创意理念从萌生到执行的过程与细节进行阐述，揭示了当今策展人所应具备的前沿知识和实操能力。从策展的要素来说，艺术家宣传、展览场地租借、赞助资金筹集涉及营销学；从美术馆行政来说，作品的包装、运输、储藏、布展等，涉及安全、法律规范以及保险业务知识；从宣传的角度来说，有声媒体、无声媒体以及画册的出版，涉及社会学、传媒领域知识的应用；从展览开幕来说，涉及与艺术家的交流、定位主题、展览前言、主题阐述、学术研讨会的协调与安排以及现场互动，邀请适合展览的观众，涉及心理学与对人际关系精准的把握；从赞助资金筹集的角度来说，涉及对作品的运输、场地资金费用、画册出版等开销的评估。策划展览在当下似乎成为一种时尚的职业，但工作情况也相当复杂多变，策展人在展会中负责活动的构思、组织、管理等事项，他们是一群充满智慧之人，需要了解艺术家的风格、思维方式、作品形态，能根据以往的作品推知艺术家能否做出符合展览要求的作品。

　　林平以"谁是策展人"为题从宏阔的视角阐述了独立策展人的社会角色与身份认同。早期策展人是以公众利益为出发点的文化品位与知识的传播者，而在当今社会，独立策展人的出现成为策展中需要面对的一个新问题。因此，首先，我们需要拓展由于历史中的策展人角色所框限的视野；其次，持续观察、探讨与实践当代独立策展人所能扮演、突破的角色，在田野中持续检视和辨认独立策展人的文化社会价值；再次，我们需要反省和开拓策展人与艺术家创作之间的关系，扩大艺术创作所带来的文化再生和创造性能量。从当代角度来看展览，它能提供给我们哪些现实、美感、思辨的经验，也反映了策展人的能力。策展人不只是理论家，必须具有"作者意识"，必须具备告诉公众审美讯息的能力。策展人的社会价值在于策展人已经成为质问艺术的社会功能的主要代表。

　　田川流就艺术品投资的风险与前景发表了自己的见解。首先，他从社会的引力、艺术创制的需要、大众与艺术市场的需求三方面解释了艺术品投资成为当代民众投资新视域的原因;其次,介绍了以购置、储存与转卖(造型艺术)、投资制作、艺术品信贷、股票与期货三方面为主的艺术品交易投资方式,投资的风险主要体现在市场的紊乱、竞争激烈、权力的制约、金钱的制约以及赝品的影响上;最后,从公平的市场与和谐的环境、健全投资法规、提升投资者素质等方面对艺术品投资的前景作了展望。

四、反思与期待

除8位来自中、美两国的嘉宾外,还有30多位来自国内剧院团、美术馆、媒体等的一线青年从业者,50多位来自高校艺管类专业的青年教师以及80多位艺管学科研究生、本科生参加了本次活动。多元化的活动主题及丰富多彩的呈现方式,使参与者不同的思想、观点以及问题经过彼此的碰撞、激荡、融汇,不仅纠正了原有的误区或丰富了现在的看法,并且产生了一系列新的思路,也明晰了艺管者前行的路径。在大会总结交流阶段,与会人员普遍深化了对"艺术管理及其教育再出发"这一命题的认识,并且对这次活动的策划及制作给予了极高的评价,大家认为在艺术管理及其教育发展新的阶段,南艺举办的这次关键性活动,对艺术管理及其教育从规模到内涵的转型与升级具有标杆性意义。这次集聚和研讨把艺术管理领域和各界人士在不同领域、不同场合各自模糊的、分散的声音清晰地、集体地表达了出来,把艺术管理现象化、经验化的议论纳入了学理化的反思与建构之中,不仅使大家聚焦了艺术管理及其教育发展的问题,而且明确指出了导致这些问题产生的根源以及解决的举措,形成了对"艺术管理及其教育再出发"这一议题的一系列新的共识和愿景。

首先是推动文创语境的生成。不管是与会的业界代表还是学界代表,都看到了艺管这个领域所面临的全新形势以及发展格局,但也深刻地感受到其中所面临的巨大困境。目前国内文化建设仍然是由政府主导或推动,而政府采用的方式基本沿用原有的发展经济的思维和手段,以行政的力量干预或介入具体的艺术生产与消费环节,这就与文创发展所需要的外部条件有很大的差距。实际上,近期经济改革已经形成"简政放权"共识,"该放的权放开,该管的事管好"①,市场是经济发展的内生动力,创意是社会进步的根本资源。故此,文化创意时代更需要有效协调政府、市场和民间社会的相互关系,政府应着力创造宽松、多样化和开放的环境,以法律、税收等杠杆释放、激活文化发展的民间力量以及市场力量,在此语境下,艺术管理才可获得发展的空间和动力。艺管界的同仁对此有了更进一层的认识和反省。

其次是着力于艺管生态的构建。这是直接针对艺术发展现状而言的。目前,社会上充斥着艺术机构"战略化、集团化,大项目、大制作,出精品、出人才"这些口号式、一阵风的建设方案,从而忽视了普通人如何生活在艺术中、艺术如何在社区(基层)扎根、艺术机构如何从政府拨款/商业赞助/慈善捐赠里寻求经费支持这些根本性的问题。社区化和公益性是艺术管理的两大形态,包含了艺术与商业、艺术与学术的关系。在主观旨趣和客观条件上尽可能与院团建立链接、尽可能向社区开放、尽可能凭借民间的力量,这是艺管活动同时也是艺管教学的基点。对于艺术管理这样一个开放性、实践性很强的专业,谁也不可能关起门来练内功。如今,在艺术管理领域,中外大学以及中外院团之间的合作愈加广泛而深入,其实国内院校之间、院校与院团之间的交流与合作也同等重要,与政府、企业以及媒体之间的联系则更为重要,由此,引申出了艺术管理专业以及艺术管理者的社会担当议题,比如对当下的艺术发展与建设提出有价值的见解与方案,对院团改制、艺术品市场、基层文化馆站等社会公共议题作出应有的学术引领。

再次是艺管专业实践性教学品质的塑造。当前国内学界对艺管的专

---

① 2013年5月13日国务院总理李克强在国务院机构职能转变动员电视电话会议上的讲话。

业教学模式有着不同的认识和实践，概括起来可以归为两类：其一是在讲授整体知识、系统理论的基础上拓展学生的学术、实践能力；其二是在案例式、项目化等技能性教学的过程中促进学生的实践、思维能力。前者面向社会进步，以人文价值和学术训练为导向；后者面向市场利益，以企业服务和职业训练为导向。但是就目前国内艺管专业而言，在诸多教学资源仍欠缺的情况下，需要重新构建课堂形态，在课堂形态的变革中塑造实践性的专业品质，这是因为国内艺管及其教育发展比西方晚得多，而且学术积累薄弱且师资、课程以及人才培养标准都还不够成熟。当前专业课堂教学形态的变革，包括采取理论教学课题化、实践教学项目化的有效形式，也包括实行学界与业界合作授课以及将课堂搬到展厅里/舞台上等措施。同时要求教师不再是简单的知识讲授者，而是问题的设计者以及解决问题的引导者；教师不仅要具有深厚的学术背景，而且要具有丰富的实践经验，并且要善于表达，愿意与学生分享。

毋庸讳言，本次活动受传统惯性影响在不少环节依然存在一些问题，或者说活动的初衷并没有完全实现。其一是在教学环节，学生的参与度不够深入，尽管主办方力图采用课程工作坊等有效形式，但是由于学生习惯了单一化的教学方式，以及受知识储备、问题意识等因素的影响，导致不能充分地参与教学互动，不能深入地思考并提出问题，不能通过自身的主动性将学习资源扩展以及持续。当然这与老师的教学安排也有很大关系，如何将实践命题、学术议题转化为教学课题仍有很大的改进空间。其二是在学术环节，老师的研讨乃至讲座还没有完全形成理论表述，"接着说"的现象比较多，学术交流呈现原地踏步的困境，不少人的发言讲的还是似曾相识的老话题。或者是自己曾经说过的，或者是别人早已讲过的；或者是琐碎的枝节，或者是片段的现象。甚至还有个别老师在艺术管理专业于新的学科框架下办学10年后的今天，还在纠缠于专业的体制化名称、定位及归属这样无甚意义的行政化议题，而不是着眼于这个新兴专业的品质塑造和学术累积。这也从反面印证了本次活动的价值与意义所在,即"艺术管理及其教育再出发"的紧迫性和可行性。

原载:《南京艺术学院学报(美术与设计)》2014 年第 3 期

延伸阅读书目:

1. [美]缇娜·布瑞德等:《社区艺术管理》,桂雅文译,台北:五观艺术管理有限公司,2001 年。
2. [法]弗雷德里克·马特尔:《论美国的文化:在本土与全球之间双向运行的文化体制》,周莽译,北京:商务印书馆,2013 年。

试论艺术管理学科的文化推动力

——兼述第8届中国艺术管理教育年会

2013年11月29日—12月1日,中国艺术管理教育学会第八届年会在中央美术学院举行。有来自中国内地和港台地区艺管系的师生、艺术机构人员近200人,来自加拿大、德国、日本、中国香港与台湾地区的艺管学者以及国内大型艺术机构的总裁等,参加了学术研讨、大赛评审等年会活动。年会所有环节以及正式活动之外用餐、茶歇期间所进行的聊叙、交流,使与会者深切感受到了置于整个文化发展框架内的艺管学科所面对的外部环境、所承载的社会责任、所积聚的变革诉求,大家普遍认为艺管学科正处在由"规模和结构"塑型向"质量和效益"提升的关键节点,这个学科所拥有的"理论阐释、问题解答和实践引领"的功能正在变得愈加清晰、鲜明而强大。从这个意义上说,提出"艺术管理学科的文化推动力"这一命题,无疑是本次年会乃至学会以及这个学科的全部旨归与核心要义。本文在综述第八届中国艺术管理教育年会的基础上,对"艺术管理学科的文化推动力"这一核心命题从话语视角作引言式的初步考察,以期引起更多艺管学人围绕学理依据、内在逻辑、实践面向等方面作更加深入、系统的论证和阐释。

一、在新十年的集结

本次年会主题为"新十年:面向未来的艺术管理学科定位和规划",学术研讨包括"艺术的边界与产业的发展""艺术管理专业规划与学科布局"

"艺术管理学科的文化推动力"等三项议题,学生艺术项目大赛则以"创意中国"为题。第八届中国艺术管理教育学会年会开幕式于11月28日上午举行,中央美院高洪波书记、教育部高教司刘贵芹副司长、文化部艺术司诸迪副司长、中国艺术管理教育学会谢大京主席(书面)分别致辞,他们各自结合对党的十八届三中全会精神的学习,畅谈了文化改革即将全面启动的背景、目标与路径以及在改革的进程中对艺术管理学科的期待,为学会以及学科的发展作了政策性知识提示。开幕式由余丁主持。第一场研讨于11月29日上午围绕"艺术的边界与产业的发展"的议题展开,由弗朗索瓦·科尔伯特(Francois Colbert)、张朝霞、于建刚、克劳斯·西本哈尔(Klaus Siebenhaar)、张新建、卢卡·赞(Luca Zan)、余博、王聪丛等作主题演讲,林一、田川流分别主持;第二场研讨会于11月29日下午围绕"艺术管理专业规划与学科布局"展开,谢大京(书面)、余丁、黄韵瑾、吴明娣、张力、孙薇、杨先艺、马卫星等作主题演讲,张蓓荔、张伟分别主持;第三场研讨会于12月1日上午围绕"艺术管理学科的文化推动力"的议题展开,李普文、赵乐、吴杨波、邓芳芳、包晓光、韩晓燕、潘勇、林一作主题演讲,董峰、张朝霞分别主持。11月30日全天举办了"创艺中国:2013年全国大学生艺术创意创业项目大赛总决赛",来自19所高校的21项方案参加角逐,最后央美斩获一等奖,沈音和天音获二等奖,北舞、天音和南艺获三等奖;来自业界的评委从艺管项目教学的创意与操作、理念与实务等方面进行了与课堂教学不一样的十分"接地气"的点评,使参赛师生深受教益。11月30日晚上,举行艺管学会全体会员大会,经过投票选举,南艺董峰当选为新一届学会主席,北舞张朝霞、天音张蓓荔当选为常务副主席,上音黄韵瑾当选为副主席兼秘书长,央美余丁、北大林一、山艺刘家亮当选为副主席,广艺李普文、央音和云峰、星海周晓音、中戏孙亮、国音李秀军、北电吴曼芳、沈音陈军、国戏于建刚当选为常务理事,刘家亮、赵乐(星海)当选为副秘书长,新一届常务理事会议一致推举国音谢大京为学会名誉主席。12月1日中午举行了简短的颁奖仪式和闭幕式,央美谭平副院长和南艺董峰出席了会议并致辞。作为中国艺术管理教育学会的重要发起单位,中央美院在艺术管理学系成立十周年之际再次举办年会,并且适时提出了一系列有关学科与专业发展的新的命题,具有特别的意义。《中国文化报》《中国艺术报》、中新网、艺术中国网等首都的10余家媒体对本次年会作了报道。

11月27日,在年会开幕之前,中央美院举办了艺术管理学系成立十周年"艺与脑:艺术管理思考"国际研讨会。中央美院潘公凯院长和尹吉男、谢大京、彭锋、克劳斯·西本哈尔、卢卡·赞、和云峰、田川流、郑新文、藤野一夫、桑德兰·朗·兰兹曼(Sunderland Lang Lanzman)、张朝霞、弗朗索瓦·科尔伯特、龚继遂等15位专家作精彩演讲,余丁主持此次活动。此次国际研讨会的要旨在于,集聚国内外艺术管理学领域专家共同探讨艺术管理学科与专业的变革性议题。随着全球化、信息化的不断推进,尤其是社交网络等新媒体的发展,不只是更新了艺术管理教育和实践的工具与媒介,更从根本上改变了艺术管理所赖以生存的人类的生活方式。文化传播渠道以及观众行为模式的变化固然值得艺术管理学思索,然而在这一人类生活方式的深度变革中,更深层次的变化在于艺术与文化本身。这些专家所探讨的恰是涉及艺术管理学的根源性以及前沿性的话题,集中到一点,就是目前的艺术管理学议题已经从方法论层面跃迁到本体论层面,跃迁到对文化与艺术本身的反思与重新认识上。

二、前沿议题的学术考察

本次年会大家畅谈的观点、热议的话题大致可以概括为六个方面:对前十年的集成和对新十年的开拓、艺管学会目前架构的调整与未来愿景的构想、艺管专业学术性身份的塑造和行政化身份的申报、艺管学科的市场适应性与教育超越性、艺管学科的分层与分类、艺管学科一般性的专业品质与具体化的教学特质。

1. 对前十年的集成和对新十年的开拓

"新十年"是本次艺管年会的主题,这个主题不仅是时间的刻度更是空间的标识,它明示了艺术管理学科处于一个对过去集成与对未来开拓的新的节点。整体来说,国内艺管专业办学已经走过了十个年头,"十年历程的教育阶段以及百所高校的办学规模",艺术管理已被社会各界广为接受并满怀推进艺术发展的功能性期待。恰是在起步期的十年里,艺管专业塑造了规模化的产、学、研队伍,构建了多样化的人才培养体系,凝练了一大批扎实的学术研究成果。这十年是"一个新建系科成功的故事",对参与其中的每一位艺管教育者的办学探索以及由这种探索所取得的成绩都要进行充分的总结集成以作为新十年进一步拓展的铺垫和支撑。面对"新十年"这一命题,大家都在反思:新从何来? 新在何处? 无疑新在发展的机遇、新在变革的使命、新在责任的担当。因此,大家特别期待对艺术管理学科、学会进行新的规划与建设,对这个学科的内涵、功用进行新的塑造与提升,最重要的是在教学、科研、实践诸多方面践行文化推动力这一根本性的命题。

2. 艺管学会目前架构的调整与未来愿景的构想

中国艺术管理教育学会是在主管部门注册的二级法人社团,2006年由15家高校在央美发起成立,并分别在央美、上大、北电、南艺、北舞、天音、上音、央美等校举办了8届年会。目前社会上也有类似的学术组织,但中国艺术管理教育学会具有鲜明的特点与独特的作用,即特别注重专业内涵建设与教学深度交流,在促进"产学互动"与"中外对话"方面起到了单个院校无法企及的作用,但其学术性尚且不足也是事实。经过换届,新的学会常务理事机构凝聚了更多经验丰富、学识深厚、资源广泛的艺管同仁,大家都愿意以"民主之心、服务之情、落地之力"来打造学会进而支撑学科。学会类似于非营利性机构,其制胜法宝是"以其明确的使命、清晰的目标、巧妙的策略和卓有成效的管理方式"广泛积聚社会资源,精细服务全体会员。其基础性工作是需要修订完善章程,设立分支机构,加强会员的维护、开发和管理,提升学刊建设质量,加强网站、官博和官微等社交平台的运营;其关键性工作是以年会为依托,促进学术塑造、青年艺管者培养和学生创意大赛等项目,提升学科与专业建设内涵;其拓展性工作是广泛促进产学研协同创新,促进院校之间、院校与院团之间以及国际化的交流与合作。

3. 艺管专业学术性身份的塑造和行政化身份的申报

如何获取艺术管理的合法身份是大多数与会者关注的焦点,甚至是集体性的焦虑所在,因为这涉及在中国特殊语境下教育资源的配置取向。但是学科与专业的合法身份本应包括学术化身份和行政化身份两个方面,而我们所焦虑的更多还是行政化身份,即艺术管理专业何时纳入教育部本科专业目录。通常说来,学术化的身份不应通过行政化方式解决,而行政化身份必须建立在学术化身份之上。对于学科而言,其身份就内涵来说包括三个方面:独特的研究对象、专有的研究方法、完整的研究体系,而就外延来说则包括四个方面:学术机构、学术队伍、学术平台、学术成果。这些要素具备了自然也就有了学术化身份,而行政化身份作为一个程序议题当然随之解决。但是中国特色往往会产生中国例外。即使如此,当务之急还是应该以集体的姿态着力构造其坚实且丰厚的学术化身份并由此为行政化身份开辟道路。而对教育部本科专业目录的报批策略,大家讨论后的建议是由学会牵头尽快拟定专业内涵规范、办学条件充分的院校在2014年集中进行专业申报、充分利用集体的优势向社会尤其是学科评审专家广泛推介艺术管理专业,力争专业申报早日获得成功。

4. 艺管学科的市场适应性与教育超越性

在研讨中,多数老师谈及如何面向艺术市场、顺应学生就业来设置艺管专业课程、安排教学与实习,可以说这种做法在当前国内大学是通例,无可厚非,但这不应该是艺术管理高等教育的全部。因此,有老师发言指出,既要为学生的眼前就业设置课程,更要为学生的将来成长设置课程,就显得尤为珍贵。其实,1979年联合国教科文组织就明确提出"为一个尚未到来的社会培养新人"的大学理念①，但国内教育近年来确实存在"大学高职化，高职大学化"的弊端，尤其是一些应用类交叉型本科专业在这方面有过之而无不及。市场是瞬息变化的，人才是不息流动的，只有培养对艺管学生来说最为根本的专业思维与表达能力、艺术资源掌控与项目运作能力、人际沟通与交往能力以及文化审美力与社会责任感，才能以不变应万变。还有代表发言提出，不能因老师而设课而应因学生而设课，不能开设太多实训类课程而应更多开设艺术变迁史、社会调查、观众研究、文化政策、艺术筹资等学理性课程，从而使艺管学生毕业后具有宽广的适应能力和持久的发展潜力。

5. 艺管学科的分层与分类

目前，对艺术管理的内涵以及重心这一问题，学界的观点分歧最大，对艺管专业的课程体系是以艺术史论为主还是以管理技能为主，其学科属性是应用型还是学术型，很多与会人员也表达了不同的看法。这些分歧的产生，既是基于立场的不同，更是基于方法论的差异。大家更多地是从具体、操作的层面谈及艺术管理，但是往往不加限制地将一般性、规律性的学理和反思混杂其中，而恰当的方法是将艺术管理这一概念看作复数，由此进行不同类别、不同层次的区分。从层次上区分，可分为包括艺术行政实务操作在内的微观，包括艺术创意策划、艺术行销推广、艺术筹资募款等领域在内的中观，包括艺术政策、艺术产业、艺术体制等方面的宏观。对艺术管理类别的划分欧美早已有之，非常值得参考。亚历山大·布尔基奇（Alexander Brkic）认为有四类艺术管理学科：在教学中对商业管理模式的拷贝；注重艺术生产过程中的技术逻辑，强调技能的训练；文化政策与文化管理的连接（强调公共治理的作用）；注重面向企业方向的艺术管理，关注创造性和创新。玛戈扎塔·史滕诺（Malgorzata）阐

---

① 联合国教科文组织国际教育发展委员会：《学会生存——世界教育的今天和明天》，北京：教育科学出版社，1996年，第1页。

释并分析了欧洲艺术管理专业的"英国模式""法国模式"和"德国模式"三种类别,"英国模式"注重市场价值、强化职业训练,以劳动力市场为导向;"法国模式"偏重人文价值和学术训练;"德国模式"则在人文、学术和管理价值导向之间寻求平衡。

6. 艺管学科一般性的专业品质与具体化的教学特质

这是一个陈旧的话题,却在每届年会都被提起,以致有代表直言其为伪命题。艺术管理作为学科与专业,必须具有自身特定的最具规律性的特征、最本质化的规格和最一般性的要求,并在课程结构与人才培养模式中得以体现,进而确定"艺管"与"非艺管"的边界。这是不容讨论的底线原则,否则学科与专业都无从谈起。至于每所院校具体的课程设置及实际的教学组织则必须充分考虑所在区域的经济、文化、教育等资源,发挥区域优势,构建教学特质。当然,对这个问题的认识也是逐步深入的。专业创建初期,大家都笼统地说艺术管理学是艺术学和管理学的交叉学科,但现在看来这种大而化之、似是而非的说法很值得商榷。有一种观点认为,艺术管理学的根基是艺术社会学和艺术人类学,而艺术学和管理学只是提供其资源、素材和工具、方法。换言之,艺术学和管理学只能告诉人们艺术管理做什么以及怎么做,而艺术社会学和艺术人类学则告诉人们为什么做以及为什么这样做而不是那样做。尤其是在"去行政化"的文化发展背景下,观众拓展与开发、艺术营销与推广、艺术赞助与捐赠等艺管职能更需要运用艺术社会学和艺术人类学进行分析和研究。有学者提出,"喜欢的艺术无法生产,生产的艺术无法喜欢"这一最为根本与核心的艺术生产、接受体制问题,就无法凭借艺术学和管理学,而必须回到艺术社会学和艺术人类学的语境下进行求解。

还有一种观点认为,艺术学科的发展处于跨界、融合状态,现在很难用单一的美术、音乐、舞蹈、戏剧、影视等门类来对艺术进行考量,因此,艺术管理学科的专业根基与教学面貌都应随之拓展,这不仅考验着艺管者的融会贯通能力和多元素质,也要求人才培养模式在保证基本品质的基础上突出多样化。这些论点的深化将会带来艺术管理教学体系的深层变革。

三、原创命题的初步阐释

在艺术管理学科的演进中始终蕴含着文化推动力的功能配置,而这次年会则鲜明地在概念上提出了这一命题。这无疑标志着对打造这一学科升级版的目标性遵循,当然也标志着艺术管理学科在新的十年再出发的行动性路线。否则,不管形式上或名义上艺管学科怎样的庞大、热闹、受捧,但是在下一个十年里依然很难扭转、改变其非合法性、非生长性的学科边缘境遇。

因为艺管正在成为热门议题,所以从话语视角谈论这一命题似乎是恰当的阐释策略,诚如福柯所言:"话语之外的世界是没有意义的。"[①]我们知道,我国正在经历一场深刻的变革。政治学、经济学以及管理学等不同学科的专家以及热情的民众围绕政经改革议题都在发出不同的声音,形成了不同的话语视角及话语体系,启发着社会的思考,也凝聚着社会的共识。但是,我们却很少听到文教改革的话语,即使有一些,也是分散的、微弱的声音,并且主要由政经学科附带发出。那么,是文化艺术领域的改革已经完成无需发声?还是文化艺术学科根本就不具有发声的能力?其实在国家战略层面,文化议题尤其需要顶层设计,这当然与"文化发展已经成为国家主导性叙事"有关,同时也与国家文化发展战略调整、国家文化治理模式重塑、公民文化权利保障等政策交织在一起。而这些议题都需要在社会广泛的辩论、商讨中达成共识,形成决策。也就是说,一国文化之发展需要全民之参与,而艺管者理应身先士卒。当然由于多种因素

---

① 转引自[英]斯图尔特·霍尔:《表征——文化表象与意指实践》,徐亮、陆兴华译,北京:商务印书馆,2003年,第45页。

的影响乃至限制,这些议题我们目前还无法恰当言说,但是,我们对这些议题是否有正确而全面的认识?我们是否能够在学理上完整而清晰地将这些认识告诉艺管专业的学生?

当然,我们可以将国家文化战略层面的宏大叙事悬置,把话语聚焦在文化发展中观即艺术行业与社会的关系领域。但是,首先,我们是否能够说清楚艺术行业或艺术机构与政府、市场、民间社会之间关系的实际情形以及未来面向?其次,我们是否能够讲明白艺术管理与文化产业之间的关系?文化产业是市场的分类或形态,或者是经济上统计与分析的工具,与政、学不应是直接的关系。若按照欧美发达国家的模式,首先,艺术管理包括营利性和非营利性两个领域,所以艺管就远不是商业化、市场化这么简单,其中的非营利机构更是将税收减免制度、董事会制度、义工制度、财务公开透明制度这些核心概念统合起来,赋予公民与文化发展全新、完整的意义。其次,我们是否能够透析艺管专业与艺术行业之间的关系?作为学科,其研究在整个艺术行业是否能够提供其运营与管理的数据与案例?是否可以对已有的实践进行深度的评估与阐释?是否可以对其将来的发展作出前瞻性的预测与导引?

当然,我们也可以搁置中观领域,直接进入我们最应该拥有发言权的艺术机构内部运作的微观领域。那么,我们在这个领域所发表的关于艺术机构运营、艺术项目执行、艺术受众拓展方面的研究成果是否具有实践应用的价值?我们为这个领域所贡献的关于艺术策划、艺术营销、艺术筹资方面的观点、理念、策略、技巧是否能够被采纳?如果真正走进艺术机构、艺术市场、艺术活动中,我们就能深切地感受到,一方面,我们艺管专业的学生拥有非常广阔的就业机会和发展前景;另一方面,我们艺管专业学生真的又很难适应、很难胜任这样的机会和岗位。我们所培养的学生应该拥有哪些看家本领?这些看家本领如何在艺管专业与行业对接中由学科塑造?

如果对于上述三层议题我们现在依然不能作出积极且正确的回答,

或者说这三层议题我们都不拥有话语能力以及权力,那么,所谓的艺管学科的理论研究价值何在?我们培养的人才用途何在?艺管学科的自主性及合理性又将如何生成与永续?而对于上述三层议题如果我们现在能够作出积极且正确的回答,或者说面对这三层议题我们拥有话语权,那么,这就是"艺术管理学的文化推动力"这一命题的意义所在,即在多层面回答艺管学科的文化使命、实践面向和落地途径。换言之,艺管学科对上述议题的回答以及回答的方式、效力直接影响着或决定着其学科的合法性与生长性。通俗地讲,如果艺术管理学科不具有文化推动力,那么我们艺管教育者、从业者的存在就缺少价值;如果我们艺管教育者、从业者不能够使这个社会的文化发展的更好,那么我们使用社会资源所做的这些事情就是浪费的,是没有意义的。

必须指出的是,上述议论使用"全称判断"并不代表我们艺管学科整体处于"失语""微言"事态。之所以使用"全称判断",是想表明艺术管理学科的发展正处在社会转型期的关节点上,在这个关节点提出"艺术管理学科的文化推动力"这样的变革性命题具有重要的意义和深远的影响。其实,这样的命题已在教学建设以及学术研究中逐步呈现出来,而这次年会不仅把"艺术管理学科的文化推动力"作为研讨主题,更是在学生艺术项目创意大赛中直接呼应了这一议题。学生大赛虽然主题广泛,有社区艺术、公益项目、文化遗产、文创园区等,但是都指向文化的推动力,其目的就是希望通过学生的智慧与创意,将各类文化、教育资源进行激活、整合,进而促进和推动文化艺术的发展。这本身就是艺术管理学科文化推动力之功能的实际表现。

四、年会的检视与期许

年会是学会的重要平台,而学会则是学科的重要依托。学会一年一度的年会,大家远道而来、拨冗而来,或者说有备而来、有需而来,但是如何让大家满载而归、盼望再来,就需要办会者、参会者对年会本身以及对年会的内容与形式做一番检讨。

首先,与会者不应寄希望于年会能够解决以下三类问题:(1)细节性、操作类问题;(2)过去式、常识性问题;(3)初级化、无解类问题。比如:招生是采取以专业加试然后文化成绩打折的方式还是以文化二本线/一本线的分数直接录取的方式,改变招生方式会不会降低收费标准;课程设置中的名称、学分、课时细则;要不要建实验室,要不要开实践课;在编老师课酬的计算,外聘老师的报酬的发放;办专业是为了赚钱还是为了育人,等等。这些不应该在年会上出现的问题却每每在年会上出现,主要与人们对年会的认识有关。严格说来,学术年会不是工作牢骚会,更不是项目审批会,它是聚集经验、思想、观念进行交流与分享的场所。也就是说,我们参加年会不是接受现成结论或者标准答案,而是通过研讨、对话,在学科与专业建设以及学术与课题研究等方面相互启发,最后达成诸多理论的共识以及形成一些新的研究方法和视角。

其次,与会者不应在年会上各说旧话、各说各话。一些代表指出,中国的会多,但是会开会的中国人不多。在每年一次的年会上,其实大家非常希望有更多的思想交锋、观点碰撞。文化是适宜于民主的,文化发展都来自新的思想、新的理念,作为艺术管理研究者、教育者,我们首先要有新的思想、新的理念,然后通过我们自己的研究成果逐步改变人们的观念,使人们能更好地参与艺术、享受艺术。这是我们艺管教育者的根本任务。尽管年会的时间很短,但是艺术管理本身以及这个学科、专业所涉及的问题实在太多,我们应破除思想的垄断,赋予研究问题意识,赋予年会学术含量。

其三,对年会中共性和全局的问题要形成解决的思路以及方案。学生艺术项目创意大赛已成为年会、学会的品牌,有老师提出获奖方案的教学推广及市场落地问题,更有老师希望今后大赛应统一比赛主题以增加可比性,应以项目创意模拟为主以服务教学,更加突出项目的非营利、社区类、小制作、低成本等要求以保证操作性。而为青年艺管教师专业成长搭建平台也是集体的呼声，大家希望今后适时开展全国青年艺管者优秀论文评选、中国艺术管理教育学会教学骨干奖评审，以及开展艺管专业青年教师课堂教学、课件制作的交流与观摩活动。这些呼声都应得到积极的回应并在今后的学会工作中切实加以解决。

其四，在年会创造"接着说"的学术机制。这当然与如何确定具有张力的年会研讨主题有关、与学术论文提前征集有关，但是在交流中大家认为创造年会"接着说"的学术机制有两份文件非常重要，其一是编撰中国艺术管理教育年度报告，将全国各个高校艺管专业的办学情形、基本数据以白皮书的形式进行汇编，包括对各家院系艺管专业所开展的办学活动、所取得的成绩、所存在的问题以及所面临的趋势进行分门别类的统计与分析；其二是及时、完整地发布中国艺术管理教育学会年会纪要，对整场年会以及与年会相关的所有议题进行综述，以利于与会人员在此基础上"接着说"。当然，这两份文件对于学人、学会、学科的意义远不止这些。

原载：《艺术探索》2014年第1期

延伸阅读文献：

1. ［美］彼得·德鲁克：《非营利组织的管理》，吴振阳等译，北京：机械工业出版社，2009年。
2. ［美］塞缪尔·亨廷顿、劳伦斯·哈里森等：《文化的重要作用：价值观如何影响人类进步》，程克雄译，北京：新华出版社，2011年。
3. 王列生：《文化制度创新论稿》，北京：中国电影出版社，2011年。
4. 陶东风：《文化发展要打破政府迷思》，《江苏行政学院学报》2013年第3期。
5. 余丁等：《艺与脑：艺术管理思考》，北京：知识产权出版社，2014年。

美国艺术管理研究生教育课程设置探讨[①]

截至 2013 年 11 月的统计,全国高校及科研院所在艺术学理论一级学科下举办艺术管理研究生教育(包括硕士学位授权点及研究方向)的单位已有 30 余家[②],而且还有更多的培养单位在美术学、音乐学、影视学等艺术学门类一级学科以及管理学、经济学门类等一级学科下开设艺术管理研究生学位点。这种快速而来的发展规模,当然与艺术学学科门类升格有关,但根本的原因在于,十年来整个社会的转型将文化推进到国家战略的核心位置,艺术人口和艺术事务的急剧扩张且日益复杂迫切需要大量高层次的艺术管理人才。但是此项办学的规模是在短时间内快速增长起来的,因此导致了其办学内涵缺乏以及人才培养质量不尽如人意的现象的发生。这些问题自然引起艺术院校与艺术机构、文化企业的广泛关注。

众所周知,新兴应用类学科专业建设的规范与成熟不仅取决于实践经验的学术提升与积累,而且也得益于向外部已有的先进理念与成熟做法寻求借鉴与启发。通常认为,艺术管理研究生教育兴起于亦成熟于美国。美国研究生教育因其特色化、发达程度足以在整个 20 世纪独树一帜,而美国艺术管理研究生教育也因其办学机制灵活、社会适应性强以及开放性和国际化的特点而堪称典范。本文以现有的研究美国艺术管理研

[①] 本文系 2014 年度江苏省研究生教育教学改革研究与实践课题"中美艺术管理学科研究生教育比较研究"阶段性成果。
[②] 教育部艺术学理论类本科专业教指委课题"2013 年度艺术学理论类专业建设热点与难点调查报告",南京艺术学院 2014 年发布。

究生教育成果以及美国相关高校网页资料作为知识背景与理论铺垫[①],对其艺术管理研究生教育的课程设置这一办学的关键环节作深入、系统探讨,梳理其演变情形,阐述其构架逻辑,以期为国内艺术管理研究生教育课程设置提供基本参照。

一、美国艺术管理研究生教育的情形

课程设置是研究生培养的核心要素,但它不是孤立的存在,而是处于整个教学体系之中。梳理美国艺术管理研究生教育的缘起与发展、结构与类型,以及办学特点与社会影响,有助于在整体的框架内对艺术管理研究生课程设置作更为深入、系统的理论关照。

其实英国在20世纪60年代初期就最早发展了艺术管理教育,但美国却迎头赶上,而且表现非常出色,不仅办学形式多样,而且教育层次有别。美国耶鲁大学通常被认为是在这个领域开设第一个大学科目的学校,它在1966年就设立了艺术管理专业。当然也有人认为哈佛商学院才是美国艺术管理教育的源头,也是在1966年,哈佛商学院的托马斯·雷蒙德(Thomas Raymond)和斯蒂芬·格雷塞(Stephen A. Greyser)与艺术管理者道格拉斯·施瓦尔贝(Douglas Schwalbe)联手创办了艺术经营管理研究所,四年后,他们又创建了哈佛艺术管理夏季学院,开始为艺术管理者提供夏季培训课程。哈佛艺术管理夏季学院建立三年后,由斯蒂芬·格雷塞主编出版了《文化政策与艺术管理》论文集,对三年来的教学

---

① 目前集中探讨美国艺术管理教育的研究论文有:[美]琼·杰弗瑞:《美国艺术管理教育的历史回顾》,高高译,《美术研究》2004年增刊;陆霄虹:《美国高校艺术管理教育探讨》,《中国教师》2008年第12期;安小兰:《美国的艺术管理研究生教育》,《学位与研究生教育》2009年第10期;张秋月,许放:《伯克利音乐学院艺术管理专业教育及其启示》,《中国音乐》2011年第1期;高迎刚:《欧美国家艺术管理人才培养模式及其对当代中国的借鉴意义》,《艺术百家》2012年第3期;方华:《艺术管理教育的观念——欧美艺术管理教育述评》,《艺术管理学研究》2013年第2卷。

成果做了一次总结和展示。该论文集充分体现了在开展艺术管理教育初期,哈佛艺术管理夏季学院在教学思想和实践方面的探索过程。针对培训课程式的教学模式,这三年中,艺术管理夏季学院分别围绕政府赞助、艺术自由和公众义务(1970年),孤立艺术—寻找文化替代品(1971年),艺术与大众(1972年)三个核心主题开展艺术管理专业的教学工作,由此可以一窥美国艺术管理教育教学内容的主体性,而选择不同的主题开展教学,表明美国艺术管理教育课程设置的灵活性以及方向明确且分类细致,这样便于学生根据自己的实际需求参加不同时期、不同类型的培训。

经过50多年的发展,美国艺术管理教育已经形成一个较为完善的体系,囊括了连续性教育和非连续性教育,在职和全日制课程类型,以及适当的招生规模。目前美国共有90余所大学开设有艺术管理专业或课程,其中有58所院校提供硕士学位课程,39所院校提供本科课程,2所院校提供博士学位课程。另外还有一些学校提供远程教育课程,为有志于艺术管理的人们提供学位或者培训课程;有部分学校在学位课程基础上提供专项的艺术管理证书教育[①]。美国艺术管理硕士项目绝大部学制为两到三年,只有极少部分是开设了一年或者一年半的课程。艺术管理教育的整个情形,无不体现了美国联邦政府推行的教育大众化、平等化政策,保证每位成人能获得终身教育的机会。

从总体上来说,美国艺术管理研究生教育的院系组织归属大概有以下几种情况:(1)设在教育学院或艺术学院的艺术教育系。如哥伦比亚大学教育学院艺术与人文系的艺术管理专业、纽约大学教育学院艺术与艺术职业系的视觉艺术管理专业、俄亥俄州立大学艺术学院艺术教育系的艺术管理与政策专业/方向、佛罗里达州立大学艺术教育系的艺术管理专业/方向,等等。(2)设在艺术学院。如哥伦比亚大学的艺术管理专业

---

① 根据艺术管理网(www.artsmanagement.net)所提供的数据,艺术管理教育工作者协会统计。

1971年创建于艺术学院，1990年转入教育学院。又如，现在的如耶鲁大学戏剧学院、纽约的布莱特学院、纽约时装学院、芝加哥艺术学院、芝加哥伦比亚学院、费城德累克赛尔大学、俄勒冈大学。(3)设在文理学院的艺术史或艺术系等。如卡耐基梅隆大学、印第安纳大学。(4)设在商学院或公共管理学院。如卡耐基梅隆大学、印第安纳大学。从学科归类，美国的艺术管理专业设立在两大领域：一是经济和管理领域，比如经济学院、管理学院，可授予MBA学位；二是艺术和人文领域，如艺术学院、人文学院、教育学院，可授予MFA(艺术硕士)或MA学位。而且，最近这些年，学科归属越来越向艺术人文方面倾斜，这反映了美国艺术管理研究生教育在强调技能训练与突出人文价值之间的功能选择。

在美国，艺术管理同样涉及很宽泛的面向，专业名称变化多样，专业方向也有很大区别。其一，综合性艺术院校或综合性大学内的艺术学院的艺术管理专业分设具体方向。如芝加哥哥伦比亚学院，作为美国最大的艺术与交流学院，它的艺术管理专业分设视觉艺术管理、音乐经济管理、现场演出管理、媒体管理、青少年活动与社区艺术管理、艺术企业管理等六个方向，选课时除了24学分的必选课，另外24学分的任选课可以根据不同专业方向的侧重来选择。其二，专业性艺术院校或综合性大学的艺术学院设置艺术管理专业，这些院校本身的艺术资源决定了其艺术管理专业的培养方向。如耶鲁大学艺术管理专业设置在戏剧学院，其名称也变为"戏剧管理"，所以专业方向是戏剧；芝加哥艺术学院是一所侧重美术类专业培养的学校，所以它的艺术管理专业只设置视觉艺术管理方向。

美国各个学校在培养艺术管理人才时是有所侧重的，其专业也是按具体艺术类别进行划分的，如纽约大学为表演艺术管理、芝加哥艺术学院为艺术管理与政策、耶鲁大学为戏剧管理与制作、瓦尔帕莱索大学为艺术与娱乐管理，但是绝大部分高校都采用艺术管理或艺术行政的称谓。不同的高校专业细分一个教学领域，所培养的人才结合起来就涵盖了艺术组织运作所包括的全部管理职能面向,而不是一所高校的专业办学要包打一个行业的天下,这也是美国艺术管理研究生教育的一大特点。

研究生教育发展史表明,研究生教育的发展是一个国家的经济、政治和文化、科技等相互作用的产物,研究生教育只有较好地服务于社会发展的需要,才能获得更大的发展空间。美国艺术管理研究生教育得益于这个国家社会制度的顶层设计以及文化政策的独特机制。美国不设文化部,政府不直接管辖文化事务,但美国的文化产业发达,文化软实力雄厚,诸多文化项目或内容确实全球为王,其文化制霸的多重原因包括"几百个基金会对文化的不懈支持、激励性的税收政策、工会的积极辅助、非营利机构的核心作用和近时期的企业文化赞助"[1]。而艺术管理作为上述环节的中介和桥梁,对美国艺术的发展与繁茂起着至关重要的作用。这也是美国社会对艺术管理人才有着庞大且多样需求的原因所在。

二、美国艺术管理研究生课程设置逻辑

1. 立足多样化的人才培养目标构建个性化的教学形制

美国艺术管理研究生教育旨在培养具备前瞻性和实践型的专门化艺术管理者,其所对应的职业领域包括艺术行政、艺术制作等技术操作层面,艺术营销、艺术筹募款、项目策划及品牌推广等组织管理层面,当然也包括以批判的视角来审视文化政策、透析文化市场的领导者与研究者。这种多元化培养目标的确立基于美国文化的多样化以及公共性,由此形成了不同的教学形态,比如选择商业管理模式,注重艺术生产过程中的技术逻辑;注重文化政策与文化管理之间的关系,突出创造性和创新发展。前者强调技能的训练,推崇案例教学;后者注重对艺术管理与社会总体领域的关系作批评性的研究和认识,突出人文艺术价值。前后两者是冲突

---

[1] [法]弗雷德里克·马特尔:《论美国的文化》,周莽译,北京:商务印书馆,2013年,第430页。

的,其实也是一种不断的平衡。这里面值得关注的是美国艺术管理研究生教育侧重或兼顾为非营利艺术组织以及社区艺术培养管理人才。学生在申请美国艺术管理研究生入学资格时就对未来即将从事的服务性和公益性艺术活动认可并热衷,许多申请这个专业的学生更看重艺术管理的社会价值,而不是经济效益。

2. 美国艺术管理研究生培养采取学分制以及自主选课的方式

美国艺术管理研究生培养采用学分制,课程分为必修课和选修课两类。对课程学时和学分的较高要求是美国研究生教育的显著特色,艺术管理研究生一般不得少于42学分,高的可达60学分以上,且平均成绩达到B(80—85分)。一般来说,必选课的学分远远大于选修课,但选修课的范围和数量非常庞大,恰因如此,才为真正的自主选课提供了必要条件,如芝加哥哥伦比亚学院艺术管理专业提供25门课75学分,供研究生选修4门课12学分。在美国,研究生在课程选择上有着很强的自主性,除必修课程(可以有不同的模块组合)外,还可根据自己的兴趣制定出符合自己需要的个人课程学习计划,其中有些课程是本系的,有些课程是跨学科或跨院系的,有些课程可学1年或半年,也有些课程可根据自己的需要学几年,有些课程的选修不受年度限制。

3. 围绕"艺术管理"的核心议题以及艺术机构的实践运作开设课程,形成范围比较宽但内核十分紧凑的课程结构

艺术管理教育是在艺术机构的经验基础之上产生的,艺术机构/组织及其活动构成了艺术管理学科专门的研究对象。艺术创意与策划、艺术生产与制作、艺术推广与营销、艺术筹资与募款、艺术评价与反馈等环节恰是艺术管理的核心议题。而美国艺术管理研究生课程设置正是围绕着"艺术管理"的核心议题以及艺术机构的实践运作。尽管表面看起来美国各高校艺术管理研究生教育互不相同且各自为政,但是在内涵和本质上却高度一致,诚如1966年伊安·亨特(Ian Hunter)在《泰晤士报》上所言:"让年轻有为的人学到良好的艺术管理的基本要求,学习艺术史、财务

与预算控制、票房营销、剧场与音乐厅的私人资助、合同法、保险与广告业务、公共关系等科目。"①这些内容至今依然是艺术管理研究生课程设置的基本要点，不同院校的具体课程设置只是在这些基本要点之上的取舍或是延伸、拓展。美国艺术管理专业在招收硕士研究生时往往建议报考学生的本科专业为艺术技法或艺术理论，这样在硕士期间就可免修部分艺术类课程，而更加侧重"泛管理类"课程的学习。

4. 知识体系强调既重视基础理论与方法又重视综合渗透和跨学科

当今文化事务日趋复杂，只有掌握了广泛扎实的多学科基础理论知识，才能更好地进行专业转换和知识更新。基于这些指导思想，美国艺术管理研究生教育特别加强硕士生方法培养、能力塑造和思维训练，以此奠定学生持续发展的学术性潜力。在必修课环节开设经济学与金融、财会类，社会、法律与政策类，统计学与信息管理类，企业战略与领导力以及市场营销、媒体商务、人力资源类等课程。这些基础知识类课程尽量向艺术机构的实用性靠拢。同时这些泛管理类课程又与"艺术"衔接的十分紧密，并非两者强硬的叠加，而是相互融合。为适应艺术事务对各种职业复杂化的综合要求，艺术管理专业在课程设置上比较注意跨学科、跨领域的交叉。如"艺术与法律""社会中的艺术组织""艺术经济学""艺术组织中的人力资源""艺术市场业务、媒体与交流""艺术博览会与双年展分析"等课程，都呈现出综合渗透和跨学科的特点。

5. 更加突出实际应用能力的培养

其一，面对艺术管理新的职位和工作任务开设对接性很强的注重策略、技巧的实务类课程，如"艺术领域的管理性技巧""现场演艺产业的商业事务""捐赠事宜"等课程的开设。其二，把艺术管理领域的新技术、新经验及时转化为教学资源，给学生提供一个全方面的知识和经验的积累

---

① 转引自[英]约翰·皮克、弗朗西斯·里德：《艺术管理与剧院管理》，甄悦等译，北京：中国戏剧出版社，1988年，第165页。

过程,如"艺术投资研发""戏剧调查""舞台的结构设计"等课程的开设。其三,实习是艺管专业重要的教学手段。如纽约大学艺管项目提供大量的实习工作机会,要求做满3个学期,每周20个小时;又如哥伦比亚大学艺管项目实习课程3个学分,在第一或第二学年开始,每周20个小时,共4个月;还有高校安排暑期艺管实习项目。其四,写作能力培养是美国艺术管理专业普遍重视的教学要求。或者开设"艺术写作"必选课,教学内容涵盖各种不进入市场的艺术文书写作技巧,如筹资计划、推广信函、食宿沟通、规劝演说等,在课堂上对各种写作技术进行操练。或者开设"拨款申请书写作"(Grant writing)这门课程,它是非营利组织向政府或赞助人申请拨款时的必要流程,这门课程的开设非常实用,如纽约大学表演艺术管理专业的"纽约的博物馆和画廊"课规定每周一个下午去美术馆或画廊看最新的展览,教师及相关策展人对展览进行讲解,要求学生每周完成一篇艺术评论文章。从这些课程名称或课程内容来看,多为应用类文体的写作训练。又如"艺术经理人写作""口述与笔述技巧""写作与检索技术""艺术类写作训练"等课程也都是如此。

6. 多样化的课程形态与教学方法以及严格规范的教学管理

美国艺术管理课程除常规形态外,还有艺管大师研讨班、工作坊、夏季学院、研讨会、研讨班与讲座相结合等形式,实习项目、暑期实习项目、研究计划、毕业项目研究等也都纳入课程学分体系。美国艺术管理研究生教育还十分重视 Seminar(学术研讨会)。研讨会的报告者不局限于本校的教师和研究生,某一艺术机构的管理专家通常也是研讨会的邀请对象。新的和有争议的学术观点在研讨会上层出不穷,研究生自然在这种浓厚的学术交流气氛中受到启迪,并增强科研创新思维能力。课程形态的多样化直接带来教学方法的丰富性,专题研讨、团队学习、案例分析、社会调查等多种教学方法都被灵活地运用到艺术管理课程教学中。在课堂讲授中,教师会有意识地创造机会,让研究生发表个人的观点和见解,对讲述内容提出异议和新的方法与思路。研究生都会在课前预习并查阅相关资料，并在课堂上积极思索，踊跃发表个人意见。

美国艺术管理专业同样坚持十分严格的教学管理要求。专业录取需要通过严格的面试，在教学过程中作业有明确的量化要求以及可监控、可评估的数字标准，最后按照宽进严出的原则对学生的学习进行最终的裁定。教学中的课程文件描述清晰、具体，指向明确，针对性和操作性都非常强。美国艺管研究生教育之所以取得社会的广泛认同，在很大程度上有赖于规范严格的教学管理。

三、对国内艺术管理研究生教育的启示

国内目前硕士研究生课程也分为必修课和选修课两种，其中必修课又分为公共必修课和专业必修课，公共必修课包括马克思主义理论（4学分）、第一外国语（5学分）两门课程；专业必修课一般为三门专业课（每门4学分）。选修课一般设置7—10门，每门课程2—3学分，每位硕士生需选修4—6门课程，修满40左右学分，还有论文发表、教学实习、专业实践等培养环节的规定。艺术管理学科专业在课程规模与结构上大致如此。但是国内艺管研究生教育还处于初始阶段，不少高校的课程内容以及课程名称还未脱离"空壳子"或"假牌子"的尴尬境地，也就是说艺术管理研究生教育与本科生拉不开距离或者与艺术学类研究生教育相混淆。这从研究生毕业论文往往选题视野不够开阔、缺乏本领域的主体性的弊端中可见一斑。

虽然基于国情、体制等原因，我们不能全盘套用美国艺术管理硕士生培养的模式，但其广泛的招生范围、灵活的培养目标、基础性与开放性相统一的课程模式、跨学科选修方案等经验对我们具有启发意义。不管是专业内部诉求还是社会外部需求，国内艺术管理都面临再造或提升的机遇和挑战，国内艺术管理研究生教育需要从诸多方面借鉴美国的思路与做法以进行自身有效的调整。

1. 塑造学科的根基与脉络

国内艺术管理学科并非如一些人想象的那样基础理论整体薄弱,构建一门知识系统所应有的研究范式和学术(者)共同体的条件,艺术管理学科都已具备,并清晰地标明艺术管理是对艺术机构及其活动所进行的计划、组织、领导和管制,是对艺术与社会外部因素互动关系的统筹与掌控。在学科知识之外,其理论也蕴含于丰富的艺术管理经验、策略、技巧中。在现代和后现代的语境下,一系列定量性技术手段和技术方式已然化约为管理学理论的一部分①。这些年国内学界翻译了一大批欧美艺术管理经典著作,并且借助艺术社会学、艺术人类学、艺术美学的研究成果和视角,使艺术管理学术研究得以显著的提升、累积。这个进程不仅是艺术管理学更加扎实地实现学科自主与合法化的必由路径,同时也是将此转化为研究生教育课程资源的核心要素。

2. 分层次分类别办学

艺术管理具有复杂的面向,它可以分属不同的学科,如作为管理学、经济学、艺术学的分支。而社会对艺管人才的需求也是多样的,不仅有侧重门类艺术与侧重综合艺术的差别,还有培养层次的区分,如各级各类艺术机构实际运作及服务型人才,公益性文化事业和经营性文化产业领域项目策划与运作、市场开发与营销、观众培育与拓展等方面艺术管理专门化人才,以及文化政策研究与制定、文化发展研究人才。艺术管理专业办学切忌一哄而上、千校一面,而是应根据各自学校的发展目标、教学资源以及当地经济、社会文化发展的需求,确定办学的层次和类型,从而塑造艺术管理研究生教育的特色化、针对性以及职业的适应性。

3. 科学架构课程体系与教学内容

课程体系要在塑造一般性专业品质的基础上彰显不同类型、不同层次院校人才培养的特色化。首先要在整体的层面设置有效塑造一般性专

---

① 王列生:《文化制度创新论稿》,北京:中国电影出版社,2011年,第45页。

业品质的核心课程；其次要结合学校办学资源、优势以及人才培养目标与要求，合理制定个性化的培养方向和教学方案，合理设计具体的教学计划、课程大纲以及教学方法。将艺术社会学、艺术人类学、艺术美学以及文化政策与法律、文化产业与资源等课程专业的基础性学术铺垫，作为观察、思考、分析艺术事务的理论支撑以及方法论。围绕文创项目研发、艺术市场营销、艺术展演制作、机构运营、观众拓展、品牌塑造、筹资筹措等设置核心课程，以塑造学生的专业品质。面向艺术领域、管理领域开设跨学科课程，拓宽学生选修课程的渠道和领域，实现学科间知识的交叉。强化论文写作训练。开设艺术现场等实践、实习类课程，要求学生主要对所在城市的展览、演出现场进行观摩、见习，以及对有代表性的艺术家、艺术机构进行访谈、调研，探讨艺术现场的存在形态与运作机制，培养作为艺管者对艺术家、艺术作品、艺术活动应有的热情与眼光，学会艺术现场的分析方法与表述方式。

4. 落实从严治教、宽进严出的制度保障

受社会大环境以及各种因素的影响，在研究生教育层面，国内高校的教学管理是相对薄弱、松散的环节，以致以论文结业为主的研究生课程考试都无法判处有区分度及淘汰率的成绩。而艺术管理作为新兴的学科专业，在教学资源不够充分、丰富的情况下，倘若没有严格规范的教学管理，人才培养质量注定无从保证。为此，必须从严治教，强化质量评估的全程性，采取宽进严出举措，这些都应该落实在培养方案和教学实践中。目前，艺术管理研究生教学质量评估和监控的制度及措施已经很多，但关键是在课堂教学秩序、作业数量与质量要求、专业实习环节、论文开题与答辩、师资团队组合等环节一条一条地严格加以落实，并不断进行科学有效的评估与改进。

主要参考文献：

1. 武晓维、李勇：《中美高校研究生培养过程比较研究》，《江苏高教》2004 年第 5 期。

2. 方华:《艺术管理教育的观念——欧美艺术管理教育述评》,《艺术管理学研究》2013年第2卷。
3. [法]弗雷德里克·马特尔:《论美国的文化》,周莽译,北京:商务印书馆,2013年。

原载:《南京艺术学院学报(美术与设计)》2015年第6期

艺术管理与创意类学科发展的新动力与新机制[①]

无疑,走过初创期的艺术管理专业依然需要聚焦有指向、可落地的教学,但是这并不意味着只能关起门来就教学来谈教学。相反,从教学内涵到培养质量,艺术管理专业的发展更加需要学科的支撑,需要更多的各个领域的专家学者参与进来,契合时代需求,聚集社会资源,形成这门新兴学科发展的新动力和新机制。

一、艺术、创意与管理的学科融合

在当前全面深化改革的进程中,艺术管理与文化创意类学科已然置于整个文化发展的框架内,因应着经济转型和社会升级的情势、承载着理论指导和人才输出的责任、积聚着新的发展诉求和时代使命。尤其是2014年2月国务院出台的《关于推进文化创意和设计服务与相关产业融合发展的若干意见》,更是蕴含着文化创意与艺术管理领域的高端专业人才以及智库型的研究成果面临着更高要求与更大需求的内在逻辑。作为新兴的而且有着很快发展速度的艺管与文创学科,理论研究怎样介入现实,人才培养怎样对接需求,从而在更高的起点上改变传统办学比社会发展"慢一拍"以及"隔一层"的尴尬,迫切需要艺管与文创界有识之士广泛交流、深入探讨,共同分析所面临的机遇与挑战,一起推进学科的发展与

[①] 本文是为2014年6月8日—9日南京艺术学院"全国艺术管理与创意类学科高层论坛"撰写的综述。

壮大。而扎实推进艺术管理与创意类学科建设亦是对"艺术学理论"这一新的一级学科的充实与完善。在这样宏阔的背景下,由南京艺术学院与中国艺术管理教育学会联合主办的全国艺术管理与创意类学科高层论坛于2014年6月8日—9日在南京圆满举行。

  参加此次论坛的人员以全国艺术管理与创意类学科博士生导师和中国艺术管理教育学会常务理事为主体,主要有:中国艺术研究院文化政策研究中心主任、博生生导师王列生研究员,上海大学艺术与传播研究中心主任、博士生导师蓝凡教授,上海戏剧学院副院长兼创意学院院长、博士生导师黄昌勇教授,南京大学国家文化产业研究中心主任、博生生导师顾江教授,《福建论坛》主编、福建师范大学博士生导师管宁教授,中央美术学院人文学院副院长、博士生导师余丁教授,北京大学艺术学院博士生导师林一教授,上海音乐学院艺术管理系博士生导师陶辛教授,南京艺术学院博士生导师何晓佑教授、谢建明教授、田川流教授、沈义贞教授、孔庆茂教授,以及广西艺术学院人文学院院长李普文教授、湖北大学艺术学院院长张建军教授、中南大学建筑与艺术学院党委书记王希俊教授、《艺术百家》杂志社常务副主编楚小庆教授、上海音乐学院艺术管理系主任黄韵瑾副教授、中国戏曲学院国际文化交流系主任于建刚副教授、星海音乐学院艺术管理学科带头人赵乐副教授、山东艺术学院艺术管理学院院长刘家亮副教授、中南民族大学美术学院肖屏副教授,来自北京舞蹈学院、新疆艺术学院、东南大学、南昌大学等高校的艺术管理与创意类学科部分青年学术骨干也参加了此次论坛。主办方还专门邀请国际艺术与文化管理协会主席、加拿大蒙特利尔大学终身教授弗朗索瓦·科尔伯特先生与会。论坛由中国艺术管理教育学会主席、南京艺术学院人文学院副院长董峰副教授策划并主持。

  作为教育部艺术学理论类教学指导委员会副主任委员,南京艺术学院院长、博士生导师刘伟冬教授在开幕式致辞中结合艺术学升格为门类学科以来艺术学理论一级学科发展的进程及理路,畅谈了艺术管理与创意类学科的布局、定位与发展空间。他认为,顺应社会发展的情势,艺术学理论这一学科不应是悬空的,而必须是"顶天立地"的。首先要把艺术学理论作为一种最一般性、最综合化的"艺术"理论研究,同时把艺术和科技、创意、管理与教育作为艺术学理论的应用性范畴纳入进来。就像经济学分为理论经济学和应用经济学两个相互支撑的部分那样。这样,艺术学理论一级学科及其艺术史论评、艺术科技、创意、管理、教育二级学科就在研究范式和学术共同体的框架内获得了统一。如此也赋予了艺术管理深厚的学术内涵以及充足的实践意义,使其在社会发展中必将大有用途,也必将大有前途。

此次论坛议程规则与通常研讨会的诸多不同正是表明艺术管理与创意领域的学人力图"顶天立地"的紧迫感。其不同之处值得推广出去的大致有这些方面:参会人数不是大规模的而是小范围的,讨论主题不是发散式的而是专题性的,发言方式不是讲话型的而是对谈式的,最为大家称道的是,所有发言学者都按要求不自说自话或者哼哼哈哈满嘴跑火车,而是集中于某一专题分别从不同的角度、立场、语境进行交流、争辩乃至质疑。"不打不相识,不吵不开会",不同的观点、思路互相对接、碰撞,言之有物且言之有理,不仅有助于纠正错误的认识、丰富正确的判断,而且还有助于产生新的思考,形成新的判断。在会议流程上,主办方严格控制每位发言者的时间,保证每位与会代表都有平等的发言机会,从而杜绝了惯常的一场大会由少数几个人唱主角的陋习。由此,会议也实现了不在于"求同"而在于"存异"的学术目标,达到了贴近艺术管理与创意类学科应用性与开放性特点的学术效果,在很大程度上开辟了艺术学理论研究的新会风和学风。为了营造论坛的创意氛围,主办方还安排了"江南艺事"体验式美术作品展,同时邀请弗朗索瓦·科尔伯特教授作"北美艺术机构新进展"学术讲座。创意元素贯穿两场活动始终,使与会代表在感性认识上更直观地领会了艺术管理与创意类学科的当代魅力与价值。

二、将"艺术管理与创意"置于理论的框架内

在"文化体制改革背景下艺术管理与创意类学科发展的新动力与新机制"议题单元,专家们的讨论主要围绕当下艺管与文创的处境与出路展开讨论。因应着国家的文化政策及其实践,"创意"俨然成为一个热词,与会代表就现今文化创意领域内的各种问题和现象展开了深入分析。专家们提醒,当今不少文化创意已脱离了本源,很多人一边高喊"创意",一边却在创意的幌子下粗制滥造,这种现象值得警惕。蓝凡教授从词源学的角度对创意的概念进行了系统辨析,基本廓清了"创意"的内涵。针对各地蜂拥而出的文化创意园,蓝凡教授说,如今,很多创意园其实就是圈地的幌子,打着文化创意的旗号,享受着各种优惠政策,所做的事却与文化创意无关。"第一年还是'创意园',第二年就成了'地方小吃',第三年就成了'房地产'!"蓝凡教授对"创意"做出了剖析:创意不是模仿,也不是"推陈出新"式的推倒重来,更不是"开天辟地"式的创造。它的本质是在对旧事物深刻了解和认识的基础上,实现"1+1>2的"新生过程。同样,顾江教授也提醒不能滥用"创意"这个概念,事实上,作品或产品本身的专业制作也很重要。他以日本为例:在很多行业,日本其实也没有多少原创性的思想和产品,不过,日本人做各种事情非常认真,一丝不苟,精致的制作、精细的工艺,往往让人叹为观止,赢得了国际上的尊重。"'创意'本身有稀缺性,很多时候可遇不可求,但我们为什么一边满口'创意',一边热衷于粗制滥造、得过且过?"顾江的发言引发了专家们的同感。加拿大蒙特利尔大学费朗索瓦·科尔伯特教授认为,艺术品要带给消费者主观美感体验,这就需要在有创意的基础上,制作的每一个细节都非常完美,与此同时,还要和服务体验结合起来,比如说如何营造艺术空间,如何进行文化审美,等等。

何晓佑教授立足自身从事设计理论与实务的专业经验,在案例分析

中指出当前发展文化创意产业须避免三种现象：一是"嘴唇现象"，即人云亦云地跟风；二是"板凳现象"，正如看一场演出，前排有人站到椅凳上，后面都要跟着站上去，否则就要被遮蔽了，所以一哄而上的结果就是眼界狭窄，就是创意冲动的消解和迷失；三是"异化现象"，即"人造自然与天然之间的矛盾""物文化与人文化之间的矛盾""消费利益与商业利益之间的矛盾"。因此，何晓佑教授强调文化创意一定要有审美意识，要有哲学思想，这样才能真正创造出优秀的、能够流传下来的文化作品。

克服对"创意"的滥用，使之回归本源，必须将"艺术管理与创意"置于理论的框架内。对此，王列生研究员阐述了艺术管理与创意类学科的规范问题。他强调，艺术管理应该是一门实在的学科，因此我们要对艺术管理这一学科进行规范，扎扎实实地推进艺术管理的学理演进，重点解决秩序和效率两大核心议题。艺术管理不能被空谈，通常情况下艺术是不能被管理的，只有强调"秩序"和"效率"，运用管理科学的方式，才能对艺术的相关环节进行管理、控制。艺术管理与创意类学科对当今社会发展有着不容忽视的期许与效用，他期待艺术管理这个学科能够更好地向前推进。此外，针对当前的"非遗"热，王列生研究员提出中国非物质文化遗产保护已被"妖魔化"，与原来的初衷相背离，政府的政绩行为倾向正在极大地挤压民间文化生活空间，非物质文化遗产保护有脱离自身规律的风险。这一观点引发了与会代表的深思。顾江教授提出了一个很多人都在探索的问题：艺术管理应该以怎样的模式运作？是行业、商业还是产业？顾江强调，艺术管理一定要有专业眼光和机制，统筹各方面力量，才能各得其所。

三、智库型理论的学术脉络

构建一门知识系统应有的研究范式和学术（者）共同体，艺术管理与创意类学科都已具备。艺术管理是对艺术机构及其活动所进行的计划、组织、领导和管制，是对艺术与社会外部因素互动关系的统筹与掌控，在这一系列环节中创意贯穿始终。这些年一大批欧美艺术管理经典著作已经翻译过来，并且借助艺术社会学、艺术人类学、艺术美学的研究成果和方法，对艺管与文创进行学术提升，积累、凝结了比较成熟、系统的学术成果。但是相对于文化领域的实践及其理论的双重需要性，艺术管理与创意类学科的成果积累仍显得单薄，理论研究较为空泛，且与实践相疏离，不仅对现有的艺术管理实践缺乏学术关照，而且对已有的以及将有的艺术管理实践缺乏理论阐释。尤其是在当前文化发展已然置于国家战略层面的情势下，艺术管理与创意领域迫切需要建构一种知识解读立场或问题切入方式，将不同的理论范畴、核心概念进行学理链接，形塑起相对稳定的理论整体构架和知识操控系统，"艺术管理与创意类学科智库型理论成果的学术脉络、选题范围及研究方略"虽面临诸多困难，却是学界正在着力加以解决的热门话题。

从基本问题出发是学科研究需要重视的一种方法。艺术与商业的关系这一基本问题，成为此次论坛一个交锋的热点。王希俊教授剖析了艺术与商业之间的关系：(1)从艺术与商业结合的方式来看，企业可以投资、赞助艺术活动，而艺术品作为塑造企业文化的资源，企业亦可直接经营艺术产品或服务，使个体艺术家介入商业领域、使艺术与资本相结合；(2)从艺术与商业结合的影响来看，商业介入纯艺术领域可以起到拓展受众、推动艺术资源整合、促进艺术创新等积极影响，但也有可能因其商业性质产生艺术媚俗倾向、创作单一趋向、冲击人文精神等消极影响。而董峰、黄韵瑾等学者则认为艺术管理与创意学科应该首要关注公益化、社区类的艺术发展，具有普及化和公民化的非营利艺术是商业艺术的根基和支撑，商业艺术是市场的范畴，而非营利艺术才是艺术管理的重心，所以对公共文化服务体系、公民文化权利以及小制作、小成本艺术的智库类研究更应该是国家对这个学科的急需。费朗索瓦·科尔伯特教授认为商业艺术和非营利艺术并不冲突，他解释了艺术与商业的关系：管理是需要销售、制作、计算盈亏的,但这些都是服务于艺术本身的。艺术管理者的关键作用在于怎样更好地让商业为艺术服务。近几十年来,西方特别重视以艺术创意来建设城市文化、以文化成果来打造城市品牌,反过来又支撑了艺术管理的发展。艺术节或各类艺术活动的组织筹办,都需要艺术管理的专业人才充分发挥商业市场的积极作用。

不管如何认识商业艺术和非营利艺术,与会代表普遍认为,艺术管理和创意类学科必须聚焦于文化政策以及文化行业,以一手资料、大数据以及有代表性的案例为基础,借助跨学科的研究视角与方法,做出扎实的学术成果。这就特别需要对艺术管理与创意类学科的研究脉络、选题范围、治学方略进行持续的研讨。一些代表认为艺术管理与创意类学科必须以艺术机构/组织及其活动为研究对象,着重探讨由艺术机构生发出来的艺术创意与策划、艺术生产与制作、艺术推广与营销、艺术筹资与募款、艺术评价与反馈等艺术管理的核心职能环节,也要研究更为具体的艺术资源整合、艺术品牌塑造、艺术市场营销、艺术项目执行。还要关注更为宏观的层面,从当下文化政策导向中寻找切入口,关注文化体制改革、公民参与国家文化治理和公共文化服务体系、文化产业等命题,发挥理论研究对现实社会发展的指导作用。所有与会的专家都认为,如果对于上述议题我们不能从国家文化发展的角度作出智库型的回答,或者说对于这些议题我们在主流语境里都不拥有话语能力以及权力,那么所谓的艺管与创意类学科的理论研究价值何在？我们培养的人才用途何在？艺管与创意类学科的自主性及合法性又将如何生成与永续？

孔庆茂教授在发言中指出深入研究传统艺术管理的必要性,他认为我们缺少的并不是具体的艺术行政,而是更加深入的艺术管理史论研究,他举例说,当今学术界有许多关于古代"教坊"的研究,却很少有人研究古代"教坊"的管理。他以对比的方法辨析了当今过于单一的艺术管理形式,指出需要更多来自民间的思路和方法。他认为传统艺术管理分为三个层次:(1)国家层面的管理,如教坊、乐府等艺术机构的管理;(2)文人阶层的管理,如画院、律学的管理;(3)民间的艺术管理,如徽州的版画、福建的石雕等管理活动。董峰副教授表示并不赞同研究传统艺术管理的认识与看法。其一,"教坊""画院"并不存在现代意义上的艺术管理,实际上那是一种统治手段,充其量不过是一种教育机构,如果把文化统治、文化教育泛化为艺术管理,那艺术管理也就失去了自身存在的边界。其二,"教坊""画院"存活于专制集权社会之中,其中的"管理"与今天依存于民主、法治社会中的艺术管理并不存在对应关系,除了增加一些没有用途的知识,别无其他意义。其三,就当下中国文化发展而言,有着更多现实的、倾向性的、普遍性的艺术管理议题需要我们去梳理、探讨、阐释,一个有价值、有前景的应用性学科更应该立足当下、面向未来,而不是停留在过去。比如书画市场的健康发展、传统戏曲的现代推广、剧院团演出的新媒体营销、民营美术馆的资金筹集、艺术营销的美学定位等现实问题,行业都迫切需要理论能够给予系统的解答,而公众也特别需要通俗易懂的普及性读物。

四、课程设置与教学资源拓展

在论坛召开之际,南京艺术学院发布了教育部艺术学理论类本科专业教指委课题《2013年度艺术学理论类专业建设热点与难点调查报告》。据此报告,截至2013年年底,全国高校及科研院所在艺术学理论一级学科下举办艺术管理研究生教育(包括硕士学位授权点及研究方向)的单位已有30余家,而且还有更多的培养单位在美术学、音乐学、影视学等艺术学一级学科以及管理学、经济学、传播学等一级学科下开设艺术管理研究生学位点。为此,本次论坛专门设置了第三个议题:"艺术管理与创意类学科研究生教育专业课程设置与教学资源拓展"。

面对艺术管理教育现状,一些与会代表提出,经过10余年的积累,中国艺术管理本科教育的问题已经解决,但研究生教育亟待破题,这一问题的典型反映就是，这些年艺术管理与创意类研究生学位论文的选题以及研究方法往往不够开阔，研究对象缺乏本领域的主体性，而写作结构通常是"现状描述—问题分析—对策探讨"三段论式八股样式，甚至论证过程主要是材料平面化的堆砌而缺少基础理论的支撑。

  这些问题引起了与会代表的广泛关注。美国哥伦比亚大学艺术管理硕士毕业的黄韵瑾副教授介绍了美国高等教育不同学位的不同教学要求，王希俊教授以芝加哥艺术学院为例介绍了美国高校艺术管理专业的课程设置，以此来对我国艺管研究生的培养工作进行关照和反思。黄昌勇教授介绍了上海戏剧学院通过与伦敦市立大学、墨尔本大学等名校开展国际联合办学的模式，建立起艺术管理专业本科、硕士、博士均覆盖的国际化人才培养体系，旨在培养具有国际视野、创新能力强、擅长国际合作的文化创意人才。林一教授基于国际视角对艺管与文创研究生教育提出了确立专业定位与突出学科特色的思路。这就需要结合学校的特点，整合教学资源，对艺术管理专业进行课程设计，在突出本校艺术特色的同时，也应加强不同艺术门类之间艺术管理教育的办学联系。艺术院校之间应开展跨校合作，加强学院之间的交流，资源共享，拓宽学生的知识面；同时必须考虑到市场的需求，在人才培养中不能脱离实际，要通过与表演团体、演艺公司、经纪公司的合作，使得艺术管理专业的学生直接与市场接轨。

  李普文教授从提高学生综合素质的角度出发，分析了艺术管理研究生教育与美术馆、画廊、演艺机构、演出公司密切合作的机制与渠道，以保证学生能够自始至终参与到某一项活动之中，明白从策划到执行这一流程中，需要哪些环节，要做哪些协调，最后能够在一个具体的活动流程中，总结成功与失败的经验。赵乐副教授则从生态学视野出发提出完善艺术管理教育的两点建议：一是通过召开学术研讨会、进行科研合作等，促进生态系统内教育资源、学术理论的互动、交流，逐步形成系统内部的良性循环；二是通过行业互动、参与行业实践、建立实习基地，加强与社会文化生态系统的互动交流。陶辛教授则向与会代表展示了给艺管专业研究生开设"艺术导赏"课的初衷、定位及对于艺术管理研究生的价值功能,引起了与会专家的积极回应。

原载:《艺术探索》2014 年第 6 期

延伸阅读书目:

1. [美]克里斯·比尔顿:《创意与管理:从创意产业到创意管理》,向勇译,北京:新世界出版社,2010 年。
2. 张向荣:《中国艺术创意产业竞争力提升方略探析》,《民族艺术》2013 年第 3 期。
3. 周星:《文化创意与艺术创意人才培养的观念辨析》,《艺术学界》2014 年第 2 期。

艺术市场生态中的学界议题

2015年10月17日—18日，首都师范大学美术学院举办第二届"艺术市场北京论坛"，本人应邀在会上作了"艺术市场生态中的学界议题"发言；紧接着在11月20日—22日江西财经大学艺术学院举办的首届"艺术与经济"学术研讨会上，本人应邀进一步讨论了这个话题。虽然两次参会分别提交了发言材料，但由于时间限制，加之听了多位行业专家的精彩演讲之后有了更多的想法，因此发言的内容实际上脱离了原来的文章，可以算作即兴发言，但是却引起了不小的反响与回应。这里把向两次会议提交的论文与两次会上的即兴发言综合起来，同时吸收了一些新的观点和材料，算作一篇完整的参会学习小结。

为什么要在两场不同的学术活动上谈论同一个不算热点的话题呢？这与我们艺术管理系师生深度参与"南京国际美术展/南京国际艺博会"有关。心理学认为，参与一项活动或事件有助于改变其中的原有态度，也有助于形成新的判断和看法。而全程参与这次活动，使我们更加清楚地看到了艺术管理的社会价值和文化力量，以及未来的发展趋势，也使我们对这次活动形成了与外界不一样的看法：主办方不花纳税人的钱能够办成这样一场规模宏大的文化活动，一是非常不容易，二是非常有意义。但是，若从专业性的艺术管理的角度来讲，如果大家不断地深入一线，就会发现，你在现场所看到、听到的，不但与主办方以及媒体所宣传的以及观众、顾客所反馈的之间有着很大的差距，而且也与艺管师生在课堂上所讨论的好像不是一码事。社会任何一个领域，尤其在权力、资本、媒介深度交织融汇的情形下，都存在着政、产、学、研的共振与互动，其中学界议题不可或缺而且更为重要。照此说来，艺术市场领域不同利益关系人的看法的差距或者说不是"一码事"就值得我们冷眼旁观，退而深思。那么，我们如何从艺术管理学的视角对艺术市场生态的可持续性进行言说与评判，由此探讨当下艺术市场生态的分析框架、叙述方式，进而探讨"新常态"①语境下艺术管理学界在行业发展进程中"何位与何为"呢？这是发言的初衷。

一、艺博会运作的过程、特点与机制

今年 9 月 16 日—26 日，2015 南京国际艺术博览会暨第二届南京国际美术展在南京国展中心举行。据主办方统计，"一会一展"观览人数超 21 万，日均人流量 2 万，60 多家艺术机构交易额达 2 800 万元。截至 10 月 7 日，各类媒体先后发布有关报道逾 300 条。这里从六个方面就"一会一展"给大家作个简要描述，以使大家对此有些整体的印象。

1. 名称与项目

这个项目通常称作"南京国际美术展"，今年是第二届。其实"美术展"只是这项活动的一部分，或者说这项活动的命名不止有美术展，因为这个项目是一场文化活动的综合体，包括很多的内容，也有各不一样的名称，一是南京国际美术展，二是南京国际艺术论坛，三是南京国际艺博会。对外宣传上以及大家习惯上主要使用"南京国际美术展"这个名称，其实更应该叫作"南京国际艺博会"。但有时大家也在非正式场合称作"一展一会"。整个活动租借位于玄武湖和紫金山之间的南京国际展览中心的场地，占据了第一层到第三层，很大的面积。

2. 团队与宗旨

从决策到运作团队是一个商、媒、学、政的联合体。具体执行团队采

---

① "新常态"是现阶段的流行词，主要是指经过一段不正常状态后重新恢复正常状态。人类社会就是从常态到非常态再到新常态的否定之否定中的发展，人对社会的认识就是从常态到非常态再到新常态的否定之否定中的上升。

取联合策展人+市场营销组+行政管理组相结合的方式。不同的部分由不同的团队负责,但依托的主体是一家当地大型民营地产集团,以及它所联合的官媒(新华社江苏分社)、半官方商会与协会(中国侨商联合会、中国公共外交协会)与若干艺术院校。主办方把南京国际美术展定位为由中国民营机构发起主办的,以国际规则为标准的,面向全球征集参展作品的非商业性、非营利性的,最大规模的国际美术展。但是从收集的宣传材料中没有看出关于南京国际美术展宗旨的介绍,反倒是作为商业性、营利性的南京国际艺博会的愿景可以在媒体中反复看到,概括为两句话就是:(1)采用"政府+市场"的多元主体办展模式,聚合媒体与企业的力量,开拓"买得起的艺术、买得值的艺术"市场,把艺术之美以"亲民"和"平价"的方式传播给大众,让艺术品走向大众,成为老百姓文化生活消费的一部分;(2)打造更具影响力的综合性、国际性艺术品博览、会展、交易平台,打造大众艺术生活美学,打造艺术界的"金陵名片"。在艺术管理学的语境下,"一会一展"的团队架构和宗旨陈述体现了专业性和学术性。这是难能可贵和需要推广的作为非营利艺术机构或项目,必不可缺少明确的宗旨和清晰的愿景。环境的持久变化、管理过程的日益复杂以及传达组织所信仰的文化、社会和经济价值的需要,都要求有一个定义明确的宗旨。

3. 内容与方式

整个活动包括三大部分,内容和方式各不相同。

第一部分:第二届南京国际美术展。由"向大师致敬Ⅱ——国际艺术大师展""美丽新世界——国际当代艺术主题展""多元色彩 潮起当下——全球征集展"三个主题展览组成。"向大师致敬Ⅱ——国际艺术大师展"版块展出了毕加索、梵高、莫奈、罗丹、高更、马蒂斯等23位西方顶级艺术大师创作的50件作品。观展采取门票制,每张门票100元。场地安排在国展中心第三层即最上层。"美丽新世界——国际当代艺术主题展"分成四个单元进行梳理和呈现:(1)中国当代艺术之历史回顾;(2)中国当代新艺术的呈现;(3)水墨的再革命;(4)行进中的国际当代艺术。

"多元色彩　潮起当下——全球征集展"作为组委会发掘世界艺术新锐力量的重要单元,采取全球公开海选的方式,在三个月的征集时间内,共吸引了全球43个国家和地区的7 768位艺术家投稿,参评作品2万多件。经过初评、复评,509位国内外艺术家的531件作品成功入围。经过三轮评选,在"美丽新世界——国际当代艺术主题展"和"多元色彩　潮起当下——全球征集展"的参展艺术家中,评选出128位艺术家,分别授予金、银、铜、优秀奖及最高5万美金的奖金。这部分内容安排在国展中心第二层,不需门票,自由观看。

第二部分:南京高端主题艺术国际论坛。包括"艺术教育论坛""向大师致敬主题论坛""世界博物馆与当代艺术论坛""中西方艺术史论坛"。众多世界顶级博物馆和艺术研究机构的一线专家云集南京,共同探讨中国艺术进一步与世界交流的途径和空间,也让南京有了一个与世界主流艺术界对话的机会。这一部分的活动安排在国展中心第三层。

第三部分:"艺术南京"2015南京国际艺术博览会。由当代知名藏家收藏展区、新媒体与新投资、艺术生活美学、经典与传承四个板块组成,吸引包括世界美院联盟、美国洛杉矶艺博会、香港地区买得起的艺博会、新加坡酒店艺博会等多个国内外艺术机构、院校、拍卖公司、博览会、画廊、商业机构及艺术家参展。艺博会整体展出面积超过6 000平方米,全方位展现当代艺术发展的新面貌。展出内容包括中外工艺品、手工艺品、雕刻艺术品、石类工艺品、"非遗"作品、国画、油画、版画、雕塑及艺术衍生品等。

艺博会在运行过程中呈现出三个特点:(1)创立"艺术生活美学馆",广泛吸引市民关注;(2)主打"新艺博、新艺术、新青年、新势力",将新兴艺术家及艺术品推向台前,着力推动中青年艺术家的当代艺术实践与艺术品市场繁荣;(3)引入"互联网+"概念,聚集"艺术电商"顶尖机构,融合艺术与金融、新媒体、云端艺术平台等载体,力图打造国内"互联网智能化程度最高"的艺术品博览会。活动场地安排在国展中心第一层,是通往第

二、三层的必经之地。

4. 投资与效益

这么庞大、复杂的文化活动，各项投资从公开渠道无法查询，只有艺博会"经济效益"的相关数据可以从媒体报道中略加管窥。比如媒体报道："60多家艺术机构交易额达2 800万元"，以及"艺术生活美学馆"推出25个门类，120多款式衍生品，所有库存全部销售一空，订单超过3万，总成交金额过百万"。尽管今天媒体宣传的真实性已大打折扣，但还是可以从这些数据获取基本的感性认识。当然，对一项艺术活动的效益的评估不止经济一个指标，还应该包括社会效益、美学效益，即使是经济效益这一块也不仅仅限于现金收入，还应包括其他领域的即时性经济收入，比如对旅游、餐饮的拉动，以及可能带来的长期的经济效益。这一点可以借用布尔迪厄的"商业金融资本与艺术象征资本"交换原理进行解读。如此重要的效益指标理应为学界密切关注，但实际情况却是无从关注。财务的公开与透明、接受社会的评估与监督是国际上非营利艺术组织可持续发展的通行规则，然而，这一条在国内依然是此路未通。

5. 媒介与宣传

媒体对"一展一会"的助推可用热闹喧嚣、狂轰滥炸来形容。监测显示，对于本届南京国际美术展暨2015国际艺术博览会，包括新华社、人民网、新华网、光明网、《中国日报》等全国性媒体，《新华日报》、《南京日报》、《现代快报》、《扬子晚报》、江苏广播电视台、南京电视台等省内媒体，新民网、《广州日报》等外省媒体和《中国文化报》《中国艺术报》等文化艺术类行业媒体，均进行了集中、持续性地关注报道。多渠道的宣传与推广有效扩大了本届南京国际美术展的影响力，全面提升了南京的国际化形象和地位。但公共媒体作为文化守门人的角色在这次活动中依然没有体现出来。

6. 特点与机制

略作概括，此次活动有六个方面的特点和机制。(1)集艺术品、工艺品的博览、会展、评选和交易为一文化综合体。类似于文化大卖场、城市娱乐中心的活动形态,呈现出综合化、国际化、市场化的项目特点。似乎名声大于口碑。(2)强大的资本与媒介的高度融合,用公益化的机制运作市场化的项目。借用营销学诸多巧妙的市场策略与技巧,但是缺少艺术本身的美学品质与理念。似乎商业大于艺术。(3)汇集高端艺术品,兼具专业性与市场价值;组织"双展同期",实现"学术"与"市场"共振。如果从艺术管理学诸多核心议题来看,虽然运作方案呈现国际化的专业性,可是实际效果大打折扣,远远倒向了市场这一边。似乎商业大于学术。(4)"南京国际艺术博览会"每年举办一届,采用"政府+市场"的多元主体办展模式,力图打造国际性艺术品会展交易大平台,培育文化消费理念,丰富大众精神文化生活,使之成为艺术界的"金陵名片",但是并没有达到预期效果。似乎理想大于现实。

其实,每年10月份前后正是国内艺博会陆续登场的时候,从媒体的报道来看,这些艺博会与全国多地艺博会有诸多相似之处:(1)国际大师或传统经典作品开道,大规模与多类型交织;(2)艺术品展示与交易合一,走国际化和市场化相结合的路线;(3)资本与媒介借助权力强势推动,但观众(市民)与学界的声音不被表达。

二、完整与平衡的话语系统

近两年来,中国艺术市场在遭遇挑战与危机的同时,又面临着新的机遇,从而开始步入新常态化的发展阶段。在阶段性调整与构筑市场新常态的过程中,如何在行业调整中把握机遇,寻找新的市场增长点,拓展新的销售渠道,利用各种资源创造新的产业链条,搭建更为宽广的综合性平台,成为市场调整期的探索焦点。可以说,在大环境下艺术品市场处于深度调整之中,画廊业、拍卖业、艺博会业如何找准自身定位,于混战中突出重围,重塑良性的艺术市场生态,不仅值得行业应对,而且也需要学界研讨。

　　作为艺术市场顶端的艺博会走到今天,俨然成为业务庞杂、内容多样、声势浩大的艺术嘉年华。由一家地产公司策划的南京国际美术展/南京国际艺博会,就在市民身边发生了,而且铺了很大的摊子,形成了很大的声势,作为一个具体而鲜活的文化存在,对于不同的社会群体来说,如何从各自的角度来认识它,参与它? 如何在事实和数据的基础上分析它、评估它? 这样一次艺博会给主办方、艺术家、消费者、观众带来了什么? 给市民的生活品质以及这座城市的经济发展与文化建设带来了什么? 到目前为止,不管是官方还是民间、业界还是学界,都远未说得清楚。艺术市场是艺术管理的基础事项,那艺术管理学对其重要议题又将如何叙述它、阐释它? 艺术管理学是否应该有一个理论框架作为艺术市场的分析工具? 这是本文提出的更为基础的思考。

　　当然,艺博会作为一个整体性的活动,对其分析与评估的方式和路径有很多,比如,可以研究它的财务报表、利润回报率、盈利方式;可以分析它的客户规模、消费群体构成以及社会反响;可以探讨它的运作系统以及评估这个系统的有效性、可持续的资源与潜在风险;可以论证它对当地旅游、经济以及文化所间接产生的影响。但是,艺博会作为文化活动,毕竟是艺术学与管理学相互融合的艺术管理项目,而艺术管理的终极目标在于追求经济、社会、美学相统一的效益。从生态的角度来说,可以把艺博会视作由不同主体要素构成的系统,这些主体要素——如地产资本、政府媒介、官方协会以及策展人、艺术家、观众等诸多利益关系者——处于不同的网络地位和角色,拥有不同的话语方式及力量,因而,对艺博会的分析就可以采用一个恰当的工具,即运用利益关系者理论和话语理论分析、阐释艺博会不同主体的话语模式。从艺博会构成主体的角度出发分别考察不同利益关系人的平衡或失衡关系,这是一个重要的分析框架,可以更好地把握其关系背后真实的商业逻辑与内在的文化机制。

　　就此而言,艺博会尚未构成一个完整的、平衡的主体对话系统。其表现首先在于商业资本强势主导,先后把半官方的协会、官方媒介以及艺术策展人整合进自己的话语中。通过考察可发现,媒体以及策展人、批评家,包括艺术家,与商业资本之间是配合的、服从的关系。通常来说,媒体是社会公器,批评应坚守价值独立,但实际上媒体已经起不到社会监督的作用,批评也变成了捧场。于是,主办方试图通过媒体垄断各种声音,同时主办方的声音又被媒体通过各种方式放大了。

其次,作为大型的非官方的美术展览活动,市场与观众的话语却缺失了。也就是说,市场的真实的声音被遮蔽了、掩盖了,或者说我们听不到市场的真实声音,比如观众是怎么知晓这场活动的,他们是在现场看到了什么又说了什么,在不泄露商业机密的情况下,没有公开和透明的信息传递出来,供人们了解、评议、分析。从市场的角度来说,即使艺博会的展览作为免费的项目,如果从非营利组织的观点来看,观众和主办方之间也存在着一种利益交换关系。观众用时间、注意力、口碑评价、人气等与展览方展品的艺术特色、美学风格进行交换,这样说来主办方和观众之间就应该是平等的关系,然而,今天这种关系依然没有建立起来。一个好的展览,观众和市场的声音应该被充分地表达出来,让各方听到、谈起,否则,这样的活动因为没有社会共识是很难持续的。

再次,应该发出专业声音的学界同样处于失语状态。几乎所有的版块或环节,艺术家比批评家、史论家多的多,而批评家、史论家也主要是受邀来做点赞嘉宾的,不管公开还是私下场合几乎听不到客观真实的评论。当然这也与艺术批评、艺术史论研究的现状有关,这个圈子目前仍然是关注艺术本身远远多于关注市场,关注艺术历史远远多于关注艺术当下,对艺术家及其作品的吹捧远远多于艺术批评。

其实,就项目内部运营而言,南京艺博会主办方做的已经非常专业了,不管是组织理念、宗旨,还是运营团队、营销策略,很像艺术管理经典著作主张的那样。但是从完整的话语系统而言,观众与艺术家作为展览活动的主体对象被忽略了,媒体、学界作为展览活动的第三方被利用了。

当然，也可以反过来说，这一失序、失衡的艺术市场系统又为学界提供了话语空间，提出了理论要求。因此，如果从话语力量来看，对艺博会的关注尚不能构成一个完整的、平衡的、可持续的艺术生态系统，只有商业资本一个声音在唱独角戏，其他主体的不同立场的声音没有平等地发出来。

三、可持续性的生态视角

如果从艺术管理学的角度对艺博会以及拍卖行、画廊作进一步的思考，有一个关键词就显得非常重要，这就是吴明娣老师主编的《中国艺术市场生态报告》[①]这本书的主题词，而两场专家的发言几乎都涉及了这个议题。艺博会作为一个整体性很强的文化商业活动，它包括哪几个方面以及这些方面各具哪些不同的形态和特征？这些不同方面相互联系与作用的方式和机制是怎样的？它又是与哪些外部环境以及如何进行能量交换的？对这些议题的系统解读就构成了艺术市场研究中的生态视角。

首先，艺术市场行业之间的关系。这个关系可以是不同层级之间艺术市场的关系，也可以是不同领域之间艺术市场的关系，这里主要谈画廊、拍卖行、艺博会之间的层级关系。成熟的书画市场中，画廊是一级市场的主要经营主体，处于中国艺术品最基础的市场，对于画家的推介、展览、媒体传播都有极大的好处；拍卖公司是对一级市场产品的分流和再销售的二级市场；艺博会是对二级市场进行补充和支持的三级市场。传统的观点认为，这个体系应该是平衡的、有序的、相辅相成的。但什么才是这个市场可持续的平衡生态呢？我们有时候想，将来是否可以打破一级

---

① 首都师范大学吴明娣教授主编的《中国艺术市场生态报告》由中国建筑工业出版社每两年出版一辑。2015年出版的第2辑由两部分构成。第一部分，2013年1月—2014年12月，中国艺术市场情报站的成员持续追踪、记录中国艺术市场生态的成果；第二部分，中国艺术市场生态专题研究文章，其中大多数是首都师范大学师生的近作，包括本校美术学院艺术市场专业的教师和在读硕士研究生撰写的论文、调研报告。这部分内容贴近当下中国艺术市场的现实，反映了中国内地不同地区艺术市场的真实状况。

市场和二级市场的界限,推进全产业链综合化的艺术品市场发展模式。目前大家还是比较纠结于传统艺术品拍卖与网拍以及互联网+拍卖的关系平衡,总是不自觉地把线下模式和线上模式区别开来,我们可否换一个角度,把营销导向放在一边,从客户需求的角度重新思考问题,不管采取什么市场模式,不管选用什么市场技术,如果我们能够更多地考虑并更好地满足客户的需求,这样是否可以更好地达到艺术市场生态的平衡呢?

其次,艺术市场业界与学界的关系。若干位拍卖专家的发言,讲得很真实,听得很震撼,但是几年前我们可能没有想到今天艺术品市场会出现这样一落千丈的情况。因此,这也似乎隐含着一个很重要的命题,在艺术管理、艺术市场领域,学界与行业固然密不可分,但也应保持一定的距离,这个距离会提示我们学界的立场与战场在哪里。目前来看,学界似乎跟在业界的后面,更多的时候、更多的场合是学界在倾听业界的声音,但是很少有业界来倾听学界的声音。当然有两个可能,第一个是学界缺乏有价值的研究,不值得一听;第二个是脱离学术的行业照样火爆,不需要来听。不管哪个可能,总归是个问题。而这个问题集中在艺术品拍卖市场上的表现就是,经过10多年的持续攀高,2011年中国市场的艺术品拍值接近全球第一,然而好景不长,到今天市场数据急转直下,一线艺术品拍卖行总经理的一片呼喊,很让人想到哀鸿遍野这个词,这是很值得我们思考的。学界要密切跟踪业界,但是学界对行业不能是亦步亦趋的跟踪与适应,而应该是在适应中超越,保持对行业的反思、评估、预警、导引的作用。回过头来说,就今天的艺术品拍卖业而言,如果大家高明,我们应该在危机之前谈危机,而不是等危机出来了再谈危机,否则注定有危机。不仅拍卖业,艺术博览会、画廊业也应如此。也就是说,艺术管理学界应该有居安思危意识或者前瞻预判功能,在行业繁荣发展、还没有出现危机的时候,我们要有一个保持中立性的分析和预判,有一个对此进行评估的客观标准。

再次,这里稍微关注一下文化与经济的关系。"文化与经济"的关系古已有之，对两者关系的讨论与研究也有很长的历史。一个是经济界对此的研究，一个是艺术界对此的研究。前者以戴维·索罗斯比、摩恩为代表，后者以罗杰·弗莱、克莱夫·贝尔、肯尼斯·克拉克为先驱，最后在西方形成了文化经济学这门重要的学科。虽然在我国文化经济学刚刚起步，但其势头高涨。过去人们关注的是艺术能够从商业那里得到什么，比如赞助和捐赠；现在人们关注的是商业能够从艺术那里得到什么，比如艺术投资、艺术金融、艺术衍生品。在今天的语境下，艺术与经济不仅是一个很大的范围，更是热门话题。整个社会的升级与经济转型，无非就是依赖科学技术、依赖文化创意，实现文化、科技与经济的深度融合、链接。大家关心的，一个是如何进行这样的深度融合，一个是这样深度融合的后果对文化究竟会产生什么样的影响。然而人们不愿意看到的是，在资本介入艺术的进程中，往往是以公益的方式运作营利的项目，以民间的名义运作官方的项目，以文化的名义运作经济的项目，那么，艺术何位？艺术何为？艺术商业化与艺术自治又一次面临考验和论战，但问题恰恰在于只有考验没有论战，听不到各种不同的声音，听不到一种真实的声音。

最后，艺术市场中的业界与学界如何在置身于权力与资本的规制下划分边界、采取行动。其实从大的方面说，行业专家的发言提到了两个很重要的方面。其中一个方面我们可以归纳为去资本化。报纸、电视、网络谈论鉴宝节目最后都是谈钱，艺术发展过程中需要资本加持，但是艺术产品毕竟不是一般的产品，它有特殊性，它不仅是满足人们物质上的需求，同时也满足精神需求，精神上的需求不能用资本作为唯一的标准来衡量。另一个方面我们可以归纳为艺术市场去权力化。大家批评这几年出台的不合理政策，这里面其实非常耐人寻味，一个行业发展很好的时候其实没人谈政府，如果市场主体开始谈论政府，可能意味着这个行业正面临着特别不好的情形。

其实这里表达的是，我们的文化建设，包括我们艺术市场的发展，既有去资本化的问题，也有去权力化的问题，它应该在良好的生态里面去自主地发展。

> 原文出处:(1)在 2015 年 10 月 17 日—18 日首都师范大学美术学院举办的第二届"艺术市场北京论坛"上的发言;(2)在 2015 年 11 月 20 日—22 日江西财经大学艺术学院举办的"艺术与经济"研讨会上的发言

延伸阅读篇目:

1. 胡军玲:《致知力行　继往开来——首届"艺术市场·北京论坛"学术研讨会综述》,《艺术百家》2013 年第 6 期。
2. 吴明娣:《中国艺术市场生态报告(第 2 辑)》,北京:中国建筑工业出版社,2015 年。
3. 文化部文化市场司:《2014 中国艺术品市场年度报告》,北京:人民美术出版社,2015 年。

全球化语境下区域艺术管理教育合作与发展

"2015粤港澳台艺术管理教育高峰论坛"的第一个环节是主题演讲，给定的题目是"全球化语境下区域艺术管理合作的机遇与挑战"，并且安排我来首讲，这与我原先准备的有些不一样，那现在我就按要求来谈些这方面的简单思考。

首先要感谢星海音乐学院王秀明书记、唐永葆院长、蔡乔中副院长，感谢星海音乐学院艺术管理系周晓音、赵乐、许珩哲等诸位同仁。我们常说中国人会多，可是从实际效果来看，会开会的中国人并不多。这次的活动，从筹备到举办、从议题策划到嘉宾邀请，都在说明我们星海艺管就是"并不多"中的一个。大家看会场布置、材料印制、音响灯光，都体现着品质与舒适感，大家得以在如此富有美学的环境和氛围里谈论艺管，我想肯定能够更好地碰撞观点、丰富思想、形成共识、推进合作。所以，参加星海艺管论坛就有着特别的观感和收获，也由此得以现场领略了星海艺管办学的内涵与活跃，不仅为改革开放前沿这片热土培养了一届届优秀的艺术管理人才，而且也以其课题、项目、获奖等成果为星海音乐学院的学科建设和专业发展做出了积极的贡献，乃至为粤港澳台四地的音乐文化发展、市民艺术生活贡献了一份不可或缺的心力，这对于一个年轻的学科与专业来说，不仅难能可贵，而且也显得弥足珍贵。

二十世纪，特别是中国改革开放以后，粤港澳台四地因地缘、历史、文化等因素在经济、文化等方面建立起了密切的区域合作关系，四地形成的世界第三大都市经济圈具有强大的产业动能和发展潜力。在粤港澳台区域文化日趋紧密的合作、交流中，艺术管理（行政）愈来愈体现其重要性，星海音乐学院站立时代潮头，聚集八方精英，今天成立"两岸四地艺术管理教育联盟"，并用今、明两天时间举办"2015 粤港澳台艺术管理教育高峰论坛——暨全球化语境下的区域艺术管理教育合作与发展"，这是粤港澳台艺术管理领域最重要的行业盛事之一。新成立的联盟也必将作为中国艺术管理教育新的合作交流平台，通过建立长效合作机制，深入挖掘符合行业发展趋向的艺术管理理论内涵，由此助力两岸四地在文化保护与传承、艺术创新、演艺发展、管理人才培养等多方面的合作与交流，共同推动区域乃至更大范围文化艺术的繁荣与发展。为此设定的"全球化语境下的区域艺术管理教育合作与发展"论坛主题论就具有特别的意义。围绕主议题设置的六个子议题分别为：(1)全球化背景下区域艺术管理合作的机遇与挑战，(2)粤港澳台四地艺术管理教育现状，(3)粤港澳台四地艺术管理行业现状，(4)粤港澳台四地艺术管理教育与实践合作机制，(5)粤港澳台四地艺术管理人才培养机制比较，(6)粤港澳台四地艺术管理合作发展趋势。来自国内外多所艺术院校及艺术机构的领导和专家学者们笃实的专业实战经验分享、独到的行业前景分析，在双向的沟通交流对话中碰撞出别样的智慧火花。大家分享各自在艺术管理教育与实践领域的成功经验，共同思考全球化、数字化背景下粤港澳台四地艺术管理所面临的问题与机遇，探讨如何在本土化与全球化双向互动过程中，尊重文化个性，密切对话与合作，共同推动区域文化艺术的整体发展。

　　今天上午我要谈的话题是论坛主题破折号后面副标题的内容。言下之意，副标题是对主标题的补充说明，也是对所要集中讨论议题的范围限制，就是说我们用两天的时间来探讨粤港澳台四地区域艺术管理的合作与发展是在全球化的语境下进行的，是有条件的。当然全球化这个语境是非常复杂的。为什么这样说呢？因为全球化本身就是一个众说纷纭、杂乱不堪的概念，或者说是一种复杂的社会现象。但是，无论如何，全球一体化都不是以我们的身份、立场、处境不同而改变的事实存在。即使是普通人的日常生活也无不包含全球化的因素，比如衣食住行。一个社会的价值观念更是与全球化缠绕在一起。拜互联网所赐，今天我们使用的语言尤其是年轻人说的话，也是全球一同凉热。

要把全球化这个重要且杂乱的问题说清楚，本人并没有十足的把握，况且每个人的看法和认识也不尽相同。我愿意把自己基于阅读与观察的一点思考与大家分享交流，弄清楚在这样的环境下我们该做什么以及怎么去做，因为这是区域艺术管理发展的迫切任务。

不知大家观察当前的时事有何感想。今天我们谈论的全球化其内涵已经发生了很大的变动，重心也发生了很大的位移。就传统观点来看，全球化就是西方化、美国化，而现在的观点全球化已然带有更多中国化的元素，尤其是在经济领域。如果在十八大之前中国化元素还是内隐的、潜在的，那今天已经比较明确地表现出来了。比如对外开放，过去主要是向东（日本、欧美）开放，现在更多是向西（非洲、亚洲）开放；过去主要是两头在外以及引进技术和人才，现在主要是输出产能以及参与制定规则，如"一带一路"以及"高铁外交"等战略。当然原先开放的格局与机制仍然存在，但现在已升级为更为自由和民主的方式了。

全球化并非只是在经济领域，同样包括政治领域、文化领域。政治领域不是今天讨论的重点。文化领域的全球化现在是个什么样子呢？我的看法是格局基本没变，依然表现为西方强势文化的突飞猛进，媒介与资本结合带动西方价值观念在文化贸易中对外传播，占据世界文化市场的主要份额，比如说美国好莱坞电影大片、欧洲歌剧、日本动漫、韩剧等，精美的艺术在前，价值观在后，不管是高雅艺术还是商业文化，都可以随手举出很多例子。但是我们正在以文化软实力的方式来逐步改变这种局面。从文化政策的角度来说，公共文化服务体系、非遗文化传承、文化产业发展、文化走出去是比较深入人心的文化发展战略，而社会主义核心价值观以及文化软实力等也是包含在这些文化战略里的。因为意识形态的限制，文化发展的各项战略尤其是文化走出去其实是非常艰难的，但却是必须的，问题是为何以及如何走出去，当然也包括让什么样的文化走出去。

如果说连我们自己都不看的抗日神剧、脑残剧、口水歌，也让它走出去，它怎么能走出去，即使走出去也很难对得起人家观众。

　　对于一国而言，文化全球化要适应乃至超越经济全球化，否则就会拧巴、别扭。所以说，面对全球化，我们的文化发展要能够跟上来，走得更快一点，做得更多一点。与经济建设相匹配的关键是要发挥思想建构、观念引领、创意激发、人心抚慰的"文化软实力"功能，在这个过程中就蕴含了区域艺术管理合作与发展的全部机遇与挑战。但是，所有的机遇都是潜在的、整体性的，而一切挑战却是现实的、个人化的，甚至机遇有时是以挑战的形式表现出来。比如说，我们都在热议的艺术管理专业，大家都说它正面临前所未有的发展机遇及前景，有很庞大的社会需求，有广阔的产学合作空间，有频繁的国际交流项目，但是具体到一家家艺术管理院系而言，办好这个专业谈何容易，延聘骨干师资、招录优秀生源、开设核心课程，无一不是难事。以至于可以看到，很多院校的艺术管理专业教学内涵不足、人才培养不实、社会反映不响，而这一局面又长期得不到根本性地改观。大家可以回顾一下，情形是不是这样。

　　话说回来，我们就是在这一状况下来探讨区域艺术管理合作的。不过大家要注意一点，这里所谈的艺术管理不能狭义地理解为专业教育，而是包括政、产、学、研、商的所有领域。今天星海音乐学院是主场，在这里谈区域艺术管理其实谈的就是粤港澳台四地的交流合作。就其论坛名称来看，难免让人想入非非，肯定是前景广阔，机遇无限。实际上我们也注意到四地的文化领域合作与交流，不可谓规模不大、层次不高、形式不新，但是从根本上来说，似乎还是单向的、单体的、单薄的，也是受制于行政管制的，而不是双向的、全面的、厚重的、受文化自身驱动的。在艺管专业的建设中，过去是我们主动出去学习请教的，现在某种程度上是外面进来淘金创收的一面，艺术自身的交流发展往往沦为副产品，而今天的论坛就已完全打破了这一局面。

　　诚如会议手册所言，粤港澳台不仅是一个贸易型的经济圈，更是一个生态型的文化圈,区域艺术管理合作与发展在四地不仅十分必要而且相当重要。为此我有几点想法。

第一,重新认识并明确界定四地艺术管理合作的价值与作用。粤港澳台四地的特殊性、地缘关系、人脉关系完全可以承担起华人文化复兴的发动机的功能。全国都在推进中国文化走出去战略,而粤港澳台四地就是中转站、桥头堡。但粤港澳台四地必须合作成整体的姿态,单独一家,诸事难成。

第二,成立粤港澳台艺术管理产学共同体。不仅是专业教育,还要把行业拉进来,发挥各自优势,响应国家文化发展战略,呼应新的全球化进程,这个共同体必须是双向的、深度的、系统的、共赢的合作,既可以共同研发课题、课程、项目,也可以合作申报协同创新平台、新型国家智库。目前,两岸已有多家类似的文化共同体,如何使其目标进一步落地,关键在于机制创新,包括提出一个新的理念甚至新的愿景等。我常想,我们做事情一定有一个最佳方案,尽管我们还未达到这一步,可能也不一定能够达到这一步,但我们一定要告诉自己这份最佳方案的东西就在前面,我们要不停地努力,不断地去接近这个目标。

第三,重点在文化供给侧进行合作与发展。这是借用目前最流行的一个说法,原来促进经济发展就是三驾马车,现在是转向供给侧。不是原来的那样重点关注文化需求、教育需求、文化市场,而是更多地强调机制创新、渠道创新、人力资源,进而提供优秀的艺术作品。比如北京故宫刚刚结束的"石渠宝籍特展"①,可谓一票难求,万人空巷,极大地唤起了国内外人群的观展热情。

第四,发挥粤港澳台四地公民参与的优势。文化是适宜于民主的,太多的行政管制以及意识形态束缚,很难促进文化的发展,文化的交流与合

---

① 《石渠宝笈》是一部被奉为"古书画鉴藏宝典"的巨著,从编纂完成至今,已过去200年。2015年9月8日—11月8日,它所著录的283件清宫旧藏的书画珍品,首次在公众面前集体亮相。

作也就无从谈起。一个有效的路径就是"人人共建文化、人人共享文化"的氛围、政策、机制和做法，这是普适与永恒的道理。看看中国艺术史就不难理解这一点了。很巧，今天国家文化部部长访港的新闻里，也谈到了这一点。从这一点出发，我们有无数的理由可以相信，粤港澳台四地艺术及其管理与教育的发展将是世界级的，也是国际化的，还是高质量的。

在发言的最后，我本人代表中国艺术管理教育学会，希望两天的论坛活动是圆满的和精彩的，与会的各位专家学者彼此分享各自的艺术创作及学术成果，借此感受不同区域艺术和文化的魅力，促进不同艺术和文化的融合与新生。我也非常希望我们艺术管理专业的学生与青年教师深度参与进来，在这里，带着艺术的热情与真诚去观察、去体会、去思考，进而打开自己的思想、丰富自己的表达、尝试自己的创造。这几点，无疑应该是艺术管理人才最核心的专业素养。

原文出处：在 2015 年 12 月 9 日—11 日星海音乐学院
"粤港澳台艺术管理与教育高峰论坛"上的发言

延伸阅读篇目：

1. 张小兰：《2007 海峡两岸文化艺术管理论坛在沪举行》，《中国文化报》2007 年 5 月 19 日。
2. ［英］蒂莫西·艾米利·琼斯：《艺术教育、全球化与艺术交流》，《世界美术》2001 年第 4 期。
3. 温希：《澳门启动文化艺术管理人才培养计划》，《珠海特区报》2011 年 5 月 15 日。
4. 董志汉：《香港艺术团体分类管理体制及经验借鉴分析》，武汉科技大学硕士学位论文，2015 年。
5. 苏怡和：《台湾艺术管理学科发展研究》，《广告大观（理论版）》2016 年第 1 期。

再辨艺术管理专业教育与行业发展的关系

2015年12月12日—15日,上海戏剧学院召开"2015国际艺术管理(上海)论坛"。在全球化、信息化、数字化的背景下,艺术管理实践日益在跨文化的语境下进行,各国经济和社会制度的差异以及更深层的文化区别使艺术管理面临的宏观和微观环境变得日益复杂。处于战略转型期的中国,其公共文化服务体系和文化(创意)产业体系在日益完善的同时,也面临诸多新的挑战和机遇,文化艺术管理从政策拟定、行业发展以及专业建设的诸多方面如何做出协同式的调整,是一个非常值得探讨的问题。由此,这次会议设置的学术议题主要包括但又不限于如下内容:(1)艺术管理的理论研究与实践探索,(2)艺术管理学科与专业的规范化建设及高质量人才培养,(3)艺术管理的国际化延伸及在地化拓展,(4)跨文化语境下艺术管理面临的机遇、挑战与应对。按照论坛的要求,我把发言主题确定为"艺术管理专业教育与行业发展的关系"。之所以这样,是因为在认真翻阅会务组编印的论文集以及聆听了多位与会代表的发言后,我对艺术管理教育有了一个整体判断:招生规模已经很大,但教学内涵依然不足。这个不足当然表现在多个方面,但如何正确认识以及有效处理专业教育与行业发展的关系应该更加重要且急迫,因为它涉及不同院系艺管专业的课程设置、师资配置以及教学组织的功能定位和价值取向。由于这个话题在不同的场合已经多次讨论过,所以这里称之为"再辨"。

一、复杂的关系情形

在发言的开始,需要提请大家注意:在规范或学术的意义上讨论问题必须界定概念、限制语境或区分类别。大家知道,没有哪个概念不可以从不同的角度、不同的层面来理解的,艺术管理也一样,如果对其不作限制或区分,可能你讲的是政府层面的艺术管理,他讲的是行业领域的艺术管理,而我讲的则是教育范畴的艺术管理,看似热火朝天的研讨,其实大家根本不在共同的对话平台上,说的并不是一码事,自然讨论不出结果来。然而现实中类似的情形我们在不少会场经常看到。所以我这里首先明确:今天是从艺术管理教学层面来讨论专业教育与行业发展之间关系的。这个层面的问题就是我们的艺术管理专业如何在教学以及人才培养上因应行业、因应实践。因为艺术管理是应用性很强的专业,大家特别强调它的专业实践性,但这里面有很多值得我们深入探讨的问题。

先从一个具体的案例说起。南京近期在举办一场规模比较大、专业性比较强、商业味比较浓的艺术博览会,由于主办方是第一次操盘这样的大型活动,于是他们主动来学校找我们,希望学生去现场实习或者做志愿者。按说,这是好事呀。但是,很快我们发现了一些问题:他们的做法和我们的想法距离有些远。学生没有经过培训就去顶岗实习了,而且分工和职责也不甚清晰。学生主要从事检票、导引以及搬运物件、维持秩序以及一些行政性工作,虽然这些工作也能很好地锻炼人,但毕竟缺少专业性,不是艺管的学生也能很好地完成。我们原来的想法是,把实习生、志愿者的招聘、培训、上岗、考核等全部工作外包给我们来组织,毕竟我们的老师和学生已在课程里熟悉志愿者工作的流程和要求。还有一点,我们了解他们的售票计划后,提出了不少建议,比如如何针对大、中、小学生进行优惠售票,如何对特殊群体进行免票,以及如何设计套票和团体票,因为,我们艺管专业有票房营销这门课程,师生们可以利用所教、所学为他们提供一份创意性的整体售票方案。我们还有一个想法，希望他们提供资金支持，由我们艺管系来做观众调查与客户回访，这也是国际艺管界通行的做法，况且他们计划艺术博览会这一项目将在南京持续做下去。也许是因为他们担心我们的学生缺乏实际工作经验，一番交谈下来，我们的这些想法没有被对方采纳，产学合作计划就此搁浅。而现场得知，大家当初讨论的不少营销创意他们还是自己去做了，但最终观众的反响并不好，包括整个博览会的运营部分效果也不够理想。当然，这是因为他们的运营团队一部分是策展人、一部分是商业行政人员——尽管这两部分人都是优秀的——从我们的角度来说，缺的就是既懂艺术又懂市场的专业管理人员。

如果专业实习是没有技术含量的岗位，我们的老师和学生怎么会有积极性参加呢？然而对于专业性很强的、在知识之外还需要经验支撑的工作，我们的老师和学生又很难参与进去。这就意味着一个很大的问题——艺术管理领域的专业建设与行业发展在交流、合作的过程中面临着不对称、不对等，这也是大家常说的中国高等教育长期存在的校企割裂、产学脱节的弊端。虽然现在大家都在试图解决专业建设与行业发展不对称、不对等的问题，但目前来看收效甚微。在不少产学对接的研讨会上，主要还是学界在听业界的声音，很少有业界在听学界的声音。甚至在课堂上，行业专家比专业教师更受欢迎。比如说，一个书画拍卖行的总经理参加艺术管理研讨会，不是来发言的而是来听会的情况肯定很少，即使这个研讨会的学术质量很高。我想是不是恰恰因为这样的原因导致了书画拍卖行业跌宕起伏的发展命运，当然这也给我们艺术管理专业建设提出了更高的要求，创造了更大的空间。

艺术管理领域专业教育与行业发展的关系这个话题还可以从教学的具体案例进行分析。

一方面，大多数艺管专业学生乐于且忙于课外实践，但这些课外实践往往没有技术门槛，就是说你是这个专业的学生可以做好这件事情，你不是这个专业的学生也照样可以做好这件事情。那这样的课外实践对我们艺管专业的学生的培养究竟有多少意义呢？当然也有个别学校在这方面做出了积极探索，比如上海戏剧学院开设的"艺术现场"课程，不是简单的让学生去演出现场走一圈，而是把课程搬到舞台上，有看、有听、有思、有做、有议、有写，形成了完整的深度学习过程。又比如上海音乐学院创建的专业教学艺管周，把演出项目从构思到建组再到执行的所有环节都融入教学过程，形成了实战教学的新机制。但是这类与行业发展紧密联系的行之有效的专业教学大部分艺管院系很难做到，因为这不仅需要校内外拥有可以为我们所用的充足的文化资源，而且具有行业经验的师资也是必不可少的。

另一方面，大多数艺管院系学生不愿学或不会学专业理论知识，不欢迎专业理论课。这里面有学生的原因，其实是中小学应试教育的后果在大学的显现，但更多和我们的老师或课程设置有关。我们不少老师讲课内容缺乏专业指向性，学生听了之后找不到落地感。其实这不是艺术管理一家的错，很多文科专业往往如此，学生不愿意听，即使听了也不知所云。这种情况正是说明我们的文科专业建设严重地脱离了行业发展。

科研是高校教师的基本工作内容，没有丰富的科研就没有深厚的教学。当然，从事科研不等于发表论文，论文只是科研比较常用的表达方式而已。就论文发表来说，假定艺管的老师发表的论文都是这个领域老师应该研究的选题，而且有清晰的学科边界，有明确的写作思路与方法，得出了比较中肯的研究结论。一个问题是，这些艺管研究论文与艺管行业发展构成关系吗？或者说，这些科研论文在行业里会有读者吗？行业发展可以从这些论文获取营养吗？举一个例子，大家知道现在高校和艺术机构每年都在举办很多研讨会，如果我们高校老师参加剧院团或拍卖行的市场运营研讨会，有发言权吗？坦率地说，很多高校艺管老师还没有这个发言权。那么高校艺管老师是否应该具备艺术管理行业的发言权呢？若从理论和实践的互动关系尤其是艺管人才培养有效性的角度来说，的确应该如此。当然,这并不是说高校艺管教师要对艺术管理行业的所有问题都有发言权,但擅长其中的两三个领域总是应该的,否则有效的科研以及有效的教学都无从谈起。

二、具体的层级关系

通常情况下,专业教育与学术研究以及行业发展存在着这样的关系:第一,专业教育要面向行业发展,行业发展给专业教育提供职业需求的规模和规格。也就是说,艺术管理专业要培养什么规格和目标的人才,以及培养多少这样的人才,我们要从行业发展的状况里来寻求这样的专业设计和教学配置。第二,专业教育要依托学术研究,只有把学科建设好,涌现一批具有丰富性、深刻性和前沿性的学术研究成果,才能为专业教育提供充足的教学资源,否则人才培养就是花架子、空壳子。

按理说,在艺术管理领域,行业发展、专业教育和学术研究应该是同步的,或者是互动的,但是具体怎样同步与互动,尤其是这种同步与互动如何落实在具体的课程设计和教学组织中,也有不同的判断。

把握艺术管理领域的专业教育与行业发展之间的关系,我认为应该回到重新认识理论和实践的关系这个根本上。艺术管理之所以能够确立为特殊的学科专业领域,依据经验主义/学科主义认识论,一定是建立在逻辑化、学理性知识积累的基础之上,而且还需要稳定的、持续的学科化知识生产渠道。倘若比照此类观点,艺术管理专业教育很难说具备了学术研究的理论支撑。若采用知识生产模式 I 和 II 理论进行观照,艺术管理学术研究的情况就完全不一样了。这一理论认为,艺术管理学术研究不应只有学科化一种方式,学科之外的行业实践也是重要渠道。在学术界之外的实践中,反思型的从业者,即许多艺术经理、政策制定者、专业人员以及专业学习者也参与艺术管理学术研究中,创造了不可估价的告诉人们怎么做的知识。正是依循此种逻辑,艺术管理领域的行业发展、专业教育和学术研究合力构筑了同步与互动的平衡生态。

首先,需要大家思考艺术管理领域"实践之术如何可以聚变成理论之道?"艺术管理学除了从相关理论推演而来,它作为应用型理论也可以从实践中生成。我想在理论的推演之外这个聚变大致有三种基本路径:(1)有理论修养的实践者的经验转换,(2)参与实践的研究者的理论总结,(3)几十年后成为史学资料进入学术视野的工作实务。

其次,需要大家解决艺术管理领域"学术之用如何可以转变为实务之用?"在艺术管理领域就理论来说,它并不只是对实践具体的操作性指导,它的作用至少还包括:(1)对其中各类人员的思维训练、视野开拓和观念更新、知识丰富,(2)对具体或整体实践的阐释、比较和评论、预测。教学实践是组织学生进行现场观摩与见习、实习,是要求学生对工作步骤、流程与实操技术的熟练与把握。而组织学生去行业调研与总结经验,发现与分析问题,这也是教学实践。理论讲授可以帮助学生增进知识,丰富思维和观念,进而指导学生去总结、分析和阐述实践,洞察过往,把握趋势。所谓"无用之学"这个说法本身是片面的,因为这就把"用"狭义理解为实务之用,而排斥了思维之用。就艺术管理领域而言,实务之用与思维之用之间存在着互约共通的关系。

把握艺术管理领域的专业教育与行业发展之间的关系,我还认为专业教育对行业发展所建构的关系可以用友好型、距离感、反思性、判断力四个关键词形象概括。(1)友好型。作为一个实践应用性很强的领域,艺术管理专业教育与行业发展是一个不可分的友好关系,专业教育必须扎根于行业发展,老师和学生需要适度关注行业整体发展,并在行业面前有一定的发言权。这个发言权不是打平手的对等的发言权,而是更高端、更学术化的发言权。(2)距离感。专业教育和行业发展毕竟属于不同的社会范畴,拥有不同的概念边界,两者要保持适度的距离感,艺术管理专业教育在课程设计、师资配置方面不可简单地对应行业需求以及满足行业需求,因为专业教育虽然说对行业发展有适应性的一面,但更重要的一面是它的超越性，高质量的专业教育其实应该走在行业发展的前面，为即将到来的艺术行业培养新的管理人才。(3)反思性。对学生的培养要突出学生对行业发展具有调研、分析、预测的能力，譬如观众是如何欣赏高雅音乐的，年轻观众为什么对流行音乐感兴趣；譬如网络营销市场如何增强客户粘性，这些需要学生可以从学理上进行分析，进而研究性地开展工作。(4)判断力。在人才培养里面要有一个对行业发展的评估与判断的能力要求。几年前不少院校纷纷举办艺术品拍卖教学方向，因为那时的中国艺术品市场特别火爆，没想到学生培养出来了，结果艺术市场出现了泡沫，学生很难如愿找到工作。所以说，专业教育不能对行业发展丧失判断力，大学的教育还是要站得高一些，看得远一些。办学如此，教学也是如此；教师如此，学生也应如此。

三、不同的价值取向

深入的讨论带来论题的细化，议题的细化带来问题的解决。至此，我们可以从学生的角度想一想：学完了艺管专业一门具体的课，你感觉有没有收获，如果有，是什么？如果没有，为什么？你认为艺管专业是否拥有完备的课程体系、充足的教学资源和浓厚的教学氛围？学完了艺管专业四年全部的课，你感觉好不好找工作？如果好找，胜出的条件是什么？如果不好找，欠缺的内容是什么？

第一，对于艺术管理专业而言，如何突破现有条件形成丰富的教学资源。

当然首先需要不断积累学术成果，现在看起来这些方面我们还是欠缺的。上午几位外国专家的发言，很注重实证和案例，以及经过模型验证提出新颖的观点，这一点是值得我们学习的。其实我们在20世纪80、90年代翻译出版若干本西方艺术管理著作。有时候我们说"什么叫做学术前沿，什么叫做战略眼光"，且不说外国作者，单是翻译这批书的老师就可以称作那样的人。不知道我们今天有什么教学举措、科研成果可以在10年、20年之后为人们所称道。

其次,需要建立与行业的密切关系。艺术管理是很宽泛的领域,一位老师不可能去关注所有的领域,但他一定要在一两个领域占据前沿位置。譬如在演艺市场领域或书画营销领域,我的判断或观点可以给行业带来启发,我不是教行业具体做什么以及怎么做,而是给他发现、分析、解决问题提供思考的视角和方法,这一点非常重要,否则这个学科专业就没有存在的意义了。

把有效的学术积累以及密切关注行业发展所形成的发言权有效结合起来,进而转化成教学资源,才能够很好地去培养艺管专业的学生。这个时候我们培养学生,其实就帮助他们解决了理论与实践相结合的困惑问题。我们的学生迫不得已选修了很多理论课但又不愿意学习理论课,这不是理论的问题,也不是学生的问题,而是老师教学的问题;我们的学生一腔热情去校外实习实践但又感觉空手而归,这不是实践的问题,也不是学生的问题,而是老师教学的问题。

第二,对于教师而言,谁是合格的和优秀的呢。

相对来说,艺管专业教师的门槛比较低,有因为热爱投奔而来的,有因为行业经验丰富被招聘进来的,有因为遇到瓶颈被迫转行过来的。在今天,应该有一个标准,让大家知道什么是胜任岗位的艺术管理教师,什么是堪称优秀的艺术管理教师。不管胜任岗位还是堪称优秀,在本科层面这样的艺管教师至少需要具备三个基础条件中的一个。

其一,至少是艺术管理专业研究生毕业,取得硕士学位。譬如音乐、美术专业毕业后转而教艺术管理,没有10年、8年的摸爬滚打很难胜任教学。其二,在艺术行业工作10年以上,或者是在核心岗位上工作5年以上。譬如在美术馆管理部门干了10年以上,或者在剧院团领导岗位干过5年以上。其三,就艺术管理核心议题,至少出版1部专著或发表5篇论文。这三个基础条件如果具备一个,就可以认为这是一名合格的艺管理教师。如果三个条件都具备，那基本就算一名优秀的艺术管理教师，而这样的老师目前还不算多。但不管怎么说，我们的教师要有这样的意识，从这三个方面为自己创造条件，争取尽快成为优秀的艺术管理教师。

只有优秀的艺术管理教师逐步成长起来，更多地成长起来，我们才可以说艺术管理教学的品质与内涵慢慢地建构出来了。但现行高校人事制度的弊端，阻碍了艺术管理师资队伍建设，比如说，人事编制的弊端使得高校与行业之间优秀人员不能自由流动；比如说，干部任免的弊端使得艺管院系负责人不受学术背景支持而走马灯地更换，今天搞文史的教师来指挥艺管专业，明天搞表演的教师来负责艺管专业，后天搞传媒的来操持艺管专业，换一位专业主管就等于换一批专业课程，专业建设只能原地踏步。这说明什么呢？第一，艺术管理的专业边界、专业门槛还没有完全建立起来，社会认可度不高，试想钢琴专业、舞蹈专业其负责人可以换一位不是学钢琴、舞蹈出身的吗。第二，艺术管理专业知识体系、课程结构的内涵与品质还没有完全塑造出来，像表演专业、作曲专业不管谁来做负责人，虽然其教学内容与方法可以调整更新，但其知识体系、课程结构不可能轻易变化。

第三，对于学生而言，满足社会要求的毕业规格与标准是什么。

我们再辨艺术管理专业教育与行业发展关系的时候，根本还是为了搞清楚：艺术管理这个新兴而热门的应用性专业，究竟需要培养什么样的毕业生，才能更好地满足社会用人需求，以及这样的人才培养需要如何在教学中平衡理论和实践的关系。虽然不同类型、不同层次的高校在平衡理论和实践的关系的掌控上会有不同的选择，但是生活中的朴素道理对这种选择依然具有很强的指导意义。

在现实生活中，没有人能否认"在游泳中学会游泳"这条亘古不变的真理，那还需要游泳理论吗？如果游泳是我们小时候在河边的狗爬式，别说理论是多余的，就连教练都不需要，照样能游出不少戏水高手，甚至个别人还走上了职业道路。那么如果是现在的孩子去体育馆上游泳课，肯定是离不开教练的,而教练也多是依靠说明书式的经验而非系统理论。然而若是培养将来可以参加比赛的专业游泳选手,除了前面那些实践摸索和经验指导,科学的理论就须臾不可或缺,不仅需要游泳训练理论,还需要解剖学、心理学、营养学等理论。但对于选手而言,这些艰深的理论学习往往不是自己完成的,而是与教练在游泳训练中耳濡目染熏陶获得并内化于心的,当然也有少部分选手在耳濡目染熏陶之外还能原汁原味地钻研这些理论,不管哪种情况,只有在理论学习和技术训练两方面都达到了教学要求,才都有可能获得比赛的好成绩。只是原汁原味地钻研理论的选手相比耳濡目染地熏陶理论的选手,未来的职业生涯往往会大相径庭。我想,艺术管理专业学生的学习和就业情况也大致如此。

原文出处:根据 2015 年 12 月 13 日在上海戏剧学院"2015 国际艺术管理(上海)论坛"即兴发言的速记稿整理、扩充而成

延伸阅读篇目:

1. 黄昌勇、田川流:《深化艺术管理的理论研究与实践——2015 国际艺术管理(上海)论坛暨全国艺术学学会艺术管理专业委员会第四届年会综述》,《艺术百家》2016 年第 2 期。
2. 陆霄虹:《艺术管理专业项目制教学适用性研究——以南京艺术学院艺术管理系为例》,《美术教育研究》2017 第 23 期。

多元文化语境下的艺术管理教育[①]

中国艺术管理教育学会新的十年的首届年会在星海音乐学院召开，主办方精心设计年会主题与议程，与会人员切实表达新的思考与观点，大家回顾星海音乐学院艺术管理系及中国艺术管理教育学会10年的发展历程，认为艺术管理高等教育已然成型，获批教育部本科特设专业指日可待。经过多年的探讨，本次年会再次聚焦艺术管理专业教育与行业实践的关系议题，在论辩的基础上形成了广泛共识。本次年会新的收获是提出了多元文化语境的新课题，由此将带来艺术管理专业教学与科研新的进展。站在第二个十年新的起点上，不论是与会的专家学者，还是老师学生，无不认为中国艺术管理及其教育的信心和方向全都寄托在大家的责任和使命之中。"正确的道路是这样的，汲取你前辈所做的一切，然后再往前走。"托尔斯泰的这句话，证明了传承与创新二者缺一不可。当代艺术管理教育，经过半个世纪的发端、成长、演变、进化，无论是学术理论、学科建设与艺术管理业态方面，已形成了一个较完整的体系，值得每一位艺术管理及其教育者去传承和发扬。

一、年会主题及议程的设计

2016年11月11日—13日，第11届中国艺术管理教育年会在星海音乐学院召开。星海音乐学院唐永葆、李振连、蔡乔中等领导与会，南京

[①] 本文是为星海音乐学院第11届中国艺术管理教育年会撰写的综述。

艺术学院董峰、中央美术学院余丁、北京舞蹈学院张朝霞等中国艺术管理教育学会负责人全程参会。美国艺术管理教育学会主席舍伯恩·拉芙琳、美国芝加哥表演艺术学院亨利·福格尔与拉尔夫·科拉维索、英国罗斯·布鲁佛戏剧演艺学院迈克尔·以利等学者应邀参加年会，上海大剧院艺术顾问钱世锦、上海东方艺术中心总经理林宏鸣、香港教育大学艺术管理硕士EMA课程联合总监郑新文、深圳聚橙网创始人耿军、台湾师范大学表演艺术研究所何康国、广东美术馆副馆长邵珊、广州音乐厅总经理刘莹与来自中国艺术管理教育学会、国内外各高校及艺术机构的人员近200人出席年会。星海音乐学院艺术管理系主任周晓音教授主持开幕式，星海音乐学院院长唐永葆教授、中国艺术管理教育学会主席董峰教授分别致辞。

中国艺术管理教育年会已经连续举办了十届，而当前高校内外各种论坛、年会可谓名目繁多、褒贬不一，如何把专属艺管人的教育年会持续办出新意、取得实效，既是对全国艺术管理专业创建以来教学效果的整体性检验，也是对星海音乐学院艺术管理系承办大型活动的全方位考验。经过深入调研，主办方主张，本次年会一要呼应各地艺术管理系科师生的专业性吁求，并结合星海艺管的办学优势与特色，在吸收历届年会经验的基础上，精心策划新的亮点，努力形成新的标杆；二要设计有效的议题和程序，引导发言者切实表达新的思考，真诚交流新的观点，着力解决新的问题，确保每位与会的师生都能参与到年会中来。基于上述原则，星海艺管系把"新十年的新起点""多元文化的多样性"确定为年会主旨。诚如唐永葆院长在开幕致辞中所说，2016年是中国艺术管理教育学会新十年的新起点，扎根并推动地域文化发展是不同院校艺术管理专业办学的优势所在。大家共同分享区域文化语境中艺术管理教育与实践的成功经验，共同思考所面临的问题与机遇，探讨在当前本土化与全球化互动过程中，中国艺术管理教育将如何做出正确的价值判断与路径选择，以全新的姿态因应社会与文化发展的急剧变化。

本次年会在内容设计上包括"主旨演讲""主题论坛""青年艺管人圆桌论坛""全国大学生艺术项目创意策划大奖赛""最佳拍档——全国艺术管理大学生精英赛"等活动版块。主旨演讲环节，余丁、舍伯恩·拉芙琳、郑新文、迈克尔·以利、周晓音、亨利·福格尔等6位嘉宾围绕"艺术管理教育新视界"议题依次展开学术报告，分别阐述不同国家、不同地区艺术管理教育的最新进展。在"对话——多元文化语境下的艺术管理教育""沟通——艺术管理行业与教育现状""合作与发展——艺术管理教育的未来"等主题论坛版块，30位代表分组进行研讨，更是妙语连珠，精彩纷呈。每组8人采取对谈方式，在主持人的带领下聚焦议题，从各自擅长的专业领域充分发言，彼此引申、阐发、辩驳，并随时与全场师生进行问答互动，从而丰富、修正、深化了发言者以及听众对原有认知的重新认识，达到了本次年会的研讨高潮。

面向艺管学生举办的活动则在原有的"艺术项目创意策划大奖赛"之外，主办方还特设了"最佳拍档——全国艺术管理大学生精英赛"。全国26支团队参加大奖赛，最终临沂大学的《艺动沂蒙＋助苗谱梦》荣获一等奖，星海音乐学院的《南漂广府》、中央美术学院的《花椒计划》荣获二等奖。来自15所不同院校的学生抽签组成5个全新的团队参加精英赛，经过行业一线专家严格的考核打分，分别评出"最佳创意奖""最佳协作奖"各1个。

二、已然成型的专业建构

具有现代意义的中国艺术管理教育始于20世纪80年代，在2000年之后走上发展的快车道。2006年则是艺术管理专业建设关键的一年，不仅诸多艺管系科在这一年应运而生，而且中国艺术管理教育学会也在这一年顺势成立。星海音乐学院艺术管理系就是成立于2006年，年会的举办让星海艺管系将10年来的办学经验作了系统总结，也引发了对未来的思考与对未来的展望。与会代表了解到，星海艺管凭借城市领先风气，汲取学校充裕资源，不仅打造了一批有内涵的专业课程，完成了多项高质量的研究课题，而且以"粤港澳台艺术管理高峰论坛"为平台，广泛延聘海内外名师深入推进产学融合，以"艺术＆管理"双技能大赛为抓手，全面拓展实践课堂，教改举措和专业建设走在了全国同类院校的前列。副院长蔡乔中指出，艺术管理系在该学院已不是边缘类的小专业，它是全校教学体系中重要的学科生长点，也是促进珠三角文化发展的生力军，现在的办学成绩卓著，将来还会有更大的发展空间。大家普遍认为，星海艺管经过10年的发展，从教学到科研、从专业到学科已然成型，这是全国又一个"新建系科成功的故事"。

由此，与会代表从星海艺管专业办学的成功经验中引申出更多的思考：艺术院校为什么要举办艺术管理专业？艺术院校为什么能建设艺术管理专业？这当然与高校扩招的政策有关，但根本还在于艺术管理领域人才培养外部需求与教学资源内部可能两者所构成的推动力。从空间分布来说，艺术管理教育最早发生在北京、上海、南京、广州等地。举凡经济的市场机制发展得比较充分的地区，文化中的艺术活动就随之活跃，相关的艺术管理及其教育也就因此发展。从教育结构来说，不管是音乐学院还是美术学院，培养少而精的艺术家固然是其必须紧紧坚持的核心目标，但却不应该是唯一方向，因为培养面广量大的艺术管理、艺术教育人才也是其办学的重要方面，尤其是在高等教育进入大众化阶段。与会代表认为，星海艺管成功的关键之处在于充分利用地处珠三角、毗邻港澳台的地缘优势对办学特色的挖掘与凝练，所培养的专业人才极大地契合了区域文化发展的需要。

无疑，星海艺管专业的成功是中国艺术管理教育的精彩缩影。十几年前，艺术管理这个概念对很多国人来说还是非常陌生的。中国艺术管理教育学会成立之后，把年会、大赛和学刊列为3项基础性的重头工作，从最初的课程体系、教学内容的探讨，到学科建设、项目研发的交流，直至今日对学科功能再造、价值重塑的辨析，全面推动了艺术管理专业的内涵建设，在更加复杂的艺文竞争环境下为时代进步培养了大批艺术管理专业人才。尤其是近年来，在国家社科基金课题申报、国家艺术基金项目承办等重大举措上，越来越多的艺管院系获得历史性突破，开始以整体的姿态站在更高的平台上参与国家文化建设战略。大家由衷地认为，目前正是艺术管理发展的最好时期。

但是，在研讨中仍有个别教师表达了对艺术管理作为本科专业的疑虑乃至悲观情绪。因为从2011年艺术学升格门类以来，多所院校已连续3次向教育部申报艺术管理本科专业，目前尚未取得大家关注的"专业目录身份及专业代码"。然而，大多数与会师生的发言依然表达了对学科专业发展的乐观态度和个人远见。大家确信，在一个艺文蓬勃发展的环境里，艺管职能和技术将不仅随着艺术形式的转变而演换，更将因应社会发展、经济转型、科技趋势、媒介变化等不同力量而跃升，衍生出新的工作类型与业务需求。董峰老师指出，经过20余年的发展，中国艺术管理教育形成了以艺术院校为主，综合性、文科类院校共同发展的办学格局；形成了从本科生到硕士、博士研究生完整的教育体系；形成了从事艺术管理行业实践、专业教学以及理论研究相互转换融合的人才队伍。即使相较于同类别专业，艺术管理也已经成为真实而具体、完整且成熟的专业，师资更加主体化，课程更加本体化，教学更加内涵化。据此完全可以说，艺术管理本科专业建制已然成型且完备，在艺术学理论一级学科下获批教育部本科特设专业指日可待，它与艺术教育、艺术史论等本科专业一起构成了艺术学理论一级学科更加完整的学术框架。

三、逐步清晰的专业教育与行业实践关系

自艺管学科建立起，各院校都把艺术管理视作应用型专业，但是在课程体系、教学方式中如何处理知识理论与实践实习的关系，在学科建设、

社会服务上如何处理专业教育与行业发展的关系,以及如何培养专业人才等事项是历届年会绕不开的话题。

十年前,很多艺术管理专业老师——尤其是从非艺术领域转过来的教师——参加剧院团、美术馆活动,感叹自己没有发言权,教学落在了实践的后面。即使美术学、音乐学出身的教师也认为艺术管理学界和业界在一起开会是各唱各的调。近年来,这种情况已经发生很大的改变。多位来自院校的参会代表梳理了十年来艺术管理专业在实践教学方面的探索。一是构建了实践课程教学体系,二是创建了实验室及实践教学基地,三是安排专业教师挂职艺术机构并引进行业骨干补充师资队伍,四是安排学界与业界共同参加学会论坛以及定期组织艺术管理项目策划大赛。尤其是在专业艺术院校,经过十年的努力,已经完整地塑造了艺术管理专业的实践性教学品质。

而本次年会有代表就"学界与业界谁领先谁"的发问也再次引爆话题。来自院团的专家普遍认为学界对业界还不够了解,这些年来给业界带来的理论贡献太少,"美术馆、剧院团讨论发展大计会请高校教师吗?高校教师来院团讲课有没有人要听呢?这是一个非常大的问题。"当然,也有专家透露行业一线目前还根本顾不上或看不懂高校里的研究成果,可能这也是业界相对滞后的一大原因。上海东方艺术中心林宏鸣呼吁艺管教育界要为实践工作者插上理论的翅膀,否则中国艺术管理的整体水平无法提高。而当今不管是营利性还是非营利性的艺术机构,对行业多年的发展几乎从不作科学的分析与评估,即使总结了也多是官样文章,这是又一个非常大的问题。"学界不能只靠毕业生去影响业界,现在是时候深入一线了,在总结实践的基础上提炼艺术管理思想、原则与方法,引导剧院团、美术馆的董事长、总经理更新观念,拓宽视野,提高理论修养",业界认为这是当前最为期盼的。

艺术管理学界与业界哪个领先哪个落后?来自高校的教师认为在不同地区或不同场合会有不同的表现,从局部的观察不能形成整体的判断,必须作具体的细分。周晓音老师说，近看港台地区，远观欧美国家，艺术管理都是先有实践，后有理论，理论的提升不可能一蹴而就，需要一个漫长的积累过程，作为支撑性举措，采用实践工作室教学模式就显得尤为重要。迈克尔·以利教授表示，学生应该是实用型的理论家，在理论学习之后，带领学生进行实地操作与考察，将所学的理论运用到实践中，并在实践中检验知识，总结利弊得失，这是学生培养以及艺术管理教育所应呈现的最好的状态。

在主题论坛对谈环节，更多代表加入进来，大家从各自角度出发，或以案例说明，或以理论阐述，在论辩中逐渐取得诸多共识。其一，艺术管理学界与业界已经建立起共同的话语系统，大家可以在这个语境里平等对话、友好交流。这是学界和业界的共同进步，也说明中国的艺术管理教育已经到了一个新的阶段，并将促进艺术管理新的生态形成。其二，学界与业界确实要接轨与融合，但专业教育与行业发展毕竟不是一码事。作为教育体制，艺术管理专业不仅应面向行业实践，而且要背靠学科建设，二者缺一不可。通常说来，行业实践资源不等同于专业教学内容，而专业教学成果也不等同于行业实践指南，无法照抄照搬，而是需要创造性的转化。其三，在艺术管理人才培养过程中，不能把知识与能力、理论与实践割裂开，要坚持学用结合的再平衡，根据办学层次和类型，有的系科可以侧重专业理论，有的系科可以侧重行业能力，总的要求是培养既有理论素养又有管理技巧的复合型人才。

四、多元文化语境的新课题

自中国艺术管理教育学会创建以来，每届年会往往会有新的议题版块、新的会务做法，而且也常常提出新的思想观念、新的学术命题，从而带来艺术管理专业教学和科研的整体提升或根本变革。为何以及如何开展多元文化语境下的艺术管理教育即是本次年会针对艺管教育因应社会需求特别设定的论坛主题,自然也是本年会的讨论热点。舍伯恩·拉芙琳教授作率先对此专题发言,于建刚、何康国、郑新文等人积极呼应,一场头脑风暴点燃了全场的学术热潮。

联合国文明联盟提出:"鉴于世界上四分之三的重大冲突都涉及文化方面的问题,所以维持和平、稳定与发展的首要条件仍然是寻求一个弥合不同文化之间的鸿沟的办法。"[①]确实,"全球化和跨国主义为艺术管理教育者创造了机会,去创新我们为学生日后参与艺术管理领域做好准备的方法。未来的艺术管理者必须成为全球公民"[②]。"全球公民"被定义为"带着一种包容世界上各种文化的心态去参与它们的人,他们认同多样化存在的价值"[③]。大家认为,作为教育者,应该在教学中更多地鼓励学习艺术管理的学生了解多样化和多元文化主义的价值,引领文化与社会朝着生态化的方向发展。

于建刚老师结合戏曲当代传承与国际传播的实际情况,具体阐述了多元文化的基本特点:一是更加注重个性化,二是必然具有包容性,三是可选择的丰富性,四是文化在本质上是多元的。艺术管理包含了人文历史、区域传统、社会网路以及科技应用。艺术管理教育意在提供一个所有参与者能够互相连结的平台,在这个平台之上大家可以互相交换资源、创造机会、携手发展。因为唯有当艺术管理教育成功的时候,才可以将整个国家带往文化高度体验与消费的发达国家之林。何康国老师指出,台湾地区的艺术管理教育在十年前经过全面的全球化之后,近三年又回到本土在地化,专注于区域文化的发展。从创意、科技、产业这个循环走过一遍之后,又回到文化源头,整个社会都十分强调多元文化共生。与会学者认为,多元文化语境不只是教育遵循的理念,而且还是教学坚持的方法,

---

① 2016 年 11 月 12 日舍伯恩·拉芙琳在第 11 届中国艺术管理教育年会"主旨演讲"环节的发言。
② 同上。
③ 同上。

需要在师资、生源、课程等方面作整体的变革。郑新文老师着重介绍了两岸四地中高层艺术管理人员课程研修项目的具体做法，引起大家的关注。

舍伯恩·拉芙琳教授在主题发言中从学术和实践的角度探讨美国的艺术管理教育为何以及如何让多元文化环境更好地适应课程和教材的问题。从分析美国人口结构变化、经济社会变迁入手，拉芙琳教授指出美国艺术管理教育正处于不断增加的多元文化的情境之中并进行了系统分析，她说，作为艺术管理教育者，我们有责任把人类共有的研究结果以及已被证实有效的策略应用到对学生的培养上来，使他们在未来能够成为文化领导者和世界公民。拉芙琳教授详细探讨了如何把多元文化有效融合到人才培养的全过程：在教学方面，要把多样化和多元文化主义的教学模块分配到各门课程中，而不是集中在一两门课程，这样才能得到整体的教学成果；在课堂领域，采用协同练习、视角场景等方法，让学生参与各种场景与各地区或国家的人共同协作，去接触某个东西，发掘这些东西自身的前设，从而产生经验；在文献的学习中，使那些场景和个人的经验产生关联，这对改变那些长期对有些人持有的偏见和反感，也是有效的方法；在课程之外，招收多样化群体的学生是一个重要的营造交流和学习方法的策略。另外，不管是多数还是少数人群，所有的学生都必须接触不同的领导风格，从而鼓励他们从中学习或是改进本身的领导风格。

与会教师感言，过去在教学中虽然也贯穿了具体针对性的原则，尽量去克服单一的、教条的内容与形式，但是并没有形成多元文化这样一个统摄性的概念。今天我们面临的多元文化环境更加复杂多变。从具体的教学环境来说，我们受到了来自学生的挑战，而学生毕业之后又会受到来自职业的挑战，以前的做法已经很难奏效了。我们需要用全新的思维去想象这个过程，积极面对这些变化。所有的艺术管理教育者都必须做好准备，通过自身的调整，积极塑造这个新建专业的教学模式，在课堂内外引导学生学习如何与这个愈加多元化的社会合作，适应艺术管理的多样性环境，并为其服务。

五、站在第二个十年新的起点上

专业教育总是在对社会的适应与超越的矛盾交织之中前行。与会师生把此次年会视作中国艺术管理教育学会新一个十年的起始点,认为这不仅是对过往十年所有积累的全部继承,更应该是对未来作出规划的关键契机。董峰老师认为,在第二个十年新的起始点上,中国艺术管理教育正处在新的时代征程上。向外环视,文化行业乃至经济、社会领域的进展、演变,可谓变动不居、万象新生。随着世界经济的飞速发展及各国政治体制的不断变革,过去的观点、原则和理论受到市场的严峻挑战,当代艺术管理应该创新,但创新的使命、原则和维度又是什么?在文化+的语境下,艺术管理是什么?在哪?何为?对此,我们必须前瞻性地思考并整体化行动。向内省视,不管书画市场、演艺市场还是影视市场,都正处于蓬勃发展之中,而公益性艺术机构、小微类艺术企业更是在公共文化服务体系、非遗文化传承等国家战略支持下获得前所未有的发展可能性。

在发言中大家尤其关注来自社会的新挑战。余丁老师指出,在跨界融合、互联网+、双创教育的社会背景之下,艺术管理教育越来越成为多学科、多领域的交叉地带,过去说艺术管理是管理学、艺术学、经济学的结合,而现在更应该包括科技、工程、金融、商业、城乡建设、遗产保护等方面的融合,所以跨学科融合将成为艺术管理教育未来的发展方向。林一老师在书面发言中提出,中国艺术管理学科必将成为世界文化发展的新生领导力,从而拓展艺术管理学科的功能配置。世界各国无不重视文化软实力建设,而艺术管理学科不仅引领文化软实力的传承、传播与创新,而且承担培养文化传承、传播与创新所需要的领军人才的重任。中国艺管学界与世界同行开展深度对话的时机已经成熟,培养跨文化艺术管理人才已是当务之急。

在第二个十年的起始点上,来自各院校的艺管系科主任围绕区域性乃至全国"十三五"文化战略规划深入探讨了艺管专业的未来发展之路。大家认为,发展艺术管理学科需要荟集具有原创性、前瞻性的艺术管理商业思想、经营理论及实务操作研究成果,需要加强艺术管理领域的政府咨询、行业发展、专业教育、学术研究的联动。大家赞同"全力建设艺术领域应用性、平台型公共管理学科体系"的观点,而平台则包括:针对院校艺术门类齐全、艺术资源丰富的优势,做院校艺术资源向社会进行展示、推广、服务的平台;针对区域文化引领经济转型、社会升级的战略,做产、学、研融合对接的平台;针对中国文化走出去的需要,做中外合作办学、艺术跨文化交流的平台。

与会人员普遍认为,一校一专业的持续发展离不开艺管教育生态的整体塑造,反之亦然,这是学术共同体的价值所在。中国艺术管理教育学会创办十年以来,愈加规范,愈加产生效益,从而形成了鲜明的优势与特色:突出教学的交流与研讨,注重学生的培养与成长,强调产学的对接与合作,坚持国际交流的深度与成效。在这一年一度的专属全体艺管者的盛大年会,大家用真诚和智慧开展师生共话、产学对接、中外交流,学术之进展在此推促,学科之建设在此提升,学人之友谊在此延续,这就是中国艺术管理教育学会以及各高校艺术管理院系生命力之所在。

站在第二个十年新的起点上,全体与会者无不认为中国艺术管理及其教育的信心和方向全都寄托在大家的责任和使命之中。对于新兴的学科、非营利的学会以及教育共同体的学人来说,艺术管理是具体而真实的,所直面的就是不同门类艺术的项目运作、机构运营和市场营销,以及由此所联系的相关议题,所要达成的目标就是以艺术的方式让这个社会一点点地变好。大家期盼学会葆有更加开阔的视野、包容的胸怀以及更具长远意义的战略,吸引文化领域学界、业界、政界以及海外相关专业的学者,并通过对艺术管理学科的建设,对这一专业教育的探讨,积极应对多元文化语境赋予艺术管理教育的机遇及挑战。

原载:《星海音乐学院学报》2017 年第 4 期

延伸阅读书目:

1. 尹文婷、隋欣:《多元文化语境下艺术管理教育的现状与发展趋势——关于第十一届中国艺术管理教育年会的综述》,《艺术研究》2017 年第 1 期。
2. 王文鑫:《艺术管理的建构与边界——2015 首届视觉艺术管理教学研讨会》,《天津美术学院学报》2016 年第 6 期。
3. 赵崇华:《跨文化语境下艺术管理的发展途径与方式选择》,《艺术百家》2016 年第 6 期。

艺术管理学科的阶段特征与未来走向

参加今天这个会议,大家的心情和过去都不一样。感谢上海戏剧学院和中央美术学院,终于在教育部给艺术管理专业办了"官方户口",取得了 130102T 的身份证代码。这是多少人多少年的心愿呀,学生似乎比老师还开心。去年在星海音乐学院那届艺管年会上很文学地抒发悲观感慨的同志,面对今天的喜人形势不知该作何感想,反正大家看到了在专业建设上是敢想敢做的人成功了。今天我受黄昌勇院长委托,对中国艺术管理教育发展情形作简要总结,谈一谈艺术管理在专业高等教育体系中是怎样一步一步发展起来的,艺术院校为什么要建设艺术管理学科与专业,以及艺术院校为什么能建设艺术管理学科与专业,目前这个学科专业处于什么样的状况,今后发展这个学科专业面临什么样的形势与任务。学科专业建设中的这些基础性、普遍性问题,确实是时候需要更多人反思、总结和研判了。目前已有多篇论文关注了此类议题[①]。我这里主要通过三个关键词——标志性事件、社会性关联和专业性自觉——试图把这些问题以及对这些问题的思考和大家说清楚。

---

① 探讨艺术管理教育演变与发展的文章有多篇,如程姝:《艺术管理教育现状与发展的思考》,《佳木斯教育学院学报》2009 年第 4 期;郑川:《当代艺术管理教育的科学发展》,《艺术教育》2010 年第 7 期;苏怡和:《台湾艺术管理学科发展研究》,《广告大观(理论版)》2016 年第 1 期;赵乐:《美国艺术管理高等教育与学术发展路径研究》,《黄钟(武汉音乐学院学报)》2018 年第 4 期;宋彬彬、张令伟:《新时期中国艺术管理教育发展的研究探索》,《中国高等教育》2019 年第 20 期。

一、标志性事件

成功获批教育部艺术管理本科特设专业是艺术、管理与教育三个不同部类相互牵手、联姻进程的一个标志性事件。这个标志性事件不仅属于上海戏剧学院、中央美术学院这两所高校,也不仅属于中国艺术管理教育学会这个专业组织,而且更属于中国艺术学门类以及中国高等艺术教育。如果我们不能从这个高度与完整性来审视这一标志性事件并采取有效的行动,那么势必会造成艺术管理学科专业前行方向的偏离和发展动力的缺失。为什么这样说呢? 可以从三个方面来解释。

其一,2011年艺术学门类升格与本科专业布局。经过几代人艰辛而不懈的努力,2011年艺术学终于从文学门下脱离出来一跃而升格为门类,分设艺术学理论、美术学、设计学、音乐与舞蹈学、戏剧与影视学这5个一级学科,这一壮举堪称中国高等教育发展的历史性突破。然而多年来一级学科艺术学理论始终没有摆脱名与实的质疑、争议和论辩,其下仅设一个本科专业——艺术史论(代码130101),学科等于专业的尴尬也被视为学科不成熟的表现。专业新建根源于社会需求下的学术积累,也必将促进适应社会的学科发展。今天艺术管理获批艺术学理论一级学科下特设本科专业,则在专业建设方面把学科发展进一步夯实了,使艺术学理论这个一级学科真正拥有了理论艺术学和应用艺术学这样更加完整的学术格局。大家知道,在教育部本科目录之外特设专业是受到很多政策限制的,能够顺利获批下来是非常艰难的一件事情,这里面有无数人付出了无数的努力。艺术管理获批之前有首都师大2016年获批历史学门类下文化遗产本科特设专业(专业代码060107T),我曾经两次应邀前去参加他们的专业增设论证会,深知其中的艰辛和困难,也更能明白成功特设的意义所在。2017年3月16日教育部发文公布2016年度普通高等学校本科专业备案和审批结果(教高〔2017〕2号文),上海戏剧学院和中央美术学院大名赫然在列,这是艺术学门类五个一级学科里第一个也是唯一一个特设本科专业,此举对于艺术管理领域专业教育、行业发展的意义和影响必将随着时间的推移而超出大家预料地显现出来。

其二,2013年艺术管理本科专业方向办学困境与出路。2013年起,教育部借治理整顿艺术类专业招生乱象之机,出台了一系列比较强硬的招生管理举措:艺术类院校不得按专业方向招生,专业方向不得出现在招生简章里,减少专业加试的次数,逐步提高艺术类专业的文化成绩,普通类专业不得在艺术类目录里招生;非艺术院校(31所独立设置院校和拥有艺术学硕士点单位除外)艺术类专业实行省级联考,招生简章必须经过教育部审定。这些刀刀见血的举措当时虽然在整体上起到了正本清源、"阳光招生"的效果,但是现在看来颇有一刀切甚至矫枉过正的嫌疑,也不符合国务院大力推动的权力运行"放管服"逻辑。作为专业方向的艺术管理由此突然面临发展上的政策困境,有些院校甚至被迫停招了,而当时坚持下来的应对之举,一是退缩到美术学、音乐学、电影学等目录专业继续办学,但在招生简章与毕业证书里看不到艺术管理了;二是,改换门庭申报文化产业管理或艺术史论专业,比如2014年教育部共计批准13家院校新设文化产业管理本科专业,20余家院校新设艺术史论专业。大家知道,大学教育有其规定的内涵与要求,文化产业管理和艺术史论并不完全适合作为本科专业开在高校里,况且艺术院校无力承接文化产业学科以及不具有研究艺术史的优势,已有现实和理论的双重依据,因为大家认为二者更应该设在文科综合性大学。所以那段时间艺术管理何去何从的生死抉择成为专业坚守者挥之不去的心病。一门新专业的成功申报是个别院校直接完成的,但专业获批所取得的代码却是可供大家自主使用的,这是新设专业的惯例。因此,上海戏剧学院和中央美术学院成功获取艺术管理本科专业代码,等于为全国艺术管理院系免费提供了办学的护身符和尚方宝剑,大家终于可以一改过去那样总觉得低人一等而在各种场合开始扬眉吐气了。可以想见,从现在开始将逐步掀起各家艺术管理院系向教育部专业备案的热潮。

其三,2015年艺术管理专业申报的社会条件与基础。2015年3月,教育部高教司要求各"教指委"制定本科专业设置国家标准。艺术学理论类专业教学指导委员会组织专家在苏州讨论、制定艺术史论本科专业国家标准草案,当时在上海戏剧学院黄昌勇院长的倡议下,艺术学理论类专业教指委顺势提前为尚在筹备申报中的艺术管理本科专业也拟定了国家标准草案,预先设置了专业代码,黄昌勇、王一川、彭锋、夏燕靖、董峰等学者参加了这项工作。在此前后,艺术学理论类专业教指委多次讨论艺术学理论本科专业扩容和艺术管理本科专业特设议题。同时,上戏、央美、南艺、北舞、天音、国戏等大概六七所艺术院校开始各自向教育部递交艺术管理本科专业申报方案。这就是当时艺术管理高等教育的发展情势,一方面走在大家前面的艺管院系为获取专业代码纷纷付诸实际行动,另一方面有识之士在更高层面为专业申报创造学术条件和政策氛围。

今天大家汇聚这里共同分享上海戏剧学院专业获批的经验,研讨专业建设的思路,展望学科发展的愿景,也预示着2017年中国艺术管理教育将开启新征程,谱写新篇章。北京大学艺术学院将在今年6月22日—23日举办中国艺术管理教育学会第12届年会,紧接着在6月26日—30日举办世界文化艺术管理大会[①]。这两个会议离现在还有不足一个月的时间,希望大家将聚首美丽的未名湖畔,共襄艺术管理教育的盛举。上海

---

① 世界文化艺术管理双年会(International Conference on Arts and Cultural Management)是由世界文化艺术管理学会主办的代表世界文化艺术管理发展最高水平的世界性的学术会议。会议创办于1991年,至今已有26年历史,是全球从事文化艺术管理的学者和业界人士发布最新研究成果、交流最新发展动态的最高平台,每届会议吸引300至500名来自全球各地的代表参加。会议每两年召开一次。至今为止,世界文化艺术管理双年会已经成功举办了13届,过去13届均由北美和欧洲的大学轮流承办,从未登陆亚洲地区。第14届世界文化艺术管理双年会在北京大学召开,是该会议首次进入亚洲。随着中国文化产业的不断发展壮大,国家对文化产业的支持力度不断加强,以及世界对中国问题的关注也越来越密切,该会议进驻中国,必将促进中国文化艺术管理学科的发展和行业的发展,成为中国与世界在文化艺术管理领域深度对话的一场盛会。

戏剧学院联合上海人民美术出版社共同创办的《艺术管理(中英文)》期刊将于明年出版发行,期待在坐的诸位都将是国内第一份艺术学理论下艺术管理领域期刊的热心读者和珍贵作者。可以相信,从 2017 年起中国艺术管理教育发展的大幕已经渐次拉开,一件件大事正在或将要上演。

二、社会性关联

中国艺术管理教育从起始之初及至各个发展阶段都是与整个社会环境紧密关联的,这种关联性在不同时期以及不同地域具有不同的表现。

1. 中国艺术管理教育演变的阶段性

本人比较早地关注了艺术管理教育起源问题,在不同教育类别的开创和分期研究上与马明、张伟、韦铀等作者持类似观点[1]。然而对这一议题最新的见解当属陈楠和刘靖主编的《表演艺术管理与音乐产业运营》[2]一书提到的:1938 年鲁迅艺术学院在延安成立,并设置了"剧团组织与管理"作为艺术管理教学的课程,并认为这是是目前所能追溯到的中国最早的艺术管理教育。遗憾的是该书并未对此作出详细论述。如果将课程视作教育的起源,无疑可以将中国艺术管理教育的出现提前 50 年,但是就人才培养的整体性而言,本人认为教育的兴起若以专业为依据实则更为恰当。由此,我在这里依照教育学理论,从职业培训、专业开办、院系设置等指标区隔,将具有现代意义的中国艺术管理教育(本科专业特设之前)的发展演变划分为四个阶段,需要说明的是,这里讨论的内容不包括

---

[1] 如《新时代中国特色艺术管理教育研究探索》(马明,《艺术百家》2018 年第 4 期),《新时期中国艺术管理教育发展的研究探索》(宋彬彬、张令伟,《中国高等教育》2019 第 20 期),《双一流背景下艺术管理学科建设研究》(李艺璇,硕士论文,2020),《论艺术管理的专业属性与人才培养》(张伟、冯超、耿阳,《美育学刊》2020 年第 5 期),《新文科理念下交叉专业培养体系构建——基于艺术管理专业改革发展的探赜》(韦铀、吕怡乐,《广西教育学院学报》2021 年第 5 期)等论文都有相关论述。

[2] 陈楠、刘靖:《表演艺术管理与音乐产业运营》,上海:上海音乐出版社,2018 年。

台港澳地区。

（1）新中国成立至改革开放前。在中国知网检索，1956年前后逐步有了谈论艺术管理的文章，主题包括院团管理企业化、院团管理的放手与领导、院团财务管理等。实践往往走在理论的前面。1955年9月，北京电影学院举办首届制片管理专训班，为期2年，共招收学员28人，这一举措既有当时社会的背景和意义，更成为中国艺术管理教育的重要源头。1958年，河北省文化艺术专科学校开办文物、博物馆专科。想必，在知网检索之外，1958年前后，还有不少省份像河北这样开设类似的专科教育。作为最初阶段，这一时期的艺术管理及其教育可以概括为艺术管理观念的逐步生成与教育的大胆尝试。从文献可知，当时主要是少数的文艺院团、博物馆负责人最先开始做这方面的工作。

（2）20世纪80、90年代。1979年后，谈论艺术管理的文章多了起来，主要在戏剧管理、电影放映以及文物保护方面。有的内容涉及整顿改革院团体制、激活优化内部管理、改进完善日常行政管理等方面。1980年，陕西人民艺术剧院在一份材料中提出剧院（团）的工作是一门科学，是有其规律可循的。此后，不断有人呼吁尽快建立中国的文化艺术管理学科与专业，明确提出要专门培养艺术管理人才。1983年，上海戏曲学校举办"艺术管理专修班"，中央文化管理干部学院成立文化管理教研室。80年代中后期，以干部培训、成人教育为主的人才培养多了起来，上海、北京、武汉等城市是其中办学集中的地方，尤其是上海，在政府的推动下，1987年，上海交大、上海大学等高校相继设置了研究生、本科、专修科三个不同层次的文化管理专业。南京艺术学院1988举办"文化艺术管理"成人大专班，历时3年，主要设置文化管理、电影管理、剧院团管理、图书发行等短、平、快的实用专业。与此同时，在1987年前后，一批艺术家、文化官员陆续出国访问欧美，在参观、考察美术馆、剧院团及其活动的过程中，他们强烈感受到一种新的力量——艺术管理——在中国落地的必要和可能。恰是1987年，一本《艺术管理与剧院管理》经翻译出版。此后，艺术管理与教育的国际交流兴起,在政府部门推动下,中外艺术管理人员"走进来"与"走出去"日益频繁。

这一阶段艺术管理教育的特点是,与艺术管理行业实践走向规范化与探索市场化相适应,艺术管理专业教育得以落地与塑形。回头看,那时专业教育所处的社会环境,所面临的行业形势,所要培养的专业人才,所要前行的发展方向,等等,可以形象地概括为"焕然一新,生机勃勃"。因为经济与社会原因,这类专业教育主要发生在北京、上海、武汉和南京等地,文化部、艺术院团、高等院校相关人士在教育落地与塑形上发挥着关键作用,尤其是文化部高占祥、英若诚、戴碧湘、汪建德以及王文章、李军、龚心瀚、商尔刚等人,有的虽身扛领导要职,但助推艺管功不可没。

(3) 2000—2011 年。21 世纪以来,艺术管理专业以本科教育为主首先在艺术院校兴办,教学呈现多样化特点,其中 2001、2006 是两个重要的年份。2001 年,南京艺术学院在音乐学目录下举办艺术管理本科专业方向,这是综合性艺术院校第一家;同年,中央戏剧学院率先举办表演类艺术管理专业,设置演出制作管理和艺术院团管理两个教学方向;2003 年,中央美术学院创建的艺术管理专业是中国第一个视觉艺术管理的专业,专门培养艺术经纪人、艺术策划人和文化管理者。到 2006 年,兴建艺术管理系在艺术院校形成了高潮,而且艺管专业开始从艺术院校以学科交叉的形式向综合类、管理类、经济类高等院校延展;在这一年前后,由于文化产业管理本身存在空泛、散乱的弊端,其教学也向艺术管理下沉,于是两者呈现高度重合趋势;也是在这一年,中国艺术管理教育学会应运而生。

同样是在 2006 年前后,不少院校借助艺术史论学科平台招录艺管硕士研究生,于是艺术管理从本科教育向研究生教育提升。2010 年前后,中国艺术研究院、南京艺术学院、上海大学率先招收艺术管理博士研究生,此后上海戏剧学院、中央美术学院、北京大学、东南大学纷纷跟进招录博士研究生,从而标志着艺术管理已经形成了本、硕、博一套完整的教育体系。这一时期,艺术管理教育国际交流频繁且深入,包括组织国内教师外出访学、留学,邀请国外师资来华授课、讲座,以及支持年轻人出国攻读艺术管理学位,翻译外国艺术管理图书资料,对中国艺术管理教育的内涵建设起到了重要的推动作用。

这一阶段的特点是艺术管理高等教育规模与结构的完成。一大批高校老师(中国艺术管理教育学会的发起人和主事者为甚)成为专业建设的主要力量,艺术行业人士和政府文化官员也发挥了巨大作用,国际交流日益频繁且以学习欧美经验为主。形成艺术管理教育规模发展直接的外部背景是中国高等教育扩招,直接的内部可能是艺术学学术转向与学科增长,积极的环境是社会主义市场经济体制的确立,制约因素是教育体制改革和文化体制改革不充分,艺术院校行政化色彩加剧,人才培养质量欠缺,艺术院团市场化运营依然滞后,艺管人才容量狭窄。这一切使艺术管理教育的发展长期面临需求旺盛与内涵欠缺的两难处境。

(4) 2011—2016年。艺管专业在艺术类院校基本完成布局,并大规模挺进综合、财经、公管、政法等类院校。实践性教学成为重要的人才培养手段,具有侧重艺术管理的艺术学与管理学高层次人才和具有海外留学背景或行业实践经验的专业性人才纷纷加盟艺管师资队伍,艺术管理师资更加主体化,由此带来主干课程更加核心化,专业教学更加内涵化。国际化课程规模逐步加大,国际交流更加丰富且逐步进入合作阶段。由于条件成熟、时机具备,这一阶段重要的任务是争取在艺术学理论一级学科下成功申报艺术管理本科专业。从2014年起,上戏、北电、北舞、央美、天音、南艺等院校先行一步,已向教育部递交新增专业申报材料,而教育部艺术学理论专业类教指委、中国艺术管理教育学会、《中国文化报》《艺术教育》都在利用自身资源积极促进、推动专业申报工作,2016年申报的结果在2017年公布。

这一阶段是艺术管理学科专业合法化建构的关键时期,在政产学研各界集体行动中,关键性的学者、专家(主要是教指委和艺管学会)发挥了引领或者支撑作用。中国进入新的历史发展时期,全面深化改革成为时代主题,文化成为国家发展战略,不管是文化软实力、文化创意融合、文化公共服务体系、文化走出去,还是艺术市场、艺术机构运营、艺术项目运作等,都对艺术管理学术研究和人才培养提出新的更高的要求,但是教育与文化领域"放管服"的政策规定有待破题,国家权力与市场机制之间的关系时有错位,这又限制或阻碍了艺术管理及其教育的发展。

2. 中国艺术管理教育院校及学科分布的差异性

中国艺术管理教育发展进程需要从学科布局的视角来理解艺术管理专业的设置。在门类学科领域,普遍的共识是把艺术学分设为理论艺术学和应用艺术学两个部分,就像经济学分为理论经济学和应用经济学那样。艺术管理获批为独立专业类别,这是 2011 年艺术学门类升格以来,5 个一级学科里第一个也是目前唯一一个本科特设专业,从而使艺术学真正拥有了理论艺学和应用艺术学这样更加完整的学术格局。在另一个层面,艺术院校应以艺术创作、艺术史论、艺术教育、艺术管理、艺术科技等专业领域来构筑完整的学术生态和教学体系,而不是一味地追求艺术创作者和艺术研究者的培养,其实艺术教育工作者、艺术管理工作者才是大部分艺术院校面向就业市场进行人才培养的重头戏。

(1)从院校分布来说,艺术管理专业在艺术类院校的兴起早于经管类院校,这与美国不一样。这分别说明什么呢?艺术院校更清楚艺术行业的需求,而艺管教学往往是经验性的,侧重实务类和应用性,但是这一块基础理论薄弱。经管类院校是把企业管理知识借用到艺术行业中,如《票房营销》《艺术管理这一行》就属于这种方式,虽然有了管理工作的分析工具和操作方法,但是缺少艺术本身的温度和品质。后来人文类、教育类院校开始介入艺术管理专业,重在反思与研究,重在艺术普及。目前艺术管理专业的院校分布呈现多样化格局。

(2)在艺术院校内部,艺术管理专业在音乐表演类系科的兴起早于美术设计类系科,在教学形制方面也是前者比后者更加规范、严格。这又说明什么呢？当然与展览项目和演出项目的区别有关，与书画市场和演艺市场的区别有关，与美术文博机构和演艺影视机构的区别有关。比如说，就目前来看，书画作品展览的组织虽然已不像过去那样松散，但是其市场化程度还是比较低，严谨的工作流程、专门的票房营销还没有摆上议事日程；然而面临财务压力的演艺活动在市场体系中更加组织化，也更加商业化，其演出时间的控制是按秒计算的，而门票也需要一张一张地卖出去。

（3）在整体的意义上，综合性艺术院校多以人文公管学科为依托创建艺术管理专业，单科性艺术院校多以艺术史论和技法学科为依托创建艺术管理专业。从学科归属来说，艺术管理作为专业方向大致分布在门类艺术学、艺术史论、公共事业管理、文化产业管理等专业类别里。目前已有两所专门艺术院校的艺术管理获教育部批准特设为本科专业，将来的趋势大致在艺术学、管理学、教育学领域分别设置。

3. 中国艺术管理教育演变的地域差异及其缘由

这里自然引申出一个深层次的问题：对中国艺术管理教育发展演变过程如何看，因为只有如此才能明晰下一步中国艺术管理教育往哪走。教育作为社会的子系统，既具有自身的独立性也具有社会关联性。总体来说，中国艺术管理教育从起始之初及至各个发展阶段，与社会环境都是紧密关联的。这种关联性在不同时期以及不同地域具有不同的表现。

如果把港台包括进来，可以发现大陆地区和港台地区艺术管理的社会关联性各不相同，对两者进行比较，更容易看出各自的轨迹和逻辑。大陆艺术管理教育起始与演变首先是基于本土需求而内生，其次是逐步借镜西法而外延，而且在时间点上与欧美几乎同步。有文献指出港台艺术管理教育主要沿袭英美的理论与体制。大陆艺术管理教育既是延续的也是断裂的；或者说在整体上是延续的，在阶段上是断裂的。这与中国大陆的经济体制改革、政治体制改革、文化体制改革是合拍的，这些领域的改革是非线性的，是曲折反复的。从空间分布来说，举凡经济的市场机制比较充分的地区,文化中的艺术活动就随之活跃。当然文化与经济之间的关系相当复杂,讨论经济发展时,有文化决定论、制度决定论以及相互作用论;同理,讨论文化发展时也有相类似的表述。大陆艺术管理教育过去主要是对社会环境的依附/适应与匹配,今后将更加表现为对社会发展的超越/主导与引领,当前处于转变期。

三、专业性自觉

艺术管理教育在今天以及今后将更加表现为对社会发展的超越/主导与引领,由此,针对全体艺管学人提出专业自觉的概念并在此基础上完成整个师资队伍的教学素质转型与科研能力重塑。

在解读标志性事件、洞察社会性关联的基础上必须达成专业性自觉。这里说的是自觉而非自信。自信是乐观向上的情绪,自觉是清醒向下的态度。专业性自觉需要在学科建设过程中思考并回答三个问题:一是大国崛起、文化兴邦的历史进程中,艺术管理学科到底应如何作出自己的贡献?二是全面深化改革、新一轮"放管服"深化推进过程中,各类艺术管理院系到底应如何办学?三是在逐步热闹的声势中,艺管学人如何静下心来扎扎实实地做教学、做研究?这三个问题对应着三个层次的构想。

1. 构建具有中国气象的艺术管理思想、原则与方法体系

整个社会正在进入文化大发展、科技大变革,甚至以文化、科技为主导的时代,文化创意、科技创新更是成为国家发展战略的核心议题。作为文化建设的重要推动力量,艺术管理在各个艺术行业乃至文创、旅游、休闲、教育等领域空前蓬勃发展,艺术管理教育对内的文化推动力、对外的世界领导力已经显现。目前剧院团、美术馆等机构数量庞大且事务复杂,影视、演艺、书画等市场容量均超百亿元而跃居世界前列,传统艺术复兴、公共艺术普及、中外艺术交流等在政府支持下发展空间尤为巨大。不仅

如此，在致力于中华民族文化自信的语境下，构建具有中国气象的文化艺术管理思想、原则与方法体系，更是这个时代义不容辞的使命。

2. 区分艺术管理教育"人文、市场、技术"的类别与层次

作为本科专业建制，艺术管理不仅拥有最为本质化的人才培养规格和最为一般性的课程体系要求，而且也具备适应于每所院校办学传统、资源以及学校所在区域的经济、文化发展水平与需求的特色化的培养方向和教学方案。从这个理路来说，艺术管理教育必须坚持分类型、分层次办学，以避免趋同化、标准化，从而达成人才培养的社会针对性和适应性。如何分层次、分类型办学？通常说来，艺术管理作为教育体制，可以从"人文、市场、技术"三个方面把握内涵，人文方面对应艺术管理的思想与学术，市场方面对应艺术管理的营销与运作，技术方面对应艺术管理的制作与执行。各家艺管院系可以在"人文、市场、技术"三个方面区分类别与层次，选定其中一个方面作为办学的优势所在和特色所在，当然也可以对其他一个或两个方面有所兼顾，但必须突出那一个方面，进而在课程设置、师资选聘、学生培养上完整地体现出来。筹划专业建设时，切忌把全国简单机械地学了一遍，最后拼出一锅煮的办学方案，因为现在"考察就是拷贝"已成为时代顽疾。

3. 完成艺术管理师资队伍教学素质转型与科研能力重塑

在当前情势下，专业性自觉必要且紧迫，而专业性自觉首先是教师尤其是年轻教师在教学和科研上的自觉。但现实情况的是，与成熟学科相比，在整体上而言，年轻教师队伍中不同程度存在着"教学成效低，科研成果少，职称评聘慢"的短板，所以完成艺术管理师资队伍教学素质转型与科研能力重塑势在必行。

第一，明晰专业大势，深入行业一线。作为艺术管理专业教师尤其是没有行业经历的专业教师，需要全面明晰专业大势，紧密跟踪行业一线，否则就是空对空的教学与科研。首先是艺术管理教育大势，其次是艺术行业发展大势，再次是国家文化政策大势。政府文化部门颁布的文件，各

类中介机构公布的数据，都是艺术管理教师需要熟悉的知识。年轻教师还要和学生一起直接走到学校所在地的各类艺术现场，或作挂职，或作调研，或作观摩，与行业人员对话，不说外行话，不做外行人。

第二，聚焦学术领域，细分研究方向。不少老师面对艺术管理似乎无从下手，好像什么课程都能教，结果什么课程都没教好；好像什么文章都能写，结果什么文章都没写好。艺术管理其实也是一个体系，不仅内部有着完整的构成而且外部也有着系统的联结。作为艺术管理专业教师尤其是青年教师，必须从专业外向专业内聚焦，从专业面向专业点聚焦，找准一个有价值的学术生长点，在此深挖细掘，逐步积累，必成专家。举例来说，有老师专门研究观众拓展，首先把观众拓展领域的直接及间接文献收集全并研究透，其次对观众拓展领域的整体情形和具体案例会整理并善分析，其三把相关领域的理论知识作为补充吸收进来，其四逐步形成自己的研究选题、研究思路及研究成果，最后把在观众拓展领域研究所获取的学养向艺术管理其他核心议题拓展、延伸。

第三，研习学科方法，解决实际问题。目前有不少艺术管理领域论文多属四平八稳的空泛之谈，初看似乎什么都说了，细究其实什么都没说。艺术管理领域没有放之四海而皆准的真理，必须加以语境限制和概念界定。由于经济学的介入，文化产业领域目前论文多是"选用一套理论、构建一个模型、分析一组数据、形成一个判断"写作模式，这种写作思路和方法值得艺管界学习，但值得注意的是，文化产业教学、研究人士很难像艺术管理教学、研究人员那样熟悉艺术机构，甚至外行，结果就极有可能存在两大缺陷：研究的问题是否真？选取的数据是否实？对于艺术管理领域而言，一个科学有效的研究必须基于事实和数据而生成，必须作跨学科的阐释，必须作系统的比较研究。当前尤其需要也尤其适宜的是解决艺术管理实际问题的小研究，哪怕只是发现一段新的材料、统计一组新的数据、提供一种新的视角、形成一个新的判断，对艺术管理学习者与从业者都是有价值的。

每一位教师都要进行学术研究,或在各项人才计划中具备竞争入选的实力,或在服务国家战略和重要创作设计项目的实施中作出重要贡献,或在国际国内重大展览中拿出有金奖分量的作品,或在解决经济社会发展重大课题和艺术发展前沿问题中找到问题并寻求突破,或在服务人民生活的改善中作出独特贡献,或在各项表彰奖励中讲出动人的故事。

原文出处:(1) 2017 年 5 月 28 日在上海戏剧学院"文化艺术管理(上海)国际会议"上所作的"艺术管理教育演变的社会关联性分析"发言,(2) 2017 年 6 月 15 日在西安美术学院所作的"基于社会需求的艺术管理学科重塑"讲座

延伸阅读篇目:

1. 陈楠、牟笑飞:《全国艺术管理专业建设阶段性与持续性发展研讨会召开的缘起——对艺术管理专业的内在逻辑与发展趋势探析》,《中国音乐》2013 年第 3 期。
2. 教育部:《关于公布 2016 年度普通高等学校本科专业备案和审批结果的通知》,教高〔2017〕2 号。
3. 姜楠:《我国艺术管理研究的热点领域构成与启示——基于 CNKI 2011—2015 年文献的分析》,《中国音乐》2017 年第 2 期。
4. 曹英、何勇、管顺丰:《跨学科融合背景下的艺术管理学科属性与研究范式探析》,《艺术教育》2017 年第 12 期。

艺术管理教育发展的学术支撑与思想引领

经过半年时间的紧张筹备，第12届中国艺术管理教育年会今天开幕了。前几天气象台预报的暴雨今天没有来，北京今天的天气反而变得更加温润清新。前些届年会都是在11月份举办的，这次提前到6月份，筹备时间缩短了，但各项会务仍井然有序，而且本次年会讨论的议题更加具有理论内涵，也更加富有现实针对性。在此，我代表全体与会人员、代表中国艺术管理教育学会，特别感谢北京大学艺术学院给予本届年会的支持。

经过将近20年的发展，具有现代意义的中国艺术管理教育，在各个领域皆是成就斐然。目前，基本形成了以艺术院校为主，综合性、文科类院校共同发展的办学格局；基本形成了从本科生到硕士、博士研究生完整的教育体系；基本形成了艺术管理行业实践、专业教学以及理论研究相互转换融合的人才队伍，积累了丰硕的学术成果，培养了急需的社会人才。在这一进程中，我们欣喜地看到，一批行业精英加入了艺管教育领域，一批80后艺管骨干教师已经成长起来。如同我们10年前对专业教师的理想化期待那样，如今一批优秀的艺管骨干教师一有学术潜力，二有行业经验，三有留学背景。这批青年骨干教师这些年逐步承担起国家社科基金项目和国家艺术基金项目，在更高的层面参与到国家文化建设中来，参与到推进艺术管理学科发展中来，从而提升了我们这个学科及学会发展的影响力和持续性。

而今年，注定将成为中国艺术管理学科发展的突破之年。在年初，教育部正式批准中央美术学院、上海戏剧学院设立艺术管理专业，专业代码

130102T。这是2011年艺术学门类升格以来，5个一级学科里第一个也是目前唯一的本科特设专业，从而使艺术学真正拥有了理论艺术学和应用艺术学这样更加完整的学术格局。现在，第12届中国艺术管理教育年会与第14届世界文化艺术管理大会①在全国最高学府北京大学同步召开，无疑为这个年轻的学科及其学会赋予更加厚重的学术内涵，创建更加宽阔的国际文化交流平台，其文化意义和教育影响不言而喻。也是在今年，酝酿已久的《艺术管理》学报即将获批公开编辑发行，正在筹办的人大复印报刊资料《艺术学理论》明确设置"艺术管理"栏目。所以我们完全可以说，艺术管理学从合法性到正当性已经成型且完备。

在具有现代意义的中国艺术管理教育创始阶段，主要以艺术院校办学为主，以应用性人才培养为主。北京大学是比较早地介入艺术管理学科建设的国际一流大学，在这里不仅有不少学者直接参与艺术管理高端人才培养和重大项目研发，而且还有更多学者在艺术美学、艺术社会学等基础学科上为艺术管理提供教学与科研的理论支撑，提供观察、审视艺术管理的有效视角和方法，从而使中国艺术管理教育在"技术""市场"两端之外又增加了更为重要的"人文"一端。由此，在致力于中华民族文化自觉的语境下，构建具有中国气象的艺术管理思想、原则与方法体系，成为真实的可能；构建艺术管理教育的中国学派，才可以成为真实的可能。

只有从技术、市场、人文三个层面推进艺术管理学科与专业建设，才可以形成完整的中国艺术管理思想、原则和方法体系。这个体系犹如一个稳定的三角凳，缺一不可。相比较而言，艺术管理教育在技术和市场层面已趋于完备和成熟，但是在学术、理论层面还比较薄弱。在艺术管理领域，用人文原创思想引领行业发展和教育实践，是对国家文化发展战略的积极因应，是推动并促进艺术兴盛与繁茂的最新课题，是学科之所以成为

---

① 本次大会共收到来自世界各地的投稿600余篇，从中筛选并确认在大会上发言的逾130人。来自世界46个国家和地区的近400名参会者分别参与了高峰圆桌论坛和7个分会场的专题会议以及博士生论坛，展开为期五天的深度交流讨论。

学科的全部理由。在经营类艺术行业如何对市场进行分析、评估、预判进而保证艺术市场良性发展？在公益类艺术行业如艺术公共服务、艺术遗产传承、艺术国际交流等，如何在政府支持之外寻求多样化的力量资源？针对艺术机构、文化企业、创意园区，如何以组织的变革来应对或引领社会的进步？这些议题都需要基于事实和数据的分析，在跨学科语境里进行学术观照、阐释和论证。

本届年会以"跨文化艺术管理"为主题，旨在共同思考在全球化与多样性并存的时代，中国艺术管理所面临的机遇与挑战；探讨当代中国艺术管理在让中华文化同世界各国人民创造的多彩文化一道，为人类提供正确精神指引的历史使命中，应该发挥的作用以及如何发挥作用；通过研究跨时空、超国界、跨文化的艺术管理理论创新、实践创新、教学创新，推动艺术管理学科的发展、人才的培养，促进文化艺术的繁荣和对外传播。在主题之下设有"跨文化艺术创新的组织形式与机制""跨文化语境下中国艺术经典作品的传播""跨文化艺术传播的受众培养与市场培育""跨文化语境下的创意表达与艺术传达"和"跨文化艺术管理人才培养"等子议题，以及每年一度的青年教师圆桌论坛。同时还特别开设了艺术管理双语教学圆桌论坛活动，这是基于艺术管理作为文化建设的重要力量，在提出艺术管理学科对内的社会推动力之后，继而提出艺术管理学科对外的世界领导力命题的智库因应。这些都迫切需要与之相匹配的跨文化艺术管理的人才培养、学术研究和社会服务。每一次世界大会都会出现新的学术思潮，带来一些理论的转向，引发一些新的教学方式。在互联网已经改变了人类生活方式的大背景下，大数据、虚拟世界、人工智能、量子信息场等高科技已经渗透在文化艺术实践的每个领域，在不远的将来，"数字艺术管理"将是行业发展的下一个风口。与此同时，"一带一路"战略的全球实施可能带来跨文化艺术产品"市场传播特性"及其研究的方法论成为艺术管理研究的又一个学术热点。

今天，全国各地艺管同仁怀着期待之情相约美丽的未名湖畔，在博雅塔边论辩学界的热点,探讨行业的发展,规划教育的愿景。蔡元培先生所倡导的思想自由、兼容并包不仅是北大的传统,也是国人的财富;不仅感召着在北大工作和学习的人,也激励着在北大开会和交流的人。为此,我们特别希望今天到会的 120 多位专家学者,紧密结合年会设置的主题,不重复过去的旧话题,不讲脱离实际的空话题,切实表达新的思考,真诚交流新的观点,努力解决新的问题。我们期待,在北京大学举办的这届年会,所凝结的成果可以比较完整地反映艺术管理学术研究的最新进展,可以比较清晰地预见艺术管理的变革趋势。我们相信,在座的诸位艺管同仁,不仅会在美丽的未名湖畔留下美丽的身影,而且将在精彩的北大年会上留下精彩的话语。

原文出处:2017 年 6 月 23 日在北京大学
第 12 届中国艺术管理教育年会开幕式上的致辞

延伸阅读篇目:
1. 彭锋:《从艺术体制理论看艺术管理》,《艺术设计研究》2014 年第 1 期。
2. 王一川:《照镜子、传基因和接新环——兼论艺术作为公民文化自信养成的审美中介》,《中国文艺评论》2016 年第 10 期。
3. 陈旭光:《北大艺术学本科专业教育:理念与实践》,《中国大学教学》2017 年第 10 期。

艺术管理专业的应用属性与实现途径

20世纪70年代末期以来,专业化的艺术管理教育在北京、上海、南京、武汉等经济活跃、文化繁荣的城市开始发端并逐步成型,经过90年代短暂的沉寂后,2000年开始走上了专业建制发展的快车道,目前不仅已经形成了完整的专业教育体系,而且成功纳入教育部本科专业目录(代码130102T)。尽管如此,从很多方面来看,这门专业仍处于内涵化的建构之中。虽然人们对于"艺术管理"这个术语早已熟知、理解并接受,但在艺术管理教育的一些问题上仍存有不同的观点,尤其在"办学层次以本科生还是研究生为主体""培养目标以学术还是应用为方向""课程体系以艺术还是管理为核心"等问题的认识上分歧更大。对艺术管理学科专业之定位、属性、特征等根本问题的不同理解与判断,不仅决定着人才培养的规格、质量和就业去向,而且影响着学科专业建设的成败,左右着它在一所学校的办学格局中是发展壮大还是被淘汰出局的命运。本文以具体院校的艺术管理系科作为叙述中心,串起一份份珍贵的原始教学档案,来描述和解释这个专业已然具有的应用属性与实现途径,从中既可以勾勒出中国教育现代化的梗概,也可以将它们视为复合、交叉、应用类新兴本科专业建设的成功案例。

一、焕然一新的办学及其缘由

南京艺术学院艺术管理教育由来已久。1988年至1991年,学校采取灵活的机制与苏南等地区的文化机构合作,在全国率先举办"文化艺术管理"成人教育大专班,招收有相关工作经历的从业人员,培养了一大批"短、平、快"式的艺术管理经营专业人才,满足了改革开放伊始社会经济发展的迫切需要。2000年以后,顺应江苏经济社会蓬勃发展的态势,中日合办的爱乐学院、与省演艺集团合办的演艺学院作为二级教学单位凭借自身灵活的办学机制以及外部宽松的教育环境,紧紧依托学校传统优势教学资源,在音乐学专业(代码050401)目录下分别举办艺术管理专业方向,专门培养演出经纪人、剧院团管理人才;办学悠久、底蕴深厚的美术学院、设计学院相继开设美术展览与策划、设计管理等新型实务类课程。2004年由校教务处而不是二级教学单位负责撰写新增公共事业管理本科专业(代码110152)申报书并成功获得教育部批准,从而使这所全国创办最早的艺术院校第一次跨出文学门类,真正走上多门类综合性高等学府的发展之路。学校按照"整合教学资源、调整学科布局"的战略部署以及"一个本科专业只能在一个二级学院布局"的高明举措,2006年成立二级教学单位人文学院,主要负责发展艺术学与经济学、管理学、教育学相交叉的新兴实用类专业。人文学院公共事业管理(艺术管理)专业当年正式整合全校教学资源按照二本线招生(2009年改为专业加试过线按文化成绩招生,2012年恢复按文理科二本线招生)并按照文科生培养。凭借学校拥有艺术学硕士、博士学位授予权的优势,人文学院2008年开始招录艺术管理硕士研究生,2009年招录博士研究生。至此,南京艺术学院在全国比较早地形成了完整的艺术管理教育体系。同时,南京艺术学院"艺术管理"的各类申报也一路凯歌,2011年获得江苏省教育厅审批的管理学士学位授予权,2016年作为一级学科(公共管理)被授予"十三五"江苏省重点学科,2017年获批教育部目录内本科特设专业(代码130102T)。

经过30年由"草台班子"到科班建制的不懈努力,南京艺术学院艺术管理专业的发展在一定程度上可谓中国教育现代化进程的缩影,也反映了中国高等教育规模、结构、内涵与效益等维度随时代而变迁的曲折与艰辛。尤其是2000年前后刺激经济的宏观政策驱动大学急剧扩招,进而带动高等教育快速大众化,于是高校纷纷举办新的专业(方向),但是最终有的成功了,有的失败了。即便成功的专业办学也是有的学校成功了,有的学校失败了。吊诡的是,后者尚不知失败在哪里就已被淘汰出局,但是成功者在记忆深处终归留存着白手起家、甘苦自知的体会与感受。由此可见,在绝大多数高校,从传统、优势学科铁板一块的原有格局中挤占半寸角落来发展一门新兴学科并最终修成正果是极其艰难的,无不是在观望、质疑甚至打压中迂回周旋,曲折前行。但是,倘若没有新兴学科的不断衍生以及传统学科的逐步转型,一所大学必将因学科老化而在人们的不自觉中走向衰落,最终为社会所淘汰,这一点贯穿于中外大学的整个发展历程。

仅就2006年以来的情况而言,艺术管理专业之所以能够在南京艺术学院这所百年老校冲出重围,在各种教学资源、政策机会被老牌专业瓜分殆尽的夹缝中生根发芽,成长壮大,从教学到科研以及社会服务、国际交流等专业建设事项已然成型,并且诸多举措始终走在全国前列,其原由是多方面的,这里可以简要概括为三个方面。

一是,在学的一方。我总是以为,每一届文化高分考进来的本科学生才是这个新建专业成功逆袭的动力之源,而他们并不只在专业学习上促进了专业发展,他们更是以拓荒的青春锐气直接参与了集全系之力举办各类科研活动、产学项目的策划与执行,在全面塑造专业内涵与品质的过程中也完整地提升了个人的专业技能与就业本领,为未来成为艺术机构、文化企业、政府机关训练有素的应用型或跨界类专门人才奠定了坚实的基础。

如果说艺管教师的科研项目在数量和层次上还不能和传统学科相比,那么艺管学生在这一方面绝对算作全校第一方阵。以研学项目为例,10年间"人文艺管"先后获批江苏省大学生创新创业训练计划总计11项,其中后三项同时被推荐为国家级项目。

① 2007年,谢文、白畠"从秦淮灯会看南京民俗文化的传承与发展",

石洁如、谢淑成"从受众角度探究江苏省动漫产业发展趋势",戴金、李宙瀚"苏南苏北地区地方戏曲保护与发展的差异及启示"(苏教高〔2007〕17号);

② 2008年,孙言芝、李月云"从牡丹亭三种改编版本看传统剧目的改革之路"(苏教高〔2008〕34号);

③ 2009年,刘晓东、申长林"南京剧场未来发展趋势研究——从剧场观众文化消费结构调查入手"(苏教高〔2009〕30号);

④ 2010年,刘昳"流动的艺术管理——南京地铁艺术传播及其管理",李盼、熊以荟"杨柳春明清古建筑调查",陈镭丹、陈怡钦"大学校园文化地标设计方案"(苏教高〔2010〕16号);

⑤ 2011年,王玥、来迪"社会捐赠昆曲的态度调查及观念导引"(苏教高〔2011〕10号);

⑥ 2012年,刘慧、权田田"长三角地区琴王认证二手乐器店创业方案",重点项目(苏教办高〔2012〕11号);

⑦ 2013年,唐文婷、成梦希"江苏演艺集团演出季观众拓展计划",重点项目(苏教办高〔2013〕14号);

⑧ 2014年,范少鹏、毛文睿"江苏艺术机构发展状况调查",重点项目(苏教办高〔2014〕8号)。

立项与获奖既是教学实力的体现,更是教学形象的宣传。学生在全国类创意策划比赛获取的奖项有:2009年5月,杨龙亮、汪骁、白畾、董芳、曹凡、谢文、王橡等同学的"艺动金陵——大学生艺术展演获奖作品高校巡演第一季"荣获全国首届大学生艺术项目创意策划大奖赛特等奖;2012年12月,程曦雪、程倩、张坛、于典、王超等同学的"民国金陵艺术节"荣获第四届全国艺术项目策划大奖赛一等奖;2016年11月,王超、吴一凡、吴悠、彭翊玮等同学荣获"创青春"中航工业全国大学生创业大赛第十届"挑战杯"大学生创业计划金奖。而最大奖项莫过于学生的成长,尤其是2006级首届毕业生,全班56人在校期间有32名同学入党,应届考取国家公务员 2 人、考取中国艺术研究院硕士生 2 人，之后考取公务员、研究生（包括双一流高校）的就更多了，大部分同学毕业后直接或间接从事艺术管理工作。作为创建 10 余年的新兴专业，这一成绩在整个学校的办学历史上是绝无仅有的。

我曾经说过，一个规范且完整的本科专业的生成并不只是由学校所曾给予的全部条件决定，还受社会需求的强力推动；并不只是由教育者、管理者全部完成，还包括在读学生、用人单位的积极参与，乃至整个行业的广泛支持。对学生的重视与依赖当然是教育规律的应有之义，也与艺术管理专业本身有关。我的这一想法与西方一类观点可谓不谋而合：在学术界之外，在校学生的研究性学习在艺术管理知识生产过程中所起的作用也很重要，艺术管理课程的结课形式通常是研究课题或实践项目。这类学习所产生的知识是学生未来雇主所需要的，也会有助于他们塑造不断发展的领域。

二是，在管的一方。我始终认为，南京艺术学院艺管系发展的黄金十年，基础在于对"不息的变动"这个百年教育传统的贯彻，自 1912 年创始校长起，办学总是努力走在时代前面；根本在于社会不断增长的专门人才需求，并由此蕴含的教学条件，但这些条件是潜在的而非现实的；关键在于建系团队的坚守与开拓，在于大家对办学优势的凭借、对社会资源的依托、对发展远景的规划。还有很重要的一点是，学校总还有为数不多的开明领导、宽厚学者，在诸多关键时刻伸出援助之手，让艺管这艘小船不至于脱离学校发展的航程之外。就是在这样的情形之下，南京艺术学院艺管系开始了艰难的也是坚实的发展之路。开办之初就汇集了国内可以见到的艺术管理领域全部网上资料及线下图书，并组织老师和学生参加每一次的中国艺术管理教育年会，还受校长支持远赴台湾地区和巴黎考察文化艺术管理办学状况，赴中国戏曲学院、中央美术学院、北京电影学院调研，又走进省内外一家家用人单位听取意见，也邀请黄昌勇、王烈生、顾江、钱世锦、谢大京、巩继程、陶辛、余丁、张蓓莉、张朝霞、林宏鸣、于建刚、林一、单增、赵乐以及郑新文、夏学理、林平、陆蓉之、黄韵瑾、谢嘉哲、张瑀真、弗朗索瓦·科尔伯特等一大批海内外知名艺术管理学者来校交流或讲学。

正因如此,一系列教育教学和科研活动得以顺利开展,并且极大提升了本专业的办学实力和社会影响力,为艺术管理专业教学进一步发展奠定了扎实的基础。这些活动包括:

2009年5月,举办第四届中国艺术管理教育年会暨艺术管理国际论坛,同时举办全国大学生首届艺术展演受众拓展方案设计大奖赛;

2012年10月,开始出版《艺术管理学研究》丛刊第一卷,以后每年一卷;

2013年3月,举办中美艺术管理工作坊暨青年艺管者圆桌会议;

2014年6月,举办全国艺术管理与创意类学科高层论坛;

2015年5月,举办江苏省文化创意产学研协同创新论坛;

2015年6月,举办"六月工坊"艺术营销国际课程;

2017年10月,举办江苏省艺术基金人才培养项目:江苏演艺高级经营管理人才研修;

2017年12月,举办江苏省研究生培养创新工程长三角合作项目:长三角地区艺术管理研究生学术论坛。

三是在教的一方。10年之后回过头来看,南京艺术学院艺管系成功的教学设计与组织恰是因为精准有效地把握了艺术管理专业的应用属性及其实现路径。一次次深入地学习与思考无不是一次次自我的否定与重建,在螺旋式的爬坡攀顶中就由无知无用的学习者逐步转变为知学知用的研究者,更是摸清了办一个新专业的门道所在;不管过去、现在还是将来,必须牢牢把握你所面临以及所要解决的关键问题是什么,主要矛盾在哪里,而不是拘泥或纠缠于细枝末节所带来的暂时困难。具体来说,如何依托而不是游离艺术院校办学资源与优势,如何面向而不是隔绝区域经济社会发展的人才需求,如何跟踪而不是滞后世界高等教育发展前沿,就是需要随时了然于胸的。换言之,创建新的专业要想在校内外一炮打响并持续走红,就必须以追求完美的心力做好三件事情:其一,准确地界定学科归类、专业属性与教学边界;其二,前瞻性地研制办学理念、发展思路和教学特色;其三,开拓性地创造、整合、转化、借用校内外的教学资源。如果对上述关键问题思考透彻,对主要矛盾解决周全,那么整个办学最根本的核心议题——艺术管理本科专业应用属性与实践途径——就会十分清晰地从纷繁复杂的事项、观念中跳脱出来,成为凝聚各方共识进而分析和解决各类教学问题的总枢纽。如果再进一步,对这个总枢纽即艺术管理应用属性及实现途径作理论上的系统思考,形成可供应用、展示与分享的学术成果,那么专业创建的全部过程及各个构成就充盈着丰富的学理性,至少在教学研究方面走在了传统专业的前面。

  如同其他专业一样,艺术管理专业的教学成果一部分是通过一系列项目申报、课题评审来体现的。当然,在特殊的教育体制下,艺术管理专业建设的进程也是通过这些项目申报、课题评审来推动的,因为用心做事的人总是想把最全的材料和最新的思考写进申报书,所以就留下了一份份特别具有教育价值的档案材料。通观南京艺术学院艺管系留存的这些文件,不难发现无一不是对艺术管理应用属性及其实现途径的学理思考与实践探寻,区别只是在这个方面的努力有时是不自觉的、模糊的,而有时则是自觉的、清晰的。这里选取其中若干份文件略加整理辑录在此,尽管有的文件因当时写作水平有限不免有拼凑之嫌,或者由于填表体例的约束导致内容有重复的部分,但在整体上反映了我们各个阶段专业建设的真实情形,也代表着我们当时对专业建设认识的角度与高度。

二、跨出学科门类的关键一步

  2003年,在全国高校招生规模一路狂奔的关口,教育部"五年一轮"的普通高等学校教学工作水平评估在争议中启动。这份用一把尺子丈量所有高校的评估方案对艺术院校非常不利，尤其"师资队伍数量与结构""教学基本设施与教学经费"等硬指标根本无法达到要求。是"往后退、拖一拖"还是"向前冲、争一争"，就成为对艺术院校掌门人魄力、胆识和决断的考验了。南京艺术学院又一次跳起来摘桃子，知难而进，首批"迎评"，与多所全国知名大学同台竞技。在"迎评"策略上，结合国内外艺术院校办学的具体数据，校迎评核心组对生硬的评估指标作针对性的分析、说明和解释，不仅取得了教育部高教司的支持，也赢得了评估专家的赞誉，然后在"综合性""教学改革"上作文章，加之逐步形成的精细化管理机制，终于首批拿下即使把后面参评的艺术院校加进来也为数不多的优秀等级[①]，赢得全国如潮好评，充分显示了那一届校领导班子的战略眼光、决策魄力和实战本领，他们远远超越了前任，也让后任无法企及。于是，以只做不说、内紧外松为原则申办中国第一所艺术大学就成为校领导"迎评获优"之后的又一个战略部署，而落实在职能部门和教学单位的任务就是实施"学科拓展战略和质量提升工程"。

2004年10月，教务处主动请缨，负责向教育部申报公共事业管理（艺术管理）（代码110302）和艺术教育（代码040105）两个本科专业。2005年3月，教育部经过审定批准了这两个本科专业。此举意味着学校第一次跨出文学门类，分别在管理学门类和教育学门类获取专业建设点，而拥有三个学科门类正是申报大学的基础条件。

下面是《普通高等学校2004年增设本科专业申请材料》中"关于增设公共事业管理（艺术管理）本科专业的可行性报告"部分。

1. 在"设置理由"栏陈述了3条，现在看来这些内容是浅显的、片面的，甚至不乏错讹之处，但囿于当时条件，也只能努力做到这一步了，而最后的成功，其实也暗含了人生诸事并非只有想清悟透才能付诸行动，机遇

[①] 见2004年6月16日教育部办公厅《关于公布上海大学等42所高等学校本科教学工作评估结论的通知》，教高厅〔2004〕19号。

往往垂青先行者。

（1）文化事业及文化产业迅猛发展。十余年来，经济社会的发展促进了文化艺术的繁荣，公益性文化事业在全国呈现蓬勃发展的局面，不仅涌现了一大批优秀的艺术家和艺术作品，而且也在更大范围普及了艺术教育，提升了全社会的美学素养，创造了巨大的艺术消费需求。党的十六大提出"发展文化产业是市场经济条件下繁荣社会主义文化、满足人民群众精神文化需求的重要途径"的科学论断，明确制定了发展中国文化产业的总体要求和长远目标，标志着中国文化产业开始进入一个加速发展的新阶段。为顺应经济和文化发展的需要，积极推进文化产业的发展，文化部成立了文化产业司，出台了《文化产业发展第十个五年计划》《关于支持和促进文化产业发展的若干意见》《2003—2010年文化市场发展纲要》等一系列有利于文化产业发展的政策法规，保证、推动、促进了文化产业将成为国民经济的支柱产业和新的增长点，成为社会主义市场经济体系越来越重要的组成部分。

（2）文化产业发展已遇"人才瓶颈"。文化产业已形成演出业、影视业、音像业、文化娱乐业、文化旅游业、网络文化业、图书报刊业、文物和艺术品业以及艺术培训业等多个行业门类；形成了管理经营一体化（如一些博物馆、文物保护单位）、项目合作制经营（如电影制片人制）、投资人独立经营（如大型的国有旅游集团）、承包经营（如一些剧院和文化馆）、中介代理制（如一些报刊代理机构）、经纪人制（如影视明星、畅销书作家由经纪人负责经营）等多样化经营方式。但是，在产业规模与经济效益方面，中国文化产业与发达国家相比还处于初级发展阶段，不仅技术含量、市场环境、资本实力、品牌专利等方面相对落后，而且文化产业人才十分缺乏。如果不能尽快解决人才的培养与使用问题，势必制约文化产业发展，造成政策空转、研发落后、市场混乱。业界普遍认为，培养文化经营、艺术管理人才队伍是发展文化产业的关键环节，是当务之急。

（3）社会各界逐步积累艺术管理人才培养经验。1999年初，北京大学整合全校文化产业相关教学科研资源成立了文化产业研究所，旨在深化文化产业理论和政策的研究，培养高级经营管理人才，促进产、学、研一体化。2000年11月"时代华纳"每年向该所提供2万美元用于资助文化产业人才培养计划，为期10年。2002年6月，文化部在该所建立"国家文化产业创新与发展研究基地"，为推动文化产业研究、开发和人才培养提供了新的空间。相关举措在同类院校陆续展开。1999年12月，上海交通大学成立"国家文化产业创新与发展研究基地"，召开"21世纪中国文化产业论坛"和"中、日、韩国际文化产业论坛"等会议，组织编写每年一辑的《中国文化产业蓝皮书》，为文化产业中高级人才的培养创造了很好的条件。此后，云南大学等院校也成立了文化产业研究所。2004年8月上旬，由文化部文化产业司与清华大学继续教育学院在新疆乌鲁木齐联合举办了为期一周的"西部地区文化产业经营管理人才培训班"。来自西部11个省、区、市的文化艺术管理以及演出、影视、音像、展示、旅游等文化产业部门的学员共计120人参加了培训。中国高等院校的早期举措，为文化产业中高级人才的培养提供了十分可贵的经验。据统计，在全国范围内，已有北京、上海、山东、江西、四川、云南、新疆等地9所高等艺术院校开设了文化艺术管理方向的公共事业管理专业，有的高校艺术管理本科生未毕业即被拍卖行、演出公司一抢而空。

2. 在"办学条件"栏主要从全校角度来填写，即全校通用的材料和数据，包括办学传统、师资队伍、教学建设与研究、办学设施与硬件等内容。申请书特别提到，教学管理采取在全国率先施行的"以学分制为主题，精英式与大众化两类艺术人才一起培养"的重塑性教学改革举措。也提到，2003年江苏省政府批复同意将与本校一墙之隔的、且已经另建新校区的南京工程学院的老校区整体划拨南艺，这将在教学空间、教学设施等方面满足艺术管理系科发展的需要。之所以突出上述两项内容，是因为这两点作为办学的创举当时在全国产生了十分广泛的影响，也为学校后来能够迈上新的发展台阶创造了先机。

3. 在"人才需求预测"栏,限于各种条件,简单做了大而化之的分析。

(1) 从事艺术市场运营工作。其一,艺术创意人才。目前,艺术创意人才在数量和质量上都显得严重不足,与蓬勃兴起的创意产业不相适应。创意产业的从业人员仅占总产业就业人口的千分之一,远远低于欧美等国。其二,艺术营销人才。此类人才的社会需求极为旺盛,目前中国有数量庞大的艺术从业人员,但缺乏艺术营销人才,尤其是熟悉艺术市场、懂得艺术商务规则的艺术营销人才极为匮乏。其三,艺术经纪人。相对于国外较为规范和成熟的艺术经纪人体系,国内艺术经纪人培养处于起步阶段,所培养的人才远远不能满足文化艺术产业的需求。目前,具备将艺术价值转变为经济价值并活跃在艺术市场的合格经纪人的匮乏已经制约了文化艺术产业的发展。面对巨大的社会需求,本校公共事业管理专业(艺术管理方向)人才的就业前景显然十分乐观。

(2) 从事地方公共文化服务工作。经过撤乡建镇和撤县建区的行政区划调整,目前全省群众文化站1 441个,从业人员3 929人。精简后的基层文化机构更需要有着高尚的艺术品位和真诚的社会文化责任感、熟悉群众文化的喜好及市场需求、具备敏锐的经营意识和实践经验的专业管理人才,本校公共事业管理专业(艺术管理方向)专业人才的培养正适应了这样的需求。

(3) 从事政府文化事业管理工作。为加强行业管理,近两年江苏全省文化市场管理机构增至166个,文物保护管理机构增至64个,这些被赋予了行政管理职能的文化事业机构或文化行政机构在相关行业管理中起到了很大作用。从行政管理职能的角度看,本校公共事业管理专业(艺术管理方向)培养的毕业生,具有高尚的文化艺术素质和高超的文化艺术鉴赏能力,掌握了文化产业的经营特点和运作规律,具备了系统的现代管理、经济和法律基础知识以及文化传播基本能力,能够很好地适应社会岗位的需求。

4. 一份专业申报书,必须在办学和教学多个方面显示其优势和亮点。我们利用"专业特色"栏总结了这方面的内容。

（1）具有全国高水准的艺术管理教学与研究平台。利用本校创建历史悠久、学科专业齐全、硕士博士培养体系完整的优势，搭建全国高水准的艺术管理教学与研究平台，在人才引进、聘任与培养等方面实行多渠道、多层次、多样性的管理机制，组建具有全国高水平的师资队伍，保持与国内外同类优势专业相互交流的畅通渠道。

（2）在动态发展中建设与健全艺术管理课程体系。基于艺管专业与社会密切联系的特点，及时发现和捕捉国内外同类专业的优势与特色，博采众长，突出自身特色，随时调整课程设置，更新或充实课程内容，使课程教学与艺术管理行业同步前行。

（3）遵循教育规律和艺术规律，培养复合型的艺术管理人才。重视对于学生综合文化素质的培养，同时针对社会文化艺术建设的需求，注重对于学生应用能力的培养。根据学生的特点，因地制宜和因势利导，将学生逐步划分为偏于管理理论研究和管理实践操作的不同方向。

（4）开门办专业，实现优势资源的充分利用。充分吸纳相关院校同类专业的优势，积极获取社会各界的支持，在人才聘任、资源使用、资金吸纳、成果推出等方面建立灵活且富有效益的办学机制。

三、在艺术学之外获批学士学位授予权

2006年学校在美术学之外又一举拿下音乐学、艺术学两个博士学位授权，由此学校成为全国唯一的拥有三个博士授权点的艺术院校。这项创举使以学科建设为龙头的办学思路更加深入人心，以艺术与管理、教育、科技交叉发展的专业建设策略已成所趋大势。2006级公共事业管理本科学生即将毕业，按照规定需要填写表格申请相应学位授予权限。这是一份2009年底、2010年初拟定并向江苏省教育厅报送的《申请学士学位授权专业简况表》中的部分内容，最终评审结果是以较高的分数获取了

学位授予权限。

1. **专业建设：专业规划、建设措施、执行情况与成效**

在5—8年时间内,办学规模达到360人左右,其中本科生约240人,硕士、博士研究生约30人,进修、访学等类别在校生约90人;适时成立中国(长三角)艺术市场研究中心、艺术展演策划工作室等学术平台,构建产、学、研一体化的专业发展模式,把南京艺术学院艺术管理学科逐步打造成在省内外具有广泛影响的人才培养和学术研究基地、文献检索和数据分析中心,进而服务于江苏建设文化强省战略。

其中主要的建设措施有:提出了"闳约深美,人文日新"的办学理念以及"教学和科研同等重要,本科教育和研究生教育同步发展"的建设思路;按照"转型一批,培养一批,引进一批,特聘一批"的方式打造高水平的师资队伍;充分利用(整合)校内外学术资源,依托学校雄厚的艺术创作、艺术展演、艺术史论、艺术教育资源,借助江苏省丰富的文化艺术场馆、人力、产品资源,实施实践性教学,推进应用性科研;加大经费投入力度,出台了人文学院教学、科研、学术交流奖励资助办法,建设一批必要的教学实验场所。

目前初步的执行情况与成效:本科学生已招满4届,硕士研究生已招满2届,博士研究生即将开始招生,在校学生300余人;先后引进学科带头人以及学术骨干4人,尤其是与南京博物院、江苏省演艺集团、江苏美术馆等艺术机构建立合作关系,聘请了一大批具有丰富实践经验的专家、学者担任授课教师,艺术管理师资队伍基本成型;发表学术论文60余篇,出版著作、教材、画册10余部(本),承担各类课题10余项,积累了一批学术成果;拨出专项经费30万元,承办第四届中国艺术管理教育年会暨艺术管理国际论坛,举办首届"从创意到策划:全国大学生艺术展演受众拓展方案设计大奖赛",产生了广泛的社会影响。

2. **专业建设：人才培养方案及培养情况**

艺术管理专业的人才培养方案在全校学分制的框架内实施,坚持按专业大类招生、按专业方向培养的原则,逐步完善基础性和开放性有机结合的课程体系,更加注重专业理论学习和实践能力训练。

目前人文艺管专业分为美术类、音乐类2个教学方向。美术类专业方向主要为美术馆、画廊、媒体、文化馆站、学校等单位培养具有深厚的文化艺术修养和敏锐的文化经营眼光,广泛了解艺术市场态势,熟练掌握艺术管理理论和技能的展览策划、美术经纪、画廊管理、媒体编辑、艺术培训等美术类管理人才。音乐类专业方向主要为剧院团、演艺公司、媒体、文化馆站、学校等单位培养具有深厚的文化艺术修养和敏锐的文化经营眼光,广泛了解艺术市场态势,熟练掌握艺术管理理论和技能的经纪、策划、企宣、营销、培训、编辑等音乐类管理人才。

作为新建专业,艺术管理专业的人才培养方案是一个逐步调整和完善的过程。在办学过程中,我们先后大规模地邀请教育学者、业界专家以及兄弟院校的同行召开了3次艺术管理专业人才培养方案论证会,同时还多次召开了本院师生座谈会。经过广泛而深入的研讨,人文学院艺管专业人才培养方案已经基本成熟。首先是逐步明确了人才培养的目标定位:着重培养艺术与管理交叉类的实用型人才。其次是在学分制的框架内基本理顺了课程体系和教学内容,在教学内容和方式上,坚持由学向用拓展,由理论向实务延伸,注重专业理论学习,强化实践教学环节。同时把"社会实践"和"学术讲座""案例分析"等内容也纳入课程体系里面。最后是实施学生自主选课,针对课程的不同类型,赋予学生选课程、选专业的权利,在选课方式上,分为必选、限选和任选3种类型。

就首届毕业生的基本情况来说,艺术管理专业人才培养方案的执行情况也是良好的。全班57人(全校2010届本科生2600人),获得2008年度省大学生实践创新训练项目3项(全校8项);全班16人参加考研(其中11人报考外院校或外专业),过线人数达12人;全班入党学生20人,占全班学生人数的35%;2008年获得江苏省"优秀集体"荣誉称号(全校5个班级获评)。

3. 教学条件及利用：校内、外实习实践教学具体安排及管理、执行情况

艺术管理专业实践性强、应用性强，尤其需要加强学生实践应用能力的培养，更需要加强校内、外实习实践教学具体安排及管理。专业初建伊始，先后与南京新世纪演出公司、南京博物院、江苏省演艺集团、长风堂文化产业公司、南京尚东艺术中心等知名文化企事业签署教学实践合作协议。对于实习实践教学基地，一是签有协议，二是定期要求基地负责人来校讲学或授课，三是经常与基地负责人进行联谊交流，从而保证了基地的各项工作可以落到实处。对于专业在编教师来说，一是要求每学期的理论课程教学至少安排一次外出实习实践，二是要求每学期的理论课程教学至少安排一次业界专家来课堂"现身说法"，要求专业老师多与业界代表交朋友。从学生来说，尽快由"旁观者"转变成"在场者"，不仅要从实习基地学到本领，而且还要为实习基地提供志愿服务。这样，除了课程的实习实践以外，每年寒暑假期间安排学生到乡村、社区基层集中开展有主题的实习实践活动。

在校内的实习实践也逐步开展起来。每年把学校的演出、展览的部分工作乃至全部工作承接下来，由专业老师带领学生组织实施。比如星期艺术沙龙、学校音舞节、动漫节等大型艺术展演活动都是由艺术管理专业学生负责实施的。目前这一实践教学已初获成效，以 2009 年 12 月进行的校园拍卖会为例，从征集作品、宣传推广、联络买家、布置展厅以及拍卖会现场调度，人文学院学生亲自操作整个过程，现场成交额达 10 万元，整个拍卖活动受到了各方人士的一致好评。

4. 教学过程及管理：课程与教材建设

从艺术管理专业人才培养目标与要求、艺术学和管理学之间关联度出发，基本构建了艺术管理专业一套合理的课程体系，保证了课程结构、教学内容以及选课方式的科学性和实用性。经济、管理、法律类课程在教学内容上尽量向艺术领域靠拢，或者在教学案例的选择上以艺术领域为

主。艺术史论、技法、赏析类课程在教学内容上尽量和纯艺术专业拉开距离,史论和赏析类课程要求学生比较全面地熟悉艺术作品和艺术家,而艺术技法类课程的初衷是通过具体的操作来训练学生的艺术眼光和品位,尽快帮助学生进入专业领域而避免将来说外行话。艺术传播、艺术市场、艺术营销、艺术展演策划、艺术经纪、艺术法律法规、艺术行政等则是艺术管理专业的主体类课程,重在塑造学生的专业品质,这类课程在教学内容上往往采取"理论+实务"的模式,在课程的名称上也是如此,比如艺术传播课程不采用"艺术传播学"而是采用"艺术传播理论与实务"的名称,以保证学生在学习基础理论的基础上可以掌握基本的操作。一些实践性很强的课程还将课堂延伸到演出的舞台、展览的场馆以及拍卖行、排练场,或者直接以"情景模拟"的形式开展教学,如艺术品收藏与拍卖、节目编排与晚会组织等课程,收到了良好的效果。此外依托学校教学资源,开设大量的拓展类和延伸类的选修课程,以丰富学生的知识视野和能力范围,同时将"社会实践"和"学术讲座""案例分析"等内容也纳入课程体系里面。

在教材建设方面,首先是选用中央美术学院、中央音乐学院、中央戏剧学院等院校的成熟教材,如《艺术管理概论》《剧院团管理》等;其次是利用网络和人员交流等条件借鉴台湾地区的优秀教材,如《文化创意理论与实践》《艺术管理这一行》《艺术经理手册》《票房营销》等;其三是参考了一些西方经典著作;最后,整合校内外资源编写了一些必备的或市场空缺的教学讲义,如《艺术管理论纲》《艺术市场学概论》《艺术传播理论与实务》《艺术商务英语》。

5. 教学过程及管理:教学研究与改革

生源并不理想,教学愈加艰难,由此也为教学研究和改革提出了要求、提供了空间。在教学初始,学生从文化二本直接招录进来,并没有艺术的基础,而老师大部分从文学、艺术学、管理学等领域间接转过来,缺乏教学的本体性内涵和专业性归属。发现问题是解决问题的关键。经过广泛而深入的研讨、论证,逐步明确了人才培养的目标定位:着重培养艺术与管理交叉类的实用型人才,基本理顺了课程体系和教学内容,进而对2006版教学计划进行了大幅的调整,课程目标在理论的基础上强调实务,课程内容以艺术为主强调管理,课程关系逐步由无序的排列深入到有机的融合。

教学研究和改革也体现在老师将学术研究成果尽最大可能转化到课堂教学中,将国内外最前沿的艺术展演资讯及时、全面地充实到教学过程中;教学研究和改革还体现在专业教师尽最大努力将学生引导到图书馆、引导到社会各类艺术展演现场,以便最大程度地让学生生活在艺术管理的氛围里,目前效果显著。

6. 教学过程及管理:教学质量监控

近年来,全校已经建立起比较完善的本科专业教学质量监控体系。总体上来说,公共事业管理专业(艺术管理方向)的教学质量监控是在落实全校措施下结合自身特点进行的。

作为新建专业,公共事业管理专业(艺术管理方向)在实际教学过程中尤其注重课堂教学质量的监督和检查。首先是确定基本教学文件,以求教学秩序规范。要求每一位任课教师必须将"课程大纲、教学计划书(任务书)、讲义、点名册"作为基本教学文件随身带进课堂开展教学。其次是开展教学内涵建设,以求教学质量上乘。定期举办青年教师公开课、骨干教师示范课以及学生评教、督导听课、学生课堂笔记展览等活动,以此来展示教学、交流教学、反馈教学。最后是建立完整教学档案,以求教学成果积累。一套齐全的专业教师教学档案,除了教学基本文件外,还包括考试试卷和考试说明及要求、标准答案或评分标准、学生答题试卷、学生考试成绩登记表、课程教学笔记或讲稿课件、课程教学总结,以及与这门课程有关的师生教学、科研、实践、获奖等材料。在考试方式上,要求凡是带有实务性质的课程,基本上要以展览、演出或文案制作的方式进行。

四、教学成果的凝练与展示

从 1997 年到 1999 年,学校主要依靠扩大招生规模、调整管理机构完成了艺术院校从传统到现代的办学飞跃。从 2003 年开始,学校则希望凭借教育部本科教学评估走向从规模到内涵的又一次飞跃。2003 年这一年,本人负责起草校史上第一份"教育教学成果奖"评审文件,经讨论通过后即在全校启动了这一项持续至今的工作。

下面是 2011 年艺术管理专业申报三年一次的校级教育教学成果奖评审时的总结性材料,成果名称是"基于能力培养为目标的艺术管理专业教学改革与建设"。经答辩、评审、公示等环节,本项目获校级教育教学成果三等奖,在新建专业类别尚属首次。

1. 成果是在专业办学的实践过程中逐步形成的

南京艺术学院 1988—1991 年举办"文化艺术管理"成人大专班,2001 年在音乐学目录下举办艺术管理本科专业方向,2004 年由教务处负责成功申报公共事业管理(艺术管理)本科专业,2006 年整合全校教学资源在人文学院开办艺术管理本科专业。这些在全国亦属创举的措施,其实施过程却是相当艰难的。尤其是在 2006 年以来的专业办学中,生源往往没有艺术基础,而老师大部分从文学、艺术学、管理学等领域转过来,课程多为"艺术+管理"的拼盘,以至于这个专业举办之初即与全国同类院校一样面临教学缺乏专业性归属和本体性内涵的困境,但同样也面临着快速发展的文化行业迫切需要一大批"懂艺术、会创意、善经营"的艺术管理人才所带来的机遇。我们逐步明晰了艺术管理的社会需求及其办学状况,把社会需求和教育供给有效对接,在专业教学研究和实践的良性互动下,逐步取得了基于能力培养为目标的艺术管理专业教学改革与建设成果。

2. 在充分把握专业实践应用属性的前提下清晰界定教学目标

尽管艺术管理已受到艺术类、综合类、文科类等院校热捧,但是大多数高校的艺术管理专业或是传统艺术学的市场化延伸，或是普通管理学的艺术化拓展，以至其专业性质是属于"学"还是属于"用"，还处在摇摆之中。作为综合性艺术院校举办艺术管理专业，我们抓住专业"交叉性"的特点、人才实用性的需求，整合校内外学术资源和实践资源，在全国率先把艺术管理专业定位为交叉类、应用型本科专业，以学生能力塑造为目标，着力培养"既懂艺术又会管理"的复合型、实用类人才，以此适应快速发展的文化行业对艺术管理人才广泛而迫切的需求。对于应用型本科专业，特别需要加强实践能力训练和专业理论学习，所以其教学目标就是在理论的基础上强调实务，将理论学习融入能力训练中，用能力训练的结果来优化理论教学，进而培养学生从事艺术管理工作所需要的"文化审美能力，艺术创意能力，展演策划能力，市场运作能力和语言表达能力"。

3. 在学分制的框架内以能力培养为指向构建课程体系和教学内容

我们的艺术管理专业首先是在南京艺术学院这个母体中生发出来的，其课程体系就必须遵循基础性和开放性有机结合的特点。课程不是以艺术为核心，也不是以管理为核心，而是坚持以"艺术组织及其活动"为主导。因此，在学分制的框架下，我们按艺术管理能力培养的指向将课程划分为三个类别：基础理论课（如艺术基础知识、管理基础知识）、理论＋实务课（如艺术创意与策划、艺术推广与营销）、基本实务课（如美术展览策划、音乐演出策划）。

基础理论课要求少而精，管理基础知识课程教学内容尽量向艺术领域靠拢，或者以艺术领域为主选择教学案例；艺术基础知识课程则侧重艺术活动、艺术组织、艺术市场等方面内容，尽量和传统艺术史论专业课程拉开距离。

理论＋实务课程一般按"史论篇、实务篇、案例篇"的结构来编织教学内容，采取"学界与业界合作上课"的模式。在全国率先开设了艺术创意与策划、艺术推广与营销、艺术筹资与募款等一批与国际接轨的前沿课程。

基本实务课程要求进入实战或模拟状态，师资以外聘业界专家为主，借助校内外艺术展演资源,把课堂搬到剧院团、美术馆、拍卖行,课程考试也在实践领域完成。如艺术品收藏与拍卖、节目编排与晚会组织等课程。

这样,在清晰界定艺术管理专业性归属和本体性内涵的基础上,所构建的知识体系和教学内容,较好克服了教学内容空心化、知识体系拼盘化(艺术+管理)的弊端,收到了良好的育人效果。

4. 坚持知识教学能力化,创新理论课堂教学形态

"知识教学能力化"是人文学院近年来深化教学内涵建设的重要举措。老师上课不应是单纯地讲授理论,而是把知识问题化、课题化、项目化,在课堂上巧妙地"设计问题",进而有效地"阐述问题",最后指向学生能力的提升。为此我们对传统的理论课堂教学形态进行改革,探索了一些新的教学模式。

如课堂内外一体化教学模式。先是课前拟定学习提纲后再安排学生外出参观考察,其次是结合课前的学习收获开展有针对性的课堂理论教学,最后要求学生课后运用所学知识开展一次艺术展演活动,即形成了"带着问题考察、带着经验听课、带着收获实践"的教学环节。又如改课堂讲授为学业指导教学模式。避免课堂讲授学生听课不积极的弊端,顺应当代大学生自主性强的特点,改课堂讲授为学业指导,按教学计划一步步督导学生推进学习,学生积极性大大提高,效果明显。再如情景教学模式。围绕艺术管理的主要议题,创设一定的情境,组织学生进行摹拟训练,或同学之间互相观摩,然后大家讨论,分析各自优劣利弊,取人之长,补己之短,再由老师作评价。

这些针对专业教学效果不佳的现状和人才培养的岗位需求,对理论教学和实践教学进行改革的举措,创新了课堂教学形态,让知识活起来,让学生动起来,彰显了学生的主体地位,激活了内在的求知欲望,从而避免了学生"学不到东西"或"学不到有用的东西"的状况。

5. 构建完整的实践教学体系和保障机制

首先是从课程设计、师资配置、毕业论文(含毕业展演策划)以及教学

管理等方面构建了完整的实践教学体系,这只是一项基础的工作,更为关键的是我们摸索了一套行之有效的实践教学保障机制,以切实的管理细节,使实践教学落到了实处。

(1) 定期举办艺术展演活动,把课堂教学和课外实践(包括学生社团、暑期实践)有效融合起来。2006 年以来已成立 10 多家专业社团,举办 40 多场活动,学生拉来的活动赞助达 6 万多元。2010 年举办的第二届校园竞买会,现场成交额近 20 万元,这样规模的校园拍卖会在全国尚属首次。

(2) 把学校每年的演出、展览以及学术研讨会的部分工作乃至全部工作承接下来,由专业老师带领学生组织实施,以锻炼学术的策划、组织协调能力。比如星期艺术沙龙、学校音舞节、第四届全国艺术管理教育学会年会、江苏省第二届大学生艺术展演大赛等,目前这一实践教学已初获成效。

(3) 建设江苏演艺集团、江苏美术馆等 20 家实践教学基地。对于实习实践教学基地,一是签有协议,二是定期邀请基地负责人来校讲学或授课,三是经常与基地负责人进行联谊交流,从而保证了基地的各项工作可以落到实处。

(4) 在教学管理上,推出实践教学的激励措施。比如组织学生校外参观免费提供交通用车,对教师全年开展实践教学项目进行汇总,编印实践教学成果手册或制作宣传橱窗等,形成了良好的管理氛围。

本项目直接应用于艺术管理专业之中,形成了教学研究与教学实践的良性互动。如前所述,2006 年以来,学生社团举办 40 多场艺管活动,拉来赞助 6 万多元;学生获批省级创新课题 8 项(比例在全校最高)。2010 年举办第二届校园竞买会,由学生操作整个过程,现场成交额近 20 万元,这样规模的校园拍卖会在全国尚属首次。这些事实足以说明我们对艺术管理本科专业应用属性与实现途径的实践与探索,在理念与思路上是超前的,在措施和效果上是成功的,为全国同行所关注,也为不少学校所借鉴。《新华日报》《南京日报》《艺术教育》等媒体对艺管专业教学亦有多篇报道。2010届毕业学生的就业率、创业率在全校最高。

五、终于获批艺术学理论类特设本科专业

艺术学升格为门类之后,全国办学条件相对成熟的多所艺术院校开始向教育部连续申报艺术管理本科专业,直到2016年全国才有上海戏剧学院、中央美术学院率先拿下这一特设专业。2017年南京艺术学院第二次申报并终于在次年3月获教育部批准设置这一本科专业。这里选取的是南京艺术学院填报的《普通高等学校本科专业设置申请表(审批专业适用)》2014年版的主体部分。

在"引言"部分,申报书指出,南京艺术学院自1988年起在全国高校中率先开展艺术管理教育,先后举办了成人教育大专班、本科专业方向、艺术管理研究领域硕士与博士研究生等教育层次。可以说,经过30年的教学实践和学科建设,无论是人才培养机制,还是师资队伍,以及配套的教育设施等方面均符合专业设置的标准与条件。目前,无论从外部需求还是内部可能看,南京艺术学院已经完全具备将艺术管理申报为一级学科"艺术学理论"类特设专业的理由和基础。

1. 申请增设艺术管理专业的主要理由

(1)将艺术管理申报为本科专业是培养艺术管理专门人才的迫切需要。

当今社会的发展,文化已成为一个国家的发展战略以及融入经济升级和社会转型进程的重要之举。文化发展不仅需要优秀的艺术创作与表演类实践人才,而且也需要从事艺术领域的创意研发、市场经营、企划制作等工作的实用型管理人才。

从艺术行业发展来看,不管是经营性还是公益性的艺术机构与艺术事务,其发展中最缺的就是既懂艺术又擅管理的复合型人才。以书画市

场为例,2012年全国艺术品市场规模为1784亿元,2013年艺术品拍卖成交额313.83亿元,较2012年增长11.67％。市场规模的扩大以及规范需要更加高端的专业管理人才加入。然而,现行的美术馆、画廊与艺术品拍卖行的运营、展览策划与执行、艺术品投资、艺术基金会运作等领域,都大量缺乏熟悉艺术市场规律和营销策略的专门化管理人才。又如,演出行业2012年全年演出总场次200.9万场,比2011年增长10％;演出总收入355.9亿元,比2011年增长75.1％。但是根据2012年国有演出团体人员结构的统计,表演人员、创作人员、营销人员数的比值约为10:2:1。这说明从事演艺策划、品牌塑造、票房营销、观众拓展的人才十分缺乏,而在当前的艺术发展格局中这类人才已经在各类艺术人才中居于主导地位,对演出行业发挥着积极的引领作用。

艺术市场的规模化、品质化发展有赖于群众文化、社区艺术广泛的普及。当前各级政府正在加大文化经费投入,以落实构建公共文化服务体系与推进文化民生工程的战略部署。在硬件之外,特别需要加快软件建设,努力培养一大批群众文化、社区艺术的管理人才,从而把庞大的群众艺术需求与丰富的社会艺术资源有效激活。所以,当前各级政府都在采取引进、培训、研修等方式扩大艺术管理人才队伍,故此举办艺术管理专业,规模化和系统性地培养艺术管理人才势在必行。

(2) 将艺术管理申报为本科特设专业是艺术管理教育发展的必然要求。

高等艺术院校举办艺术管理教育已有30年的历史。目前,艺术院校和综合高校举办该专业的教育机构约有90多所。将艺术管理专业申报成为本科特设专业,不仅已经积累并具备了办学资源和条件,而且也有利于在原有基础上规范办学,促进艺术管理人才培养。

20世纪八九十年代,北京、上海、南京、武汉等地高校纷纷兴办艺术管理成人教育或专科教育。2000年以来,先是艺术院校,之后是综合高校、管理学院、商学院等纷纷依托美术学、音乐学、公共事业管理等专业设置艺术管理教学方向。2008年,一些有条件的高校开始在艺术学或管理学的学位点内设置艺术管理硕士、博士研究生培养方向。目前"艺术管理"基本形成了以艺术院校为主,综合性、文科类等院校共同发展的办学格局,构建起从本科到硕士、博士研究生结构完整的教育体系。据不完全统计,目前全国共有90多所高校举办艺术管理类本科专业(名称不尽相同),30余所高校设有艺术管理研究方向硕士学位授予点,10余所高校设有艺术管理研究方向博士学位授予点。在专业建设过程中不仅培育了一大批知识完备、业务能力强的师资队伍,还出版了一大批艺术管理学术著作、教材和教学参考资料,基本覆盖了艺术管理专业的实践应用和理论研究的各个领域。

当前,对艺术管理教育来说,一方面具有办学历史久、办学规模大、办学成果显著的特点;另一方面依然处于挂靠在美术学、音乐学、公共事业管理等本科专业下以专业方向的形式招生办学的情形。这在一定程度上严重影响了艺术管理招生和就业的社会认可度,也严重制约了教学资源配置、教师课题申报等。2011年艺术学升格为学科门类之后,在艺术学理论类学科下设置艺术管理本科特设专业正在成为本行业教育人士的共识。

(3)南京艺术学院建设艺术管理专业的基础、资源与优势。

南京艺术学院依托全校办学优势和学科底蕴在全国率先举办艺术管理教育,经过30多年的实践与探索,积累了办学条件和资源,在人才培养、学科建设和社会服务方面奠定了申报本科专业的扎实基础。

其一,南京艺术学院艺术管理教育发展历程。(内容略)

其二,南京艺术学院艺术管理专业的办学优势。第一,南京艺术学院是综合性艺术院校,艺术类学科及专业齐全,为艺术管理本科特设专业的办学提供了生态化的土壤环境。目前,学校拥有艺术史论、艺术教育、美术学、绘画、音乐表演、音乐学、戏剧影视文学、广播电视编导、戏剧影视导演、设计学、视觉传达设计、艺术科技等37个本科专业。艺术管理专业依托这些专业共同构成互融共生的专业生态环境,为培养艺术管理人才提供了广阔的平台。学校的学分制管理模式,使学生可以跨专业选课,尽可能多地了解艺术类型知识、技能,还为专业教学提供了大量的实践渠道和机会。全校现有音乐厅、演奏厅、实验剧场、黑匣子剧场、美术馆、展厅等场所 10 多处,全校教学资源共享,为艺术管理专业提供大量的课程实践、实习渠道。学校每年举办 100 余场展览和演出,为艺术管理专业教学提供了观摩和实习的机会。第二,南京艺术学院作为百年老校,学科底蕴深厚,为艺术管理提供了扎实的学科建设、学位授予点建设以及科研基础。南京艺术学院是国内最早设置研究生教育的院校之一,2011 年学校获得艺术学学科门类下设的艺术学理论、音乐与舞蹈学、戏剧与影视学、美术学以及设计学全部五个一级学科的博士、硕士学位授予权;2012 年艺术学全部五个一级学科遴选为江苏省"十二五"重点学科,获批艺术学五个一级学科博士后科研流动站;艺术学(一级学科)为省国家重点学科培育点、省高校优势学科,美术学为国家重点学科培育点。无论是艺术学理论省级重点学科建设,还是硕、博学位点建设,都将艺术管理作为子项目纳入其中进行统一规划和落实。2014 年学校成功申报江苏省"文化创意与管理协同创新中心",亦将艺术市场与营销、艺术创意与品牌等研究领域纳入进来,成为四大研究版块的重要组成部分。第三,江苏作为经济和文化大省也是学校举办艺术管理专业的一大优势。江苏省经济社会的发展不仅对艺术管理人才有着大量的需求,而且提供了大量的教学实践基地与专业兼职教师。目前,学校已与南京博物院、江苏演艺集团、江苏省美术馆以及长三角地区 20 多家艺术机构建立了教学实践实习基地,同时还从这些艺术机构聘请富有实践与理论经验的兼职教师 20 多人。

其三,南京艺术学院艺术管理专业的办学条件。本专业方向经过 30 多年的建设,目前全校艺术管理学科专任在岗教师 12 人,其中教授 3 人、特聘教授 2 人、副教授 5 人。专业教师都具有硕士及以上学位。而且,教师大都在演艺院团、美术馆、艺术品拍卖公司等机构有过兼职或实习工作的经历和经验。校内兼职教师10余人,校外兼职教师20余人。基本建立起一支专兼职结合、双师型引领的艺术管理师资队伍。

经过长期的教学实践和经验积累,目前已经编制出完整的本专业学生选课手册、教学管理手册,开拓了稳定的实践基地以及广泛的生源与就业渠道;设置了艺术管理信息资料中心、艺术市场数据分析中心、艺术项目企划中心、艺术品牌运营中心、艺术拍卖实践中心等教学、科研机构,建立了艺术创意实验室、艺术商务实验室。近十年来学校在艺术管理专业建设方面的软、硬件投入约为900万元。

2006年来以来,全校在编教师围绕艺术管理核心议题出版《中国现当代艺术学史》《艺术管理学概论》《艺术市场学》《艺术营销学》《大型综艺活动创意·策划·操作》《艺术品市场分析与特征价格》等著作、教材30余部,发表专业学术论文200余篇,主持国家社科基金艺术学课题6项,教育部、江苏省课题20余项。人文学院指导学生荣获全国艺术项目创意大赛一等奖2次,二等奖、三等奖5次;指导学生获批江苏省大学生实践创新计划20余项。2012年起编辑出版的《艺术管理学研究》丛刊已经成为艺术管理重要的学术平台。2013年,人文学院副院长董峰老师经过投票当选为第三届中国艺术管理教育学会主席,在本专业领域发挥着积极的影响作用。

2. 学校专业发展规划

(1) 整体专业发展规划。学校"十二五"规划提出,坚持传统优势学科专业与新兴交叉学科专业协调发展,促进艺术类本科专业向管理学、教育学、工学等领域拓展融合,建设新兴、实用、复合型"大艺术"类本科专业,努力适应社会经济文化发展对艺术院校办学新的需求。新建本科专业须立足综合性艺术院校特有的办学优势,面向江苏乃至全国文化发展情势,创新人才培养模式,探索特色化、前沿性专业建设之路。学校新的"五年发展计划"正在制定之中,全校将秉承百年名校办学的优良传统,紧紧贴近社会经济文化发展的前沿需求,进一步解放教育思想,大力提升专业教学内涵与品质，促进专业生态体系建设迎来一个新的局面。

（2）艺术管理专业建设思路。依托综合性院校办学优势，顺应社会文化发展大势，将艺术管理建设成为艺术学理论类特设本科专业，完善基础性和开放性有机结合的课程体系，创新教学管理模式，走特色化办学之路，全面培养"专业素质高、就业本领强、创业意识浓"的新型艺术管理人才。

特色之一：采取1+2+1人才培养模式。艺术管理专业坚持按专业大类招生、按专业方向培养的原则，采取1+2+1的方式创新人才培养模式。一年级在全校范围内自主选课学习艺术学基础类课程、管理学基础类课程，可以学习一门艺术类型的知识、技能，也可以学习多门艺术类型的知识、技能；二、三年级在人文学院学习专业核心课程，以及结合课程学习参加必要的观摩、见习、实操等教学环节；四年级以实践性项目或研究性课题进入工作室，学习高端、前沿、实用类课程，并且与毕业论文、毕业创作相结合。

特色之二：塑造多样化的课程教学形态。坚持知识教学能力化，对传统的理论课堂教学形态进行改革。其一，采取工作室教学制度，组建4类工作室即4个培养方向：演艺策划、制作、经纪、营销及舞台管理；展览策划、制作、经纪、营销及画廊管理；艺术市场调查、项目企划、品牌管理；公共艺术教育、观众拓展、媒介管理。其二，推进开放式教学资源课程化模式。完善跨界类课程、实践性课程、国际化课程，将研讨班、工作坊、专业实践、学术讲座等纳入课程体系；制定作业标准与考核办法。其三，推进学界教师和业界专家合作授课模式。针对艺术管理专业实践性教学品质的特点，采取学界和业界合作授课的方式；对于以理论为主的课程教学要求至少安排一次外出实习实践，同时要求至少一次邀请业界专家来课堂"现身说法"。其四，在毕业设计环节，推行"跨院系"专业融合毕业设计的教学形态，使艺术管理专业与其他艺术专业深度交互并产生跨界的特殊效果。

特色之三：构建校内外协同办学机制。艺术管理专业课程、师资、教学场所、实践基地、产学研项目实行校内外共建共享的协同办学机制。在开课与选课方面，支持艺术管理专业的学生在全校选课，也要求艺术管理专业教师面向全校开设艺术管理、艺术市场、艺术营销类课程。在师资方面，支持教师参加各种专业进修以及到艺术机构兼职实习，也吸引具有丰富艺管实战经验的专家来校兼职授课；实行专兼职结合、双师型主导的师资队伍建设机制。在教学场所及实习基地方面，将校内的展演机构以及江苏省美术馆、江苏省演艺集团等校外展演机构作为专业实习、志愿者服务基地，对于实务类课程一般安排在展厅、舞台等艺术现场组织教学。在产学研项目一体化方面，积极参与江苏建设文化强省的项目工程，使学院成为艺术管理领域在人才培养、学术研究、成果转化等方面的重要力量。

3. 人才需求预测

本校自2001年举办艺术管理专业方向以来已经培养十届400多名毕业生，其中5%的毕业生以画廊经营、演艺代理等形式自主创业，10%的毕业生考取研究生、公务员或出国深造，80%的毕业生在各级各类艺术机构及相关单位就业。目前已有毕业生成长为北京、上海以及南京等地大型艺术机构业务骨干。艺术管理专业学生的就业率和就业面均超过纯艺术类专业的学生。这足以说明蓬勃发展的文化形势对艺术管理人才有着更大的社会需求。

从宏观形势来看，目前我国经济总量已居世界第二位，但是文化市场规模以及文化软实力、文化走出去战略还不能与经济实力相匹配。近年来，无论是文化体制改革及文化大发展大繁荣的宏观决定，还是国民经济和社会发展"十二五"战略规划，以及各级政府先后出台的5 500多项支持、促进文化艺术发展的法规措施，都将文化融入社会的各个层面并置于中心位置，这为艺术管理人才持续而广阔的社会需求提供了政策依据。

就江苏而言，2012年，全省文化及相关行业机构共计19 170个，比上年增加1 267个；其中文化部门直属各类机构2 347个。2012年，全省共有文化市场经营企业16 564个,比上年增加1 490个。江苏艺术机构与艺术事务蓬勃发展的势头还将持续下去,从而对艺术管理人才在规模、类型、层次等方面的需求也将持续增加。而江苏的实际情形是,对大多数的剧院、歌舞团、演艺公司、美术馆、博物馆、拍卖行等艺术机构来说,专业化的艺术管理人才几乎还是空白。

4. 增设专业的区分度

(1) 增设专业的科学性、合理性。艺术管理专业是伴随社会主义文化大发展、大繁荣在各级各类艺术机构及其运营经验的基础上生成的。本专业以艺术学为核心、以管理学为工具,属于交叉类、复合型本科专业,具有跨学科的特点和应用性的品质。

艺术管理首先包括对艺术机构及其活动承担计划、组织、指挥、协调、监督的职能,其次包括对具体艺术项目的制作与执行,还包括对艺术商业、艺术市场的经营,对艺术生产、艺术消费的协调。在本质上艺术管理是对艺术与社会外部因素互动关系的统筹与掌控,是任何大小的艺术组织结合美学原则、社会效益和商业价值促进艺术传播与推广的桥梁。专业化的艺术管理承担着文化推动力的责任和使命,是国家文化发展战略调整、社会文化治理模式重塑、公民文化权利保障的重要手段。

具有现代意义的艺术管理教育在国内的发展已有近30年的历史,基本形成了完整的学科体系和办学框架。作为本科专业建制,艺术管理不仅拥有最为本质化的人才培养规格和最为一般性的课程体系要求,以此确立了自身特有的专业内涵和教学面貌;而且基于每所学校的办学传统与资源以及学校所在区域的经济、文化发展水平与需求,自主构建了开放式、个性化的培养方向和教学方案,合理设计具体的教学计划、课程大纲以及教学方法,以此彰显各高校专业发展的优势与特色。

目前,艺术管理专业方向分别以公共事业管理和美术学或音乐学的名义招生和培养。鉴于艺术管理与注重公共服务的公共事业管理以及注重本体的美术学或音乐学在属性上有很大差异甚至不兼容,这导致对人才培养和学生的自我塑造等方面产生全方位的影响。增列艺术管理专业,对于理顺专业设置和推动学科发展具有重大意义。

(2) 艺术管理与文化产业管理的区分。艺术管理专业培养懂得如何选择优秀的艺术作品,又如何进行市场营销,并在复杂的市场环境中能做出正确的经营决策,能合理地配置、利用和开发艺术资源,熟悉国际国内艺术行业的基本规则和艺术管理的基本流程,掌握创意策划、展览设计、舞台布置、现场管理等操作过程中的关键技能,同时掌握艺术行业的信息处理与管理技术的具有文化使命感的复合型艺术管理专业人才。而文化产业管理专业则培养熟悉文化法规及政策,具备较强规划、决策、组织、策划、创意以及沟通表达能力,具备较强社会调研和信息处理能力,能够在文化产业及相关产业、政府文化管理部门及文化事业单位从事文化经营管理、市场营销与策划、文化贸易与交流工作的应用型、复合型高级人才。

(3) 艺术管理与艺术史论的区分。作为艺术学理论应用层面的特设专业,艺术管理与艺术史论等本科专业共同构成艺术学理论一级学科完整的学术框架。其一,培养目标不同。艺术管理专业更强调专业性、应用性,而艺术史论则更强调学术性、通识性。其二,培养要求不同。艺术管理专业要求一定的艺术实践基础和相当的艺术感知能力,要求学生能较好地掌握艺术管理的基本理论、基础知识和基本技能,具备合理地配置、利用和开发艺术资源的管理能力。而艺术史论则要求宽阔的文化知识和扎实的艺术理论修养。

(4) 专业名称的规范性。艺术管理类型多样,层次繁多,包含演出制作管理和艺术院团管理、视觉艺术管理、制片管理、艺术经纪与代理、艺术市场管理、艺术展览策划等专业性较强的职业。就专业名称的覆盖面而言,艺术管理既不宜过于宽泛,也不宜过于狭窄,内涵和外延都应该清晰。作为专业名称,艺术管理强调了职业属性和特点、专业服务的范围和对象、专业自身所需遵循的规律和原则,应该具有规范性和科学性。因此可以说,"艺术管理"这一名称早已有之,约定俗成,有广泛的共识,使用这一名称可以很好地统摄当前专业分布的实际情况。

六、学科建设的重大突破

省部级重点学科是区域乃至全国技术创新、知识创新、理论创新的重要基地，是培养和积聚高层次创新人才的主要载体，通常按照特定的标准与条件评审，由政府以及高校集中投入大量经费和资源，努力实现这些学科在人才培养、学术创新和社会服务上的重大突破，以图在激烈的一流大学建设竞争中占据一席之地[1]。20 世纪 90 年代中期，江苏省艺术类重点学科——美术学、音乐学、设计学[2]——全部不在南艺。到了 2012 年，在新一届领导班子运筹帷幄之下，美术学、音乐与舞蹈学、设计学、戏剧与影视学、艺术学理论等艺术学门类 5 个一级学科省级重点学科全部由南艺申报成功。2016 年 5 月，根据《省教育厅办公室关于开展"十三五"省重点学科遴选建设工作的通知》（苏教办研〔2016〕2 号）精神，经学校申报、专家评审、社会公示以及厅务会审定等程序，由本人为学科带头人的公共管理（艺术管理）一级学科成为"十三五"江苏省重点学科（2016—2020）[3]。

---

[1] 江苏省评选重点学科具备的基本条件大致包括 5 个方面。学科方向：对推动学科发展、科技进步，促进我国经济、社会、文化发展和国防建设具有重要意义；学术队伍：有在所在学科学术造诣高、有一定国际影响或国内公认的学术带头人，有结构合理的高水平学术梯队；人才培养：培养博士生的数量和质量处于全国同类博士点前列；科学研究：已形成有较大影响的学术特色，取得一定数量较高水平的研究成果，对经济建设和社会发展作出重大贡献，且承担具有重要理论和现实意义的研究项目；条件建设：教学、科研条件居全国同类学科先进水平，具有较强的与相关学科相互支撑的能力和获取国内外信息资料的先进手段，学术气氛浓厚，国际、国内学术交流活跃。
[2] 据了解，当时美术学、音乐学省级重点学科归属南京师范大学，设计学省级重点学科归属江南大学。
[3] 根据《省教育厅办公室关于开展"十三五"省重点学科遴选建设工作的通知》（苏教办研〔2016〕2 号）精神，经学校申报、专家评审、社会公示以及厅务会审定等程序，共有 323 个学科被遴选为"十三五"江苏省重点学科（含省重点学科、省重点〈培育〉学科、省重点建设学科三个层次），其中包括 2015 年评审认定的"马克思主义理论"学科 10 个。2016 年 11 月省教育厅联合省财政厅公布"十三五"省重点学科名单（苏教研〔2016〕9 号）。

这是南艺第一次在艺术学门类之外获取的又一项学科建设重大突破。

重点学科申报书主要包括两个部分。其一，申报时的工作基础和学科建设思路，包括学科方向、学术团队、人才培养、科学研究、学术交流、教学科研基础条件、与国内外同类学科优势与特色的比较等，以及本学科建设的目标、重点、举措等。其二，本学科建设基础、建设目标和标志性成果，包括优质资源、创新团队、人才培养等方面。这里选取的是申报成功之后按照要求在申报书基础之上拟定的任务书里面的部分内容，目标、思路、措施更为清晰、可行。

（一）学科建设总体思路、目标、重点与措施

1. 因应江苏乃至全国"十三五"文化战略规划，整合全校艺术学科齐全优势，聚焦"艺术机构、文化企业与创意园区运营"的理论研究、人才培养与社会服务，全力建设艺术领域应用性、平台型公共管理学科体系，培育专兼结合、学用融合的师资团队，荟集具有原创性、前瞻性的艺术管理商业思想、经营理论及实务操作研究成果，力争成为全国聚合、展示艺术管理最新研究成果的平台，成为全国有影响的艺术管理高层次人才专业教育、在职研修基地。

2. 注重基础理论研究，加强艺术管理领域政府咨询、行业发展、专业教育及学科体系研究，特别以"美术馆、博物馆、文化馆、剧院团、影视院线、艺术节庆"运营为学术基点，关注江苏省艺术管理核心议题，提倡在事实和数据基础之上的定性和定量研究方法，着重开展三大研究领域：(1)江苏省艺术机构、文化企业、创意园区运营机制与规律；(2)江苏省书画、演艺、电影等艺术市场生产与消费联动机制；(3)非遗传承、保护与开发的江苏方略。

3. 构建艺术领域应用性、平台型公共管理学科运作机制。在这一关键性举措中，应用性机制包括：(1)在课程体系、教学内容、实践资源、师资配置方面全力培养懂艺术、善经营、会管理的复合应用性本科人才；(2)申报公共管理硕士学位授权点,把目前艺术管理硕、博研究生培养从艺术学理论转入公共管理学科;(3)承办国家及省级艺术基金等项目,面向社会开展艺术管理、非遗保护人才高级研修;(4)开展应用性研究,申报国家及省部级社科基金课题,注重科研成果转化,承接社会服务项目。平台型机制包括:(1)针对全校艺术门类齐全、艺术资源丰富的优势,做学校艺术资源向社会进行展示、推广、服务的平台;(2)针对江苏省文化引领经济转型、社会升级的战略,做产、学、研融合对接的平台;(3)针对中国文化走出去的需要,做中外合作办学、艺术跨文化交流的平台。

4. 以团队培育和经费投入保障学科建设。(1)培育规模在30人以上的专兼结合、学用融合"艺术领域公共管理"创新团队,其中在职20人,兼职10人,加大人才培养和引进力度,在2015年获得校级优秀教学团队的基础上争取获批省级优秀教学团队或科研创新团队。(2)原有投入渠道不变,"十三五"期间每年增加经费60万元,主要用于学科平台建设、教学资源建设、科研成果出版等工作,同时积极争取学校以及政府、企业专项经费,主要用于师资队伍建设、立项课题研究、在职人才培训等工作。

(二)目标任务与预期标志性成果

1. 优质资源建设

(1)江苏省艺术管理产学研协同创新中心。推进实践教学体系建设,构建实践课程教学项目化模式,编制基本教学文件;完成艺术商务和非遗保护两个实验室的二期工程建设,积极申报省级重点实验室或省级教学示范中心;深化与江苏省演艺集团、江苏大剧院、江苏省美术馆、南京博物院、万达电影院线、南京百家湖国际艺术投资有限公司、江苏紫金文创园等全省知名艺术机构、大型文化企业的合作,深度参与合作单位业务流程,共同研发艺术管理与文化创意前沿产品;举办江苏省艺术管理产学研协同创新年度论坛;举办长三角地区艺术管理研究生学术沙龙。

（2）全国非遗传承、保护与开发研究基地。依托文化部、教育部非遗传承人群驻校研修研习培训计划，每年计划办班三期，每期培训40—60人；继续推进南京博物院、南京图书馆、广东省立中山图书馆实习基地建设，争取每年有10—20名学生顶岗实习；推进与国家古籍保护中心联合培养研究生、联合举办名家系列讲座，编印讲座文集；开展南京栖霞寺纸质文化遗存保护修复项目，扩大承接非遗类社会服务范围。

（3）江苏省艺术市场研究平台。开展艺术品拍卖教学与实践，每年举办春秋两季拍卖，争取每期成交额200万以上；每周举办一次微拍，每期成交额3—10万；举办线下书画展览、艺术家访谈活动；开展书画、演艺、电影等艺术市场中商业营销、会员管理、观众拓展、盈利渠道等新理念、新模式、新产品的研发；每年公开出版《江苏文物艺术品拍卖市场研究报告》；每年公开发表江苏书画、演艺、电影市场研究报告。

（4）艺术跨文化交流与合作平台。围绕艺术领域公共管理的核心议题，定期举办艺术管理国际课程工作坊，形成中外交流、师生共话、产学对接的有效形式；持续推进与意大利博洛尼亚大学、美国瓦尔普莱索大学等海外院校联合办学，在研究生培养、师资进修、展演交流、项目研发等领域取得实质性进展；扩大与海外相关专业交流范围；依托中国艺术管理教育学会开展与美国艺术管理教育工作者协会的全面合作，引进原版教材，师生互派互访，共同举办主题活动，促进中国艺术管理教育发展。

（5）全校艺术管理与文化创意学术共同体。积极参与学校承建的"江苏省紫金文创研究院"高端智库工作，推出一批咨政建言成果，协助完成智库品牌产品，协助举办文化经济学紫金论坛；积极参与学校承建的"江苏省文化艺术人才培训基地"工作。每年开展南京领导干部进高校选学研修班两期，每期约60人；每年根据专业方向课程群，面向本方向的优秀学生，开展课堂教学延伸培训，包括艺术品投资经营管理方向的拍卖师培训，音乐表演产业经营管理方向的制作人培训，影视与新媒体产业经营管理方向的电影后期剪辑培训；积极参与全校美术馆、音乐厅等10余家展演机构的各项活动,协助策划、管理高规格美术展览,每年20个左右,其中国际性展览3—4个;协助管理各类校内演出,每年50场左右;全面参加学校"毕业嘉年华"年度盛会,在主题策划、活动组织、宣传报道以及观众拓展、赞助筹集等专业方面发挥公共管理的学科优势与人才优势。

2. 创新团队建设

(1)加大人才培养和引进力度,形成规模在30人以上的专兼结合、学用融合"艺术领域公共管理"创新团队,其中在职10人以上,兼职20人以上;引进具有教授职称或博士学位、管理学背景学术骨干1—2人,引进艺术管理、文化创意、非遗保护领域具有行业经验的领军人物1—2人,遴选江苏省"产业教授"3—5人;按照本学科规划的重点研究领域以及优势资源平台的要求,以灵活方式聘任知名专家、学术骨干10人以上。

(2)在编青年教师每人每年不少于10天参加知名艺术机构或大型文化企业挂职、调研;在编教师每人每年不少于2次参加国内外有影响的、与本学科密切相关的学术交流或行业年会;力争江苏省英才计划海外访学1人次,力争国家公派、江苏省政府留学基金或江苏省教育厅留学基金项目及其他政府部门或个人境外研修计划等渠道,拟每年派出1人。

(3)鼓励本专业教师加强教学工作,积极申报校级精品课件、优秀课程、品牌专业、教育教学成果奖等评审,争取获批10项;鼓励本专业教师加强教学研究,积极申报校级、省级教改课题立项,争取获批5项;积极申报校级、省级各类优秀教学成果奖评审,力争教学成果获批省级奖励1部,校级奖励3项。

(4)优先围绕"艺术机构运营""艺术市场营销""公共艺术教育"等领域,有计划地培养和引进人才,形成教学效果好、科研能力强的创新团队,保证梯队建设在年龄结构、专业结构、学缘结构和职称结构上的合理性,在 2015 年获得校级优秀教学团队的基础上争取获批省级优秀教学团队或创新团队。每个重点研究领域培育省级"333 工程"、青蓝工程、社科英才等学术骨干、学术带头人 1—2 名;3—5 人进入艺术管理、非遗保护、文化创意、公共管理等全国重要学会或协会常务理事名单。

3. 人才培养

(1) 全面修订本科人才培养方案,加大教学改革力度,加大科研成果转化为教学资源的力度,在课程体系、教学内容、实践资源、师资配置方面全力培养懂艺术、善经营、会管理的复合应用性专业人才。

(2) 积极申报公共管理硕士学位授权点,把目前艺术管理硕、博研究生培养从艺术学理论转入公共管理学科,按照公共管理学科建设规划全面修订研究生教育与学位点建设方案。

(3) 学以致用,以赛促学,组织学生参加挑战杯大赛、互联网＋双创大赛、全国艺术管理项目创意策划大奖赛等专业正规赛事,指导学生获得奖项 5 项。

(4) 利用艺术管理国际课程工作坊以及与意大利博洛尼亚大学、美国瓦尔普莱索大学合作办学培养高素质艺术管理人才;积极推进与美国艺术管理教育工作者协会的合作,构建国际化艺术管理教学合作平台;积极推进本校本科学生申报和参加海外交流项目,每年 3—5 人次;积极吸引海外学生来校交流、留学。

(5) 承办国家及省级艺术基金人才培养项目 3 个以上,面向社会开展艺术管理、非遗保护人才高级研修,扩大社会培训的范围并提高实际办学效果。

4. 科研创新

(1) 开展与知名艺术机构、大型文化企业、重点创意园区以及科研院所横向研究课题 3 项;在研或立项省部级、校厅级课题、项目 5 项以上,在研或立项国家级课题、项目 2—3 项。

(2) 发表学术论文、研究报告 100 篇以上,其中核心期刊论文不少于

30 篇,出版学术专著、教材、丛刊 20 部以上;出版艺术管理名家讲坛文集 1 部,出版非遗保护名家讲坛文集 1 部。

(3)持续编辑出版《艺术管理学研究》,每年一卷;持续编辑出版《江苏文物艺术品拍卖市场研究报告》,每年一卷;持续发表江苏省书画、演艺、电影市场研究报告,每年一篇。

(4)依托江苏省研究生教育实践创新项目,举办长三角地区艺术管理研究生学术沙龙;在已举办两次的基础上,参照知名高校好的做法,完善并继续举办艺术管理国际课程工作坊,形成学科影响力。

(5)持续高质量举办江苏省艺术管理产学研协同创新年度论坛,按照学界 1/3、业界 1/3、政府部门 1/3 即 3 个 1/3 的原则邀请与会代表;与中国艺术管理教育学会合作,举办国际艺术管理教育大会,邀请国内外艺术领域公共管理专家学者与会,各美其美,美美与共,形成有影响力的学科建设品牌。

结　语

就学校的实践和探索来看,艺术管理本科专业的应用属性是显而易见的,也是深入人心的,这一不同于传统优势专业的专业特征是在具体的教学实践中被逐步指认又在其中得以不断呈现的。但在大的范围或不同场合,对艺术管理专业应用属性的看法并非铁板一块[①],有人认为"艺术管理"属于人文学科,也有人建议把它归入社会学科,还有人提出综合性

---

① 专题研究"艺术管理"专业定位与学科属性的论文主要有 8 篇。宫宝荣:《艺术管理的专业属性及其它》,《戏剧艺术》2007 年第 6 期;张伟:《谈艺术管理的学科定位问题》,《艺术教育》2007 年第 11 期;屠志芬、刘振华:《综合艺术院校艺术管理专业定位与课程体系探索》,《吉林艺术学院学报》2013 年第 6 期;谭魏:《再论艺术管理的学科属性及其它》,《艺术与设计》2011 年第 2 期;王月颖:《对高校艺术管理专业学科定位的反思》,《社会科学战线》2016 年第 1 期;曹英、何勇、管顺丰:《跨学科融合背景下的艺术管理学科属性与研究范式探析》,《艺术教育》2017 年第 21 期;杜娟、杜晓茹、王孟孟:《艺术管理学科属性与学科设置研究》,《设计艺术研究》2018 年第 4 期。

或者跨学科的观点,因此带来其专业办学定位的分歧,进而带来教学取向的摇摆。因此,在实践之外,艺术管理本科专业应用属性的确认还需要在理论中能够解释清楚。

自艺术学门类升格以来,艺术院校的"艺术管理"就开始定位于艺术学理论一级学科下了,那么,讨论艺术管理的专业属性就需要从艺术学理论这个学科谈起。这些年绝大多数期刊文章或论坛发言在讨论艺术学理论学科的结构、框架与体系时,无不坚持"三体两翼"的表述,如果加上"一根基"这个部分,合起来叫作"三体两翼一根基",也许就更全面了。一根基就是艺术一般,两翼就是应用和跨界,三体就是史、论、评,总之,作为学科的艺术学理论是不能离开"应用和跨界"这两翼的。

当然,说艺术学理论需要强调它的应用性或者说强化应用艺术学建设,并不是说艺术学的理论性或理论艺术学不重要,恰恰相反,理论艺术学是整个艺术学的立足点,它提供了全部艺术门类的世界观和方法论,这是毋庸置疑的。这里之所以专门强调艺术学的应用性或者说应用艺术学,是基于以下因素的考虑:(1)在艺术学兴起的120多年的进程中依然存在"重艺轻术"的现象,这也是整个人文学科的传统与现状。所以2011年艺术学"升门"后,理论艺术学获得了相对较快的发展,其学者来源包括艺术、美学、文学、社会学等广泛的学科领域,一支庞大的科研队伍自然也就产生了一批丰硕的学术成果;但是应用艺术学因为要把理论和实践结合起来,要把实操技术、实践经验转化为学术观点、知识体系,所以在研究队伍和学术成果各方面都是明显不足的,因此迫切需要加强和改进。(2)在管理学的语境下"技术为王,技术制胜"成为普遍法则,技术与学理两者的边界也是比较模糊的,甚至可以说技术本身就是一种特殊形式的理论,而这些技术理论还往往是管理实践及其理论演进的变革性力量。所以说管理学本身就是由一系列定量性技术手段和技术方式组成,进而构成不同的管理流派或分支。"技术已经不仅仅是为社会追求意义生成和价值实现的辅助性工具手段,而是更多地表现为社会意义生成和社会价值实现本身。"①同理，艺术领域的创意、制作、传播、管理的技术甚至拥有了成为艺术学主体性的要素特征与品质。当然，今天包括大数据、云计算、人工智能在内的技术有可能成为工具理性的一部分而呈现负面价值，这也是艺术管理要时刻警惕并加以避免的。(3)在整个人文领域作为"无用之学"的人文学科其世界性危机由来已久，化解的路径在于从学院化知识体系走向社会生活的实践性。这是周宪老师在《再发明与在行动：化解人文学科世界性危机的路径》②一文中表达的重要观点。他认为，化解人文学科的世界性危机的原则是"人文学科在行动"，首先人文学科与其他学科有效结合，其次人文学科教育从学理型转向实践型，最后将书斋书本里的高深理论转化为街头巷尾的普及知识。艺术学可谓人文学科的重要组成部分，其实践型的学术进路可谓不证自明。学科是如此，专业更是如此。

原文出处：南京艺术学院艺术管理学科
专业建设资料(2006—2016)

延伸阅读篇目：

1. 邓芳芳：《艺术管理专业办学实践模式初探》，《南京艺术学院学报(美术与设计)》2008年第5期。
2. 邓芳芳：《论英国创意人才培养战略对我国的启示》，《艺术探索》2009年第6期。
3. 张谦、陈勇军：《跨专业艺术实践教学体系初探——以艺术管理专业为例》，《南京艺术学院学报(美术与设计)》2011年第5期。
4. 陈勇军：《艺术管理专业应用性课程建构的认识与思考——以音乐舞蹈、影视表演学科相关应用性课程教学为例》，《南京艺术学院学报(音乐与表演)》2013年第4期。
5. 陆霄虹：《艺术管理专业项目制教学适用性研究——以南京艺术学院艺术管理系为例》，《美术教育研究》2017年第23期。

---

① 王列生：《文化制度创新论稿》，北京：中国电影出版社，2011年。
② 周宪：《再发明与在行动：化解人文学科世界性危机的路径》，《南国学术》2015年第2期。

6. 施瑶:《学科视域下当代艺术管理专业课程建设的向度与脉络解析》,《大众文艺》2019年第10期。
7. 陆霄虹、柏静:《艺术管理专业西方美术史多维度教学法》,《美术观察》2020年第7期。
8. 陆霄虹:《指向深度学习的艺术管理专业在线教学研究》,《艺术管理》(中英文)2020年第4期。
9. 陆霄虹:《智慧艺术博物馆时代:视觉艺术管理人才培养的新挑战》,《画刊》2022年第4期。

新时代艺术管理教育发展的上海共识

新中国成立后,在主要的工商业大中城市尤其是在上海、南京和杭州,专业化的艺术管理及其教育的观念在艰难地生成,相应的实践也在断断续续地推进。就上海而言,1982年,上海文化局委托上海市戏曲学校举办"艺术管理专修班",迈出全国在职干部专攻艺术管理的第一步①。1986年,上海市根据中共中央书记处批准的《上海城市发展战略》要求,决定在华东师范大学、上海大学、上海第二工业大学分别举办文化管理研究生班、本科生班、专修班,1987年分别招生,标志着我国文化管理人才培养走向正规化、制度化,并且在全国最早形成专、本、硕比较完整的教育体系②。1993年,经原国家教委批复同意,上海交通大学创办了文化艺术管理本科专业,是为全国第一家。进入21世纪以后,上海交大、同济大学等高校的文化产业学科蓬勃发展。2016年,上海戏剧学院成为全国率先成功申报艺术管理本科特设专业的两高校之一③……这一系列创举,表明以上海为中心的长三角地区其艺术管理教育的兴起与发展始终走在全国前列,并且在今天已经形成了完整的学科专业体系。它从一个侧面展示了中国教育现代化的过程,可说是中国教育现代化的一个缩影。

整个世界正处在剧烈的调整中,正处在从新时期进入新时代的进程中,上海、南京、杭州等长三角地区高等院校将再次领艺术管理及其教育

---

① 紫雪:《近年来文化管理学科的建设与发展述评》,《上海大学学报(社会科学版)》1988年第6期。
② 龚心瀚:《关于文化管理学科建设之管见》,《上海大学学报(社会科学版)》1988年第1期。
③ 董峰:《艺术管理一流本科专业课程体系的内涵与重构》,《艺术教育》2019年第12期。

发展风气之先，也将成为全国艺术管理及其教育走上发展快车道的重要示范与引领。11月17日，来自中国美术学院、南京艺术学院、上海音乐学院、上海戏剧学院、上海交大、同济大学、上海大学、华东政法、上海财大、上海视觉艺术学院等长三角地区高校20余位专家、学者汇集上海戏剧学院，聚焦艺术管理核心课程配置与通识课程开设这两个最为基本的议题，集中研讨与论证"如何确定与建设艺术管理本科生及研究生核心课程""如何把艺术管理作为艺术院校的通识课①开设起来"，提前谋划艺术管理学科专业在国家文化战略以及长三角经济社会一体化框架下更好发展的新目标与新思路，集思广益，研讨交流，又一次形成了在全国具有示范意义的"上海共识"。

其一，艺术管理本科生及研究生核心课程的开设与建设。作为规范且成熟的教育体制，艺术管理必须拥有最为基本的核心课程，以此为这个学科与专业确定边界，并在此基础上结合各地区、各类型高校的实际情况，开设出优势类、特色化的课程，从而形成完备且行之有效的课程体系与教材体系。

艺术管理本科专业主要培养具有专门知识和特殊技能，适合在艺术机构、文化企业、跨界部门从事创意/策划、开发/营销、行政/制作、教育/培训等工作的复合型艺术管理人才。要求学生热爱艺术、尊重观众、熟悉市场，具备科学有效地保护、利用和开发艺术资源的管理能力，独立获取知识，提出并分析、解决问题的能力，以及与多元价值观念的人进行合作的社会交往、组织协调能力。要求学生具有广泛阅读、批判性思考和流畅

---

① 通识教育是教育的一种，这种教育的目标是，在现代多元化的社会中，为受教育者提供通行于不同人群之间的知识和价值观。自19世纪初美国博德学院（Bowdoin College）的帕卡德（A. S. Parkard）教授第一次将它与大学教育联系起来后，有越来越多的人热衷于对它进行研究和讨论。虽然人们对于通识教育这个概念的表述各有不同，但是，对于通识教育的目标人们可以达成共识。通识教育没有专业的硬性划分，它提供的选择是多样化的；而学生们则通过多样化的选择，得到了自由的、顺其自然的成长。可以说，通识教育是一种人文教育，它超越了功利性与实用性。

写作的能力，以及至少掌握1门外语。核心课程设置为15门左右，大致范围包括：艺术作品鉴赏与评论、艺术管理原则与方法、艺术市场调查与分析、艺术机构成本核算与财务管理、艺术项目企划与研发、艺术跨界与融合、艺术筹资与赞助、艺术营销理论与实务、观众拓展与会员管理、展览策划与执行、艺术品投资与经营、画廊与美术馆运营、演出策划与制作、舞台管理、票房与剧院团经营。

艺术管理研究生主要为不同门类艺术的项目制作、机构运营、市场营销培养训练有素的高层次、应用型专门艺术管理人才，要求学生系统掌握艺术管理领域最高层次的理论知识、技巧及经验，熟悉国家文化政策与法律，熟悉经济社会文化发展状况与趋势，具有艺术机构运营、艺术资源整合、艺术市场开发等实际操作能力，具有创新性的思维、解决实际问题的能力和写作技巧。核心课程设置5—8门，大致范围包括：文化政策与法律、艺术文化经济学、城乡文化建设与艺术发展、剧院/美术馆文化空间营造与阐释、艺术门类与实践、艺术现场研究与写作、艺术项目策划与制作、艺术项目传播与营销、公共艺术教育与观众拓展、艺术项目筹资与赞助、文创园区运营与艺术机构管理等。

其二，作为艺术院校通识课的艺术管理开设的必要性及可行性。在艺文环境日趋复杂的今天，艺术院校的学生不仅要更加学好各自的专业课程，而且也应该更多地掌握艺术管理的前沿观念与实务知识，比如围绕艺术家的职业养成与市场发展所需要的有关权益、版权、税收、合同、市场、观众、媒体等必不可少的实用知识和技能。因此，在艺术院校开设艺术管理通识课不但必要而且可行。艺术管理通识课在艺术院系就是通用类、常识性的教学内容，它是艺术专业的每个学生在当今社会都要掌握的知识、都要形成的能力，是提升学生综合素质以及社会适应能力的重要载体。在教学内容上包括但不限于如下这些方面，比如艺术家职业规划、自我品牌塑造与营销、时间与财务管理、寻求社会赞助、艺术基金申请、税务申报与缴纳、艺术版权与法律、社会责任与公众形象等。

其三,中国美院代表倡议,适时成立长三角艺术管理与教育联盟,联合长三角地区艺术管理领域高校、企业、美术馆、博物馆、文艺院团,采取轮值主席制度,形成区域艺术管理及其教育的集群与创新共同体。这一构想的前提是:首先,由于艺术管理专业的师资力量比较薄弱,应该考虑把长三角地区相关教学资源,包括兄弟院校教室、行业专家汇集起来。其次,当下各个行业都需要艺术管理,比如演艺、文博、媒体等机构,这样就可以开展"内外交织"的专业建设。再次,长三角一体化经济如此发达,而在艺术管理方面是比较薄弱的,艺术管理的商业化思维方面也是滞后的,如何有效地将文化资产转成一种有价值的产能,这值得探索。可以通过联盟的方式把艺术管理各个层面的教育研究机构,以及生产、营销机构组合在一起,推进艺术管理及其教育的发展。同时这个平台是共享的,就像圆桌会议一样,即便是乡镇的文化机构需要支持,联盟也会整合资源去帮助它。

今年恰逢改革开放40周年,具有现代意义的中国艺术管理及其教育也正是改革开放进程中思想解放的产物,反之,艺术管理及其教育的发展也在一定程度上改变了整个社会对艺术领域管理议题的看法、认识和观念。可以指出的是,中国艺术管理及其教育未来的发展也必将建立在这样一个又一个的工作坊、研讨会与课堂教学、社会实践之中,以及这些工作坊、研讨会与课堂教学、社会实践所蕴含的独立思考精神、前瞻性判断与扎实的理论研究之上。

补记:

2020年12月,"长三角艺术管理教育联盟"在中国美术学院成立。"长三角艺术管理教育联盟"成员来自长三角地区27个城市的相关院校、公立和民营艺术机构、艺术园区、文化艺术小镇、文化产业和金融投资领域等,相关机构和个人申请成为联盟成员,将由组委会根据联盟相关章程和条约进行资格审定,并以授牌方式进行。作为长三角地区艺术管理教育一体化发展的研究机构,将借助学科优势,突破地缘、文化、城乡和行业藩篱,凝聚区域内艺术管理教育领域的相关行业同仁,搭建长三角地区艺术管理及其教育领域人才、信息、资源的共享平台,协同构筑具有中国特色的艺术管理专业教育体系。汇集区域内全国约四分之一高校的相关艺术管理、文化产业、艺术与科技创新等专业院系,整合传统教育与学科资源,依托本地区密集的演艺、文博等艺术机构,融合大数据、云计算、物联网、人工智能等新技术,探索区域创新能力,打造一批国际竞争力较强的艺术管理教育集群和文化产业创新共同体。

原文出处:2018 年上海戏剧学院
"新时代艺术管理课程设置与建设研讨会"纪要

延伸阅读文献:

1. 艺术当代:《一法多能,艺理兼修:"长三角艺术管理教育联盟"的成立》,《艺术当代》2021 年第 2 期。
2. 林路:《论中国艺术管理本科专业核心课程构建》,中央美术学院硕士学位论文,2018 年。
3. 卢育娟:《艺术管理学科体系构建研究》,中国艺术研究院博士学位论文,2018 年。

艺术机构对教育本质的回归

在国际美术教育大会设置艺术管理论坛并将"艺术机构的教育本质"确定为论坛主题,这是进入新时代中国艺术管理教育面临的新课题,也是世界艺术管理教育共同面对的课题,就是要构建面向未来的学科结构,形成艺术管理教育模式的转型,实现艺术管理教育在原有动能中增添新的动能,为社会发展提供创造性人才的支持。

一、艺术管理的美育议题

2018年11月2日—3日,国际美术教育大会在中央美术学院举办。本届大会以"新时代的美术教育"为主题,聚焦全球美术教育领域里的前沿问题,交流中外美术教育所取得的创新成果,探讨世界发展变化格局中美术教育的使命、任务,构建全球美术教育的合作平台,促进新时代美术教育的改革发展。艺术管理论坛作为本次国际美术教育大会的重要组成部分,选择以"艺术机构的教育本质"为题,力邀全球10个国家和地区34个机构的重要学者、专家、机构负责人和学科带头人共45位正式参会嘉宾,以主旨演讲和圆桌论坛相结合的形式,进行深入的探讨。近年来,艺术管理在中国已经成为热门专业和热点学科,已经形成了与国际接轨的良好局面,并正在着眼于不断深化促进国际间的对话、交流与合作。艺术管理始终与美育有着密切的内在联系——几乎所有的艺术机构都有教育的功能,甚至把美育作为其终极目标。本次艺术管理论坛将议题定为"艺术机构的教育本质",正是基于这样一种认识。而这一主题的设定不仅回应了在国际范围内艺术机构变革的初心所在,而且在当前形势下也为人们筹划艺术机构的发展打开了思路。中国正在迎来一个美育发展的新时代,艺术机构在推动美育发展方面具有不可替代的重要作用,本次论坛的嘉宾来自不同国家、地区,具有不同文化背景和不同的艺术专业背景,凸显了中国艺术管理教育在专业发展与学科建设方面突破边界、合作共赢的理念。

作为国际艺术管理学界的重要专家,简·杰弗里教授开宗明义地指出,在21世纪,艺术与文化机构的教育目标已超出了起初"对不同社会阶层开展教育"的原始范围,延展至更多元的领域之中。对于机构内部而言,教育功能也占据着越来越核心的位置,它像黏合剂一样让机构围绕一个共同的目标开展实践。

二、艺术机构的美育职能

这次国际美术教育大会艺术管理论坛的主题是"艺术机构的教育本质",如果大家对这个话题有充分的学术准备并进行广泛而深入的研讨,而不是即兴的表态式的应景或流水式的工作总结,想必就会形成关于这个议题完整的理论成果,形成具有指导意义的共识和方法论。因为在一定意义上说,这个题目不仅回应了在国际范围内艺术机构变革的初心所在,而且在当前形势下也为人们筹划艺术机构的发展打开了思路。但有一种私下的说法,认为五年不参加学术研讨会,照样接得上话,10年不参加学术研讨会照样听得懂。听了一些发言,可以说这种说法不是没有道理,这也是特别值得我们学界集体反思并共同改进的地方。

整个世界正处在剧烈的调整之中,我们称作从新时期进入新时代。我的理解,从新时期进入新时代不只是时序的变换,也包括场景的交换,因此就意味着社会议题的转换。而这一切都指向高质量发展、创新性发展以及以人民为中心、以幸福为旨归的发展,但所有的发展终归是有极限的。正好像"萧瑟秋风今又是,换了人间"。自然,在新时代,艺术机构不只是传统意义上的展演场所,而更加是社会学意义上休闲年、审美、文化与教育交互的中心。

回溯历史,很多艺术机构在一开始就是有教育功能的,因为它们认为要将艺术教授给公众。这一点是能肯定的。尽管今天的艺术机构已经意识到要不断为自己的教育职能发声,但在传统的认识中,艺术机构依然处于教育的边缘,因此,持续运用批判性和创新性的思维,形成跨界对话,激励创造和创新,并且特别关注教育项目的管理和营销,对于艺术机构扮演好在社会教育领域的角色而言是至关重要的。

在行业领域,从国外来说,普遍认为博物馆进入了以观众为中心的时代,而近期美国肯尼迪表演艺术中心出台了一份战略规划,总的来说是要从现在开始为未来10年培养热情的观众。这些都表明教育本质在艺术机构的体现与落实。在国内,这些年来,美术馆、大剧院、电影城等艺术机构蓬勃发展,不管是商业的还是公益的,从理论上来说其艺术活动都是文化的传递,也是审美的传递,当然也在情感共鸣与思维启发上产生影响。但是这种传递究竟是发挥着积极的、正面的影响,还是发挥着消极的、负面的影响;是发挥着直接的、显性的影响,还是发挥着间接的、隐性的影响;是发挥着短暂的、表面的影响,还是发挥着持久的、深刻的影响,这就需要回归教育本质的层面进行考评与界定。教育,不管是学校教育还是社会教育,终究都是对人的关怀,也是对社会的关怀。毫无疑问,作为社会教育的重要部分,艺术机构必须始终坚持、恪守这一点。

今天,教育是所有艺术机构的终极目标,这就意味着包括大剧院、博物馆在内的艺术机构都具有教育的本质。艺术机构的管理者不可避免地要为教育做出努力,艺术机构正在、也必将在教育中发挥越来越重要的作用。

三、艺术机构的美育层次

　　文化成为国家战略，除了政策推动，少不了经济繁荣这一基础，同时它也是对资源消耗、环境污染发展模式的反拨。目前全国地级市基本都建有音乐厅、大剧院、美术馆、博物馆，同时这些艺术机构还正在向区县一级下沉，另一方面一线大都市还建有艺术机构联合体，商业＋地产＋文化的模式不断被复制。这些音乐厅、大剧院、美术馆、博物馆首先是演出展览机构，如果是国有的，就是在政府指导下的经济行为，如果是民营的，就是在法律框架内的市场行为。在实践中，不管是国有的还是民营的艺术机构，都在开展公共艺术教育，比如亲子工作坊、少儿兴趣班、市民导赏课、专家讲座等，积累了丰富而多彩的案例。

　　如果从教育主题的内涵要求来说，目前音乐厅、大剧院、美术馆、博物馆只有这些公共艺术教育项目还是远远不够的，或者说，只有这些公共艺术教育的内容与措施还不能说艺术机构是在完整的意义上坚守了艺术机构的教育本质。因为，音乐厅、大剧院、美术馆、博物馆是社会美育的重要渠道，而社会美育的内涵是非常丰富的。从源初的角度来说，艺术机构的教育本质应该包括三个层次：其一是直接的社会美育渠道，就是我们通常所见的公共艺术教育，比如刚才说的导赏课；其二是间接的社会美育机制，就是通过优秀的艺术作品来影响人，感染人；其三是周边的社会美育氛围，就是音乐厅、大剧院、美术馆、博物馆，这些艺术机构独特别致的建筑、风景秀丽的景观以及人性化的服务，这种环境和氛围可以潜移默化地发挥育人功能。

　　提出艺术机构社会美育的不同层次，有助于我们从整体的角度来认识和推进艺术机构的社会美育工作。在音乐厅、大剧院、美术馆、博物馆开展社会美育，不只是公共艺术教育一个部门或几个人的事情，这是整个机构的根本所在，是所有人的职责所在，贯穿着艺术机构运营的全部过程。

四、艺术机构的美育途径

与高校等教学机构相比，艺术机构的教育功能有什么特点或者说区别？有学者认为，这取决于你处在何种体系之中，不同的体系之间的差异很大。如果在高校等教学机构体系中，你不得不去遵循某些规章制度、某些考核指标，学生有义务去了解一些规定的基本的知识。面对小孩子，你需要教会他们以前所不具备的技能。而在艺术机构中，那则是另外一种教育了——你不必手把手地教谁如何画画，而是以"讲解"的形式作为教育方式。

一些拍卖行等不属于非营利机构的组织是否也具有教育功能？它们如何实现教育本质？学者的观点是，有时候，营利与非营利两个领域的界限非常模糊。即使拍卖行属于营利版块，他们无疑也在提供着教育。并不是说在营利版块，你赚钱，所以就不能教育了；同样地，并不是说你是非营利版块的，你就不能去争取资金了。因此我认为，（无论是营利还是非营利机构，）我们都是在这一领域的并肩者，只是在不同地点而已。我们是需要加强彼此的联结的。对于拍卖行来说，给他的顾客提供教育是非常重要的。可以认为，拍卖行和画廊的某些功能与博物馆的功能非常相像。

在当前的形势下，我认为，国内的艺术机构对教育本质的回归或者说承担起更加重要的教育责任，可能有两个趋势，或者说有两个路径，就是艺术机构的智能化和景点化。

智能化是基于大数据和云计算的社会形势来谈的。艺术机构的智能化不仅表现在展演作品本身，更重要的是表现在作品的展示上、传播上和管理上。这样的智能化不仅可以让艺术机构更好地服务观众，比如沉浸式体验、虚拟化互动、自动售票系统、手机导览服务、客户管理网络；而且也能让观众更方便地走进艺术机构，一根网线或者说一部手机，就可以在智能化的艺术机构里畅游了。

　　景点化是基于文旅深度融合来谈的。在国内,现在可以说进入了全民旅游时代,普通阶层也把外出旅游当作生活的一部分。在这种情况下,艺术机构完全有可能成为旅游目的地。到一个城市去旅游,不仅要去看那里的自然景点,而且也要去看那里的历史景点,同时还要去那里的艺术景点。去看那里的艺术景点,过去主要是专业人士,现在普通民众也愿意去了。在国内,事实上这正在成为一种趋势,但也存在很多问题。根据粗略的观察,可以发现游客去美术机构的要比去音乐机构的多,去博物馆的比去美术馆的多。比如说,游客到了南京,总要去中山陵、夫子庙,也总要去总统府和南京博物院,但是专门去江苏美术馆和江苏大剧院的还很少。一方面博物馆免费开放,另外一方面博物馆这些年坚持了教育的本质,推出了一系列的人性化服务,而且文创产品的开发与营销也做的越来越好。而大剧院、音乐厅如何成为全民旅游的目的地,成为社会美育的一部分,尽管像国家大剧院已经有了诸多完善的举措了,但是在全国的范围内就整体而言仍有大量的工作要做,包括思想观念的转变和专职人员的配置。进一步说,我们艺术管理院系在人才培养、科学研究和社会服务等方面也有更多前沿性、开创性的工作要做。

原文出处:2018年11月2日在国际美术教育大会艺术管理论坛上的发言

延伸阅读篇目:

1. 谭梓欣:《艺术教育的发展与未来——国际美术教育大会综述》,《中国博物馆》2019年第2期。
2. 范迪安:《国际美术教育大会致辞》,https://www.cafa.com.cn/。
3. [美]简·杰弗里:《教育在文化机构中的多维角色》,https://www.cafa.com.cn/。

艺术管理教育共同体的价值观念和行为模式

我们中国艺术管理教育学会年会终于来到了期盼已久的中国美术学院,这不仅因为我们的年会举办地又多了一个城市(前面12次年会主要在北京、上海、天津、南京、广州5个地方举行),也不仅因为杭州这个城市在国际上被称作人间天堂,现在又被大家视作创意之都,最为关键的是本次年会的举办方中国美术学院是国家"双一流"建设高校,是在文化艺术及其教育领域出思想、出原创的地方,当然国美的校园也是全国独一无二的,是被大家反复刷屏、打卡的。想起来2017年12月我和单增院长在南京艺术学院谈起承办这次年会,单增院长爽快地答应下来。在办会难的当口,这给了我们学会莫大的支持。而这次年会恰好也是本届学会常务理事会的最后一次年会。本次大会恰逢中国美术学院建校90周年之际,在此,我代表所有参会师生对国美艺管表达由衷的谢意和美好的祝愿。

今天开幕的"第13届中国艺术管理教育年会暨新时期文化艺术管理共同体高峰论坛"由中国艺术管理教育学会、中国美术学院联合主办,中国美术学院艺术管理与教育学院、中国美术学院创业学院、中国美术学院美术馆总馆承办,华夏博雅(北京)教育科技有限公司、中国美术学院艺术管理研究中心协办。这样的阵容值得我们艺管人点赞。

本次年会确定的主题是"新时期的艺术管理共同体",并围绕"多元、跨界、智能、创新、共享"理念分设"智能化时代艺术管理开展的可能性和方式""艺术管理机构与院校交流机制与人才供需""文化政策与产业化运作对艺术管理的影响""不同艺术门类艺术管理教育学科建设的共性与个性探讨"等4个专题。在会议手册里,单增院长对论坛主题进行了全面的阐释，体现了国美艺管学科对当前文化与教育变革的积极回应。21世纪的艺术管理正面临着全新的挑战，它要面对的挑战不仅存在于行业实践的应用上，更存在于所有相关学院的现实教学中。在大数据、智能化背景下，论坛主题倡导共创、共享新时代文化资源的模式，突破地缘、文化、城乡和行业壁垒，以互联互结的智慧，共同激发当下艺术生产、艺术教育向社会文化资源转换、强化艺术教育一体化的实践。媒介与技术正在改造人们接受文化、艺术的渠道，互联网、大数据为人们学习、了解、享受艺术的方式带来了革命性的变化，艺术管理的管理对象、服务人群，也正在重塑。在当代，艺术管理的源动力、共同体、创造性在哪里？是否需要通过艺术管理这个共同体继续寻找？今天汇聚在此的全国艺术管理教育的开拓者、相关机构的负责人、媒体和文创产业领域的精英们，将围绕主题展开多维度交流与分享，问诊把脉，共同探讨艺术管理的人才培养与行业发展，探索新理念、新机制、新未来。

我们今天所处的这个时代，错综复杂且瞬息万变，但不管世界如何变化，总会有永恒与普世的价值和内容在，比如，一切优秀的艺术总是要反映美好生活的，总是要促进社会观念变革的，这尤其需要艺术管理各个领域的相关者铭记、恪守以及发扬光大。

然而，今天的艺术管理的边界与境遇也在发生巨大变化，市场机制、文化景观、全球与本土的交互正在共同塑造我们的现实。艺术学院不仅身处现实变化的前端，同时也是艺术管理研究的前沿阵地。那么，我们该如何让艺术管理教育和实验充分介入日常世界中的艺术管理？该如何分析当下艺术管理的政策、管理对象、工作方式的新现实和新方向？

本次年会主题的意义由此就特别地彰显出来。多元、跨界，本身就是富于想象力和富于开拓性的，就会促发人更多的思考与追问。这样，也就回归到了艺术的本初和原点。这里，我要强调的是，一切艺术管理的根本初衷无不在于保持乃至发扬艺术本初的原创性、思想性和启发性。这就是跨界对于艺术管理的意义所在。不同的文化艺术之间、文化艺术与科学技术之间，以及文化艺术、科学技术与金融商业、休闲旅游、城乡建设等领域的交汇、跨界、融合，形成了一系列新的文化样态或经济样态，同时也把艺术管理的边界拓展了，由此，艺术管理及其教育就被赋予了诸多新的变化：其一，跨学科的艺术管理成为可能；其二，主体性的艺术管理成为可能。原先在整个艺文系统之中艺术管理主要居于从属性力量，起着辅助作用，经过融合创新的边界拓展，其社会功能也随之发生延伸，于从属性力量之外又生长出主体性力量。因此可以说，国美艺管这次年会就是看准了这个社会发展的趋势，抓住了这个时代跳动的节拍，具有重要的引领作用和示范意义，非常值得我们期待。

艺术管理是通过有意识的行动对艺术过程进行引导、控制并使之顺利进行的事务，共同体强调的则是人与人之间的紧密关系，表达的是一种共同的精神意识和价值观念所产生的团体归属和认同。创建"文化艺术管理共同体"是全球化、数字化背景下所有艺术管理工作者的共同愿景，它以相互承认的普遍意识为基础，以分享的模式突破行业、城乡的区别，以相互联结的意象共同卷入当下社会文化和艺术的生产与组织之中。

在永恒与普世的意义上说，大学的源头或者说大学本身就是知识共同体，就是学术共同体，是一群志同道合的人在一起论辩、探讨、交流、成长的地方。这里有需要共同遵循的价值观念和行为模式。

回到艺术管理，可以说，不仅需要高校内部的共同体，而且也需要外部的联合体。在智能化时代背景下，倡导共同创造新时代文化资源的模式，以互联结合的方式共同探究当下艺术生产、艺术教育与社会文化资源的对接与转换，积极推进民主的、宽松的、活跃的共同体的构建，依我的理解，正是中国美术学院艺术管理与教育学院承办这次年会的初心所在。

而我们也都知道，艺术管理领域的学习者也是我们这个艺术管理知识共同体的重要组成部分，是促进艺术管理学科与专业发展的重要力量。昨天晚上，来自全国14所高校的17支队伍进行了第一轮艺术项目创意大赛，本次论坛同时举行全国艺术管理学生创意策划竞赛，汇聚全国46

所院校的 141 组团队，经过严格评审，26 所院校的 35 组优秀团队进入决赛，在民艺博物馆进行最终角逐。大家各自展示了学业风采，也暴露了一些专业上的不足，但我和大家说，参与的意义一定大于比赛的结果。

作为年会亮点的专业大赛为艺术管理专业在校学生提供了展示风采与创意的绚丽舞台，也是检视全国各校艺术管理院系在"创意＋"新视角下教学效果的标识，其作用对于深入研讨学科发展、落实学院课程设置等教育要求是不可或缺的。

> 原文出处：2018 年 12 月 1 日在"第 13 届中国艺术管理教育年会暨新时期文化艺术管理共同体高峰论坛"开幕式上的致辞

延伸阅读篇目：

1. 柴葳：《第 14 届世界文化艺术管理双年会开幕》，《中小学电教》2017 增刊第 2 期。
2. 单增：《新时代文化艺术管理共同体——第十三届中国艺术管理教育学会年会综述》，《艺术管理》(中英文)2019 年第 2 期。
3. 朱晓梅：《走进新时代的文化与艺术管理——第二届文化艺术管理(上海)国际会议暨国际学苑综述》，《艺术管理》(中英文)2019 年第 1 期。

艺术管理本科教学形态的融合创新

本文所研究的问题是,在高等教育日趋变革的情势下,如何形成并评判艺术管理本科专业的有效教学方式。整个研究建立在事实和数据的分析之上,同时充分参照与借鉴了国际现代教育理论的前沿观点。基于对艺术管理教育发展脉络的梳理以及对当前艺术管理系科办学格局的分析,本文认为,作为新兴的交叉类应用性特设本科专业,艺术管理没有遵循传统的教学模式,而是顺应大数据、云计算时代下教育变革的趋势,汲取开放课程、混合学习等新的教育理念,形成了一种特点鲜明且行之有效的教学形态并在其中蕴涵着一种与之相对应的学术内涵。

一、普遍存在的教学难题

自去年上海戏剧学院、中央美术学院在全国率先成功申报艺术管理本科专业、取得招生代码(130102T)之后,今年又有7家高等院校获取教育部批准设置这一专业。这是2011年艺术学升格为门类以来五个一级学科首个也是唯一新增的本科特设专业。此举不仅标志着艺术管理完全具备了教育体制内学科专业的合法身份,而且也预示着全国各地剧院团、美术馆等艺术机构、文化企业将迎来真正科班出身的经营管理者。

如果说2017年艺术管理专业获批是全国办学较为完善的多所院校5年来持续地自下而上地合力争取的结果,那么2018年艺术管理专业的发展则离不开国家教育决策部门自上而下地大力推动——这一年包括非艺术院校乃至新建本科院校只要申报这一专业全都获批了，由此可以预料，在从新时期进入新时代的征程中，艺术管理及其教育将走上发展的快车道。这自然引起了社会各界的广泛关注和讨论，一个自然而然的问题是，经过 20 年的创建与发展，作为新兴的交叉类应用性"专业方向"的艺术管理教育为何且如何在这个时机获得了国家政策层面的高度重视与积极支持？普遍的观点是，从整个大的环境来说是文化越来越深入地融入社会的发展所带来的艺术管理人才的广泛需求使然，也是高等教育必须紧紧适应乃至引领经济社会发展的运行机制使然，但从根本上说还是长期以来艺术院校以专业方向办学在课程、教材、师资等方面所形成的教学体制化积累以及艺术行业产学研各方力量围绕专业建设所构成的社会化合力，使得艺术管理已经具备了本科专业设置的充足的学术内涵以及与之相适应的完备的教学形态。

就专业建设而言，教学形态是学术内涵的外在表现，而学术内涵则是教学形态的内在品质，两者互为表里。具有现代意义的艺术管理教育自 2000 年蓬勃发展以来首先是从创制教学形态开始的，这是因为，艺术管理在"专业"新建伊始，其师资与课程多是由外围拼凑而成，实在没有多少教学内涵可言，只是经过在教学过程中借用、组合校内外教学资源与手段，转化、融汇相关专业教学方式与方法，才逐步衍化形成自身专有的教学形态，进而缓慢积累起与之相匹配且具有特定边界的学术内涵。因此可以说，对艺术管理本科教学形态的分析就是对其学术内涵的阐述，或者说对其学术内涵的阐述可以转换为对教学形态的分析，而相比于对学术内涵的阐述，对教学形态的分析在方法论上更具有可感知性和可操作性。

简言之，教学形态就是把各种教学要素/资源用一定内在的方式方法组合链接成完整的教学环节从而呈现于外部的基本面貌，包括"谁来教/学？在哪教/学？教/学什么？怎么教/学？"等一系列教学领域的基础性与根本性议题。从国内高校教学的实际情况看，课堂教学中的到课率低、抬头率低、点头率低这"三低"问题依然非常普遍[①],大学教学"内容陈旧、手段单一、效果低下"的长期弊端至今依然没有根本改变[②],而科学技术、文化艺术带来的机遇与挑战,又迫使大学教学面临"将要发生变化的课堂"[③]。大家都认为目前高校的教学模式难以为继、必须变革,但又没有多少人愿意或者能够走出第一步。具体到艺术院校,其教学更有涣散、薄弱之嫌,且不说由于学生高考录取文化分数偏低所带来的生源困境,而以经验化技术师徒相授为主的教学方式及其惯性,又使得艺术院校的教师很少关注教育研究及理论应用(反之,教育研究也从不把艺术院校的教育纳入学术视野),不管是理论课还是技法课,艺术院校在教学建设上都要比普通院校慢一拍、差一截,老师抱怨"没几个学生是来上课的",学生则吐槽"上了半天课什么也学不到"。

正是在整个高等教育复杂趋变的情形下,一些思路超前的艺术管理院系跳脱办学体制束缚和教学资源限制,走出了一条特点鲜明且行之有效的发展之路。首先,聚焦艺术院校新兴的交叉类应用性本科专业的特殊性,在教学体系设计上既不同于技法课又有别于史论课;其次,兼顾高校、学生、用人单位多方要求,充分吸收公共管理类本科专业教学成果,并有针对性地弥补其缺陷;再次,顺应大数据、云计算时代下教育变革的情势,汲取开放课程、混合学习等新理念和做法,积极采用基于项目执行或问题解决、产学融合或学用兼顾以及跨学科等教学方法,由此形成了具体而真实、完整而高效的艺术管理本科教学组织形式。当然,作为交叉类应用型专业的艺术管理教育总是处于对外部环境的适应与超越相互交织的动态过程之中,不管是教学形态还是蕴涵其中的学术内涵也必将处于建构与重构所形成的张力之中。

然而遗憾的是,从目前的研究现状来说,这些年艺术管理教育议题的

---

① 参见郝兴伟、张强:《翻转课堂教学:经验与趋势》,《中国大学教学》2015年第10期。
② 参见姚利民、段文彧:《高校教学方法改革探讨》,《中国大学教学》2013年第8期。
③ 参见李晓明:《将要发生变化的课堂》,《中国大学教学》2017年第6期。

专业论文尽管非常丰富,但主要涉及学科建构、专业归属、课程配置以及人才培养,很少有针对教学形态、教学模式以及教学方法的论述,而且即使对前者的研究往往也是笼而统之,几乎不涉及教育学前沿理论的运用或借鉴。比如大家津津乐道的"艺术管理"是艺术学与管理学交叉的应用性专业,到底是怎样的交叉应用以及这种交叉应用如何贯彻在实际的教学环节中,皆是语焉不详。这也正是本文所要避免之处。

二、别具一格的办学体系

对艺术管理本科教学形态的分析与描述,不仅需要借助教学论知识以及参照欧美国家同类专业的教学理念与做法,而且尤其需要了解国内艺术管理教育创建以来的发展脉络以及当前的办学格局,这是因为,就教学而言,其形态既是专业发展进程的逐步累积,也是办学格局的微观呈现。

具有现代意义的艺术管理教育在国内开始的时间并不算久远,演进的路线并不算复杂,但是在一些人的认识里往往含混不清,甚至充斥着错讹之处。比如不少文章说中国艺术管理教育是从 2000 年开始的,是从欧美模仿甚至移植而来。尤其是经常做跨界发言的专家,颠倒常识、混淆概念的就更多了。

据可查的资料,1956 年前后国内逐步有了讨论艺术管理的文章以及相关的教育尝试。比如,1955 年北京电影学院开办制片管理专训班[①],1958 年多个省份在文化艺术学校开办文物、博物馆、剧院团专科[②]。在

[①] 参见北京电影学院管理系网页 http://www.bfa.edu.cn/yx/glx.htm。
[②] 相关的材料有:何海生:《组织观众是剧场的重要任务》,《戏剧报》1956 年 2 月 15 日;王祖耀、冯令仪:《国营剧团怎样实行企业化》,《财政》1956 年第 2 期;陈宪武:《从财务角度漫谈艺术表演团体的管理》,《财政》1958 年第 3 期;《河北省文化艺术专科学校开办文物、博物馆专科》,《文物》1960 年第 5 期。

80年代中后期,北京、上海、武汉、南京等地纷纷举办"短平快"的艺术管理干部培训短期班、成人教育专修科,以满足社会对文化领域应用型人才的迫切需求,而在商品经济发达的上海则形成了文化艺术管理研究生、本科教育的高层次办学[①]。不难发现,国内早期的艺术管理教育主要是技术或行政类的培养方向,向学员讲授基于行业实践而生成的知识与经验,同时开设艺术院校通识类、基础性的相关技法与理论课程。比如,1985年中央戏剧学院舞台美术系开设的舞台技术管理专业就是如此[②]。2000年后至今的情况想必大家都非常清楚了,艺术管理教育在艺术院校纷纷举办并向管理类、综合类院校逐步扩展,从本科向硕、博研究生层次提升,一时间全国范围形成了独立设置艺术管理系科的热潮。

抛去20世纪50年代起学苏联的状况不谈,中外艺术管理及其教育的交流是从改革开放之后开始的。那时,越来越多的艺术家、文化官员走出国门访问欧美,在参观、考察美术馆、剧院团及其活动的过程中,关注了艺术领域项目企划、资金筹集、观众拓展、艺人代理、票务组织、合同拟定等管理环节,并纷纷向国内介绍发展艺术管理及其教育的必要和可能,至此开启了断断续续学习和借鉴欧美艺术管理教育的历程。

通过对中外相关史料的比较分析可以发现,中国艺术管理教育在时间点上与欧美几乎同步,都是兴起于20世纪五六十年代[③];而且,中国艺术管理教育是基于本土实践需求、内生于我们自己的艺术院校教学组织之中,并非沿袭英美的理论与体制,或者说并非从欧美移植而来,如前所言,只是从20世纪70年代末期开始从西方那里学习、借鉴了比较成熟的

---

① 参见董峰:《试论艺术管理学科建设问题》,《南京艺术学院学报(美术与设计)》2008年第5期。
② 中央戏剧学院舞美系:《中央戏剧学院舞台美术系1985年开设舞台技术管理专业》,《甘肃工业大学学报》1985第3期。
③ 一般认为,国外艺术管理教育20世纪五六十年代兴起于英国,成熟于美国,从80年代开始在世界各地陆续开设起来。参见Y. 艾芙瑞德、F. 吉尔伯特:《艺术管理:进入新千年后的一门新学科》,《国际艺术管理杂志》2000年第2期(冬季刊)。

教学内容与方法。

如同大多数国家一样,国内艺术管理教育从起始之初及至各个发展阶段,与社会环境都是紧密关联的,既受制于当时经济、社会的影响,又根植于文化与教育政策的逻辑之中,在这个相互影响的框架内完成了专业设置的自主建构。目前从整体上来说,艺术管理教育已经形成了特有的办学格局。

其一,艺术管理教育的规模化。进入21世纪以来,艺术管理教育一直由艺术及管理类普通高校举办,而近年来北京大学、清华大学、南京大学、东南大学等诸多综合性知名大学也纷纷跟进,以培养研究生、举办高级研修班、开设全校选修课等不同的方式扩大了办学规模,也提升了办学层次。艺术或管理类院校举办艺术管理专业相对来说集中在艺术行政或艺术市场领域,注重应用也比较具体,而这些综合性高校凭借人文社科乃至理工科整体的学术实力深度介入艺术管理教育,就把艺术管理的边界拓展了,艺术管理真正得以与文化创意、科学技术、金融商业、休闲旅游等领域跨界融合,从而形成了一系列新的文化样态或经济样态。由此,艺术管理及其教育就被赋予了一些新的变化:一是跨学科的艺术管理成为可能,二是主体性的艺术管理成为可能。原先在整个艺文系统之中,艺术管理主要作为从属性力量起着辅助作用,经过融合创新的边界拓展,其社会功能也随之延伸,于从属性力量之外又生长出主体性力量,在大型展览、演出的项目研发、科技融聚、资源整合中发挥着主导作用;同时,也就更加有助于产生一批原创性的艺术管理研究成果。

其二,艺术管理教育的类型化。早期的艺术管理教育从社会培训开始,然后逐步学科化,最终发展成为高等教育规范的专业设置。而现在艺术管理教育又超出了学校的范畴,社会化的艺术管理职业培训多了起来。就全国层面来说,中央文化干部管理学院、中国文联、中国文化集团公司、国家大剧院、中国美术馆等众多艺术单位、文化企业每年举办大量的演艺营销、展览策划以及剧院团、美术馆运营等方面的培训、研修,或是针对内部员工或是面向社会公众,或是以国家艺术基金为依托或是以非盈利为载体。比如国家艺术基金2017年度艺术管理人才研修项目资助11项,占整个"艺术人才培养资助项目"的11.11%[①]。而类似培训在地方层面更是形式多样、层出不穷。不同层次的社会培训丰富了艺术管理教育的类型,也对艺术管理专业产生了不知是有利补充还是有力冲击的又一个关键性影响。现在不仅在校的学生热衷于各类社会培训,而且还有不少非艺术管理专业的毕业生,经过社会培训就可以入职艺术管理行业了,而且干得还不错。其实,社会培训对学校教育产生冲击与影响的时代已经到来,或者说,现在已经处于整个高等教育发生根本性变革的前夜。作为新建专业,艺术管理教育正在逐步厘清在职培训与在校学习之间的关系并以此建构起专有的教学品质。

其三,艺术管理教育的国际化。由于国内经济转型以及文化发展带给全球的吸引力,艺术管理教育的国际化可谓恰逢其时、适逢其地且富有成效。总体来说,2000年以后,相较于艺术类其他专业,艺术管理教育的国际交流与合作更加频繁且深入,举凡设有艺术管理系科的院校——即使处于二三线城市——无不和国外高校建有交流与合作关系。近年来,国内几乎所有的大型艺术管理及其教育活动,都能看到欧美主要国家代表的身影,而在国外举办的各类艺术管理及其教育活动则完全少不了中国人的全方位参与。中外艺术管理教育国际化的方式不仅包括师生互换、著作互译,也包括共同开发课程、研发项目,而交流与合作的主场正在从国外转向国内,2017年6月第14届世界文化艺术管理双年会首次在亚洲暨中国北京召开就很好地说明了这一点。于是,连同国外舆论也普遍认为世界文化艺术管理及其教育的重心在转向中国,但这里必须指出的是,目前还只是其思想、理论、方法、人才等方面的需求侧的重心转向中国,中国要想成为这一领域供给侧的世界重心还需时日。因此有学者断

[①] 参见国家艺术基金网站 www.cnaf.cn/gjysjjw。

言,中国艺术管理学科要想成为世界文化发展的新生领导力,除了不断向世界提供艺术管理及其教育的原创思想与丰富多彩的艺术精品之外,还必须源源不断地培养一大批践行普世价值的跨文化艺术管理人才。

三、特色鲜明的教学形态

上述议项既是促成艺术管理本科教学形态的动因,也是洞察艺术管理本科教学形态的窗口。由此也凸显了艺术管理的专业定位与教学属性,意味着其在成熟且完备的教学形态上应该是不同于其他专业的。

第一,课堂边界被延展。传统的高校教学是以教室为课堂建构起来的,而越来越多的艺术管理本科教学已不局限于教室、图书馆和实验室了,授课教师经常把课堂搬到剧院团、美术馆、拍卖行甚至文创园。原先作为第二课堂的艺术管理实践、实习、讲座、调研以及工作坊、夏令营正在成为专业课程主要的教学渠道。而针对艺术管理核心议题的各种网络平台、智能软件也成为不可或缺的课堂载体,一部手机就可以把全部的艺术管理教育资源与社会资源充分而高效地链接进课堂里。

当然,目前整个高校教学改革中并非只有艺术管理专业的课堂被延展,但艺术管理专业从新兴交叉应用的根本属性出发,它把延展的课堂作为教学重要的组成部分而不仅仅是必要的补充或者辅助性环节。也就是说,被延展的课堂依然是由艺术管理专业师生共同建构之场域,无论课内还是课外,线下还是线上,整个过程都处在老师有目的、有计划、有组织的"教学"之中,不仅明确规定教学目标和任务,而且也在认知、思维以及应用上清晰设置考核指标;整个过程同样处在学生积极、主动的参与之中。这样,作为"课堂"的课外或线上教学,经过教师的设计与组织,就把学生从原来的"单向视听"转变为"双向互动"状态,在学生兴趣、能力与价值观养成、团队合作与解决问题方面发挥着"功能叠加、效应倍增"的独到功用。诚如2015年11月联合国教科文组织发表的《反思教育:向"全球共同利益"的理念转变?》报告所言①,我们大多数的学习是在正式的环境下进行的,但是我们的学习更是非制度性的,非正式学习恐怕是将来最主要的学习方式。

有效运用被延展的课堂,并且使课内课外、线上线下一体化的教学模式,不仅顺应了学生多样化的学习需求,符合教学资源社会化、网络化的发展趋势,而且促进了教师原有教学内容和方法的改进,或者说课外及线上教学的日益丰富倒逼课内及线下教学的逐步变革,因为艺术管理专业要求学生所学的知识不能与其未来的工作实践脱节,要能够在教室外的环境中检验并运用所学习的知识。

第二,教学内容被整合。在艺术管理行业中,初期对于实务层面的经验要求优于学术层面的知识需求,之后逐步逆转。于学生而言,如果没有一技之长,别说本科生就是研究生毕业时都很难找到并适应工作,但如果只有一技之长而没有基本理论的支撑与引领,势必缺乏未来职业的适应面及发展潜力。即是说在四年本科专业的教学中关于艺术管理的实务技术、知识理论、思维能力、意义价值都是要教给学生的。那么一个根本的问题是,在课程体系中如此庞杂的内容如何有效地组织到有限的教学中?经过艺术管理本科教学形态融合创新的多轮实验,大家越来越认识到:其一,以学科整合的方式传授完整的知识结构,不仅老师讲不好而且学生不愿听,因为在互联网乃至人工智能时代,以教材为主的概念化、体系化的知识变得不重要了,甚至学习不再是单纯的学习理论知识,也不再是为了获取系统的知识②。其二,邀请行业专家来校宣讲实战经验,学生固然喜欢,但按美国课程学家泰勒(Ralph W. Tyler,1902—1994)的观点③,绝

---

① 参见联合国教科文组织:《反思教育:向"全球共同利益"的理念转变?》,联合国教科文组织中文科译,北京:教育科学出版社,2017年。
② 进步主义教育思潮主张"从现实中学习并在生活和工作中发挥作用的能力,而不是各门学科知识的习得",参见钟启泉:《"知识教学"辨》,《上海教育科研》2007年第4期。
③ 泰勒认为,"学校知识"源自对学习者本身的研究、对当代社会实践的研究以及学科专家对教育目标的建议等管道,并且需要经过"教育哲学和学习理论"两种筛子的筛选。参见(转下页)

大部分的行业经验因为没有经过"两种筛子的筛选"不构成"教学内容"，只是新鲜的信息、资讯而已。其三，组织艺术现场观摩、考察、实习以及小型艺术项目实践，却因为"只能做些没有技术含量的力气活""每天的工作都是简单、机械又重复"而被学生敬而远之。

　　从学习自我与职业自我有效结合的角度来说，艺术管理人才培育管道逐步走出侧重艺术还是侧重管理、侧重理论还是侧重实践的单一领域，在教学内容上呈现统整融通的趋势，以因应当代艺术事务之管理议题的社会知识的复杂性及跨界实践的可能性。于是，一套解决问题的整体性方案就被整合成主干课程的教学内容。在这个场域中，教学中所要解决的问题如一根线，把艺术管理各个相关方面的知识、技能、方法、观念、情怀等内容有效且有序地连结在一起，使教师和学生得以在针对问题的分析和解决中不断扩充知识的学习，增加实务的操练，拓展自己的视野和思维，进而形成对于艺术管理相关领域综合的认知和实践的能力。比如"艺术营销"这门主干课程不再采取按传统方式分章节一步步讲授知识以及附加几次蜻蜓点水式的参观、考察与见习，而是把核心的知识要点设计成可供师生共同探索和应用的具有必要限制条件的若干议题，比如"在南京地区如何增加昆曲演出的青年观众上座率"（而不是"如何增加戏曲演出的上座率"这样大而化之的空泛议题），然后组织学生检索文献、调查观众、访谈专家、现场观摩或实习、撰写报告、分组讨论、展示成果，在参与整个教学过程中结合老师的讲解、答疑来促发学生对于这一问题所联结的概念、理论、方法、经验等各个知识点的"记忆、理解、应用、分析、评估和创造"①，并且对这一问题所涉及的美学观念、社会价值进行深入分析和现

　　（接上页）[美]拉尔夫·泰勒：《课程与教学的基本原理》，施良方译，北京：人民教育出版社，1994年。

① 布卢姆和安德森的认知理论认为，从低到高可以将人的认知活动划分为记忆、理解、应用、分析、评估和创造六个层次。其中，记忆和理解属于低层次的认知活动，应用、分析、评估和创造属于高层次的认知活动。我们大多老师停留在前两个或前三个层次，而有经验的艺（转下页）

场感受。

由问题整合起来的教学内容容易使知识碎片化。不过,值得深入思考的是:对于新建复合型应用类四年本科专业的学生而言,在多大程度上需要体系化的知识?引起全球关注的《美国斯坦福大学2025计划》应该说很好地呼应了这一思考①。该计划认为,通识化、素养型、使命感将成为本科学习的基础,大学应更加注重对于职业生涯的培养,以知识/学科为中心的传统高等教育将被颠覆。

第三,师生关系被重塑。在教学中,师生关系包括师生之间的角色、地位和职责分配。艺术管理是新的领域,老师多是跨学科、跨领域转道而来,没有谁兼具理论与实践,也没有谁通晓全部教学内容。况且现在在大学教学中,大学教师已不再是知识的垄断者、课堂的独裁者,而是学习的促进者与引领者、教学的设计者与组织者。由于艺术管理专业师生之间不存在明显的信息不对称,而且学习是指向问题解决的,所以师生关系由传统的教师主导型转向师生对话型,教师由讲授系统知识转向培育核心素养、学生由被动接受知识转向主动建构素质,师生关系真正回归到平等民主的最佳状态,从而使得"师生互动,教学相长"这一两千年前的人类理想真正成为落地的现实。

在大部分艺术院校,似乎有艺术管理经历及经验的老师更受学生欢迎,经常组织学生外出看展览和演出的老师更受欢迎,但最终受欢迎的老师又远远不止于此。"教师的职业应当视为一种需要经过持续性的学习和严格性的训练以使其获得并保持特殊技能和专门知识的专长"②,这一给中小学教师的职业建议同样适用于今天艺术管理专业的大学教师,要

(接上页)术管理教师已经向后面3个层次开进。参见[美]洛林·W. 安德森:《布卢姆教育目标分类学:分类学视野下的学与教及其测评》,罗星凯、蒋小平译,北京:外语教学与研究出版社,2009年。

① 参见《美国斯坦福大学发布2025计划,创立"开环大学",彻底颠覆全球高等教育》,搜狐教育频道,2018年9月4日。
② 参见1966年联合国教科文组织通过的《关于教师地位的建议》文件。

想真正获得学生欢迎，不仅要熟悉行业一线、掌握理论知识，而且更要明晰教学方法、洞察学科前沿。比如现在流行的以讨论课来组织教学，如果艺术管理老师对讨论课的渊源、宗旨以及技巧没有大致的了解与掌握，也没有对教学内容的精心设计，可以说所谓的讨论课将变得毫无生机与激情，还不如原先的"填鸭式"教学。也就是说，在艺术管理这个新兴而热门的教学领域，老师这一神圣且崇高的称谓，其要求与门槛其实比传统标准更高了，他/她不再局限于传统的备课和讲课，而是要把专业理论知识与行业实践诉求充分结合起来精心设计教学问题，通过营造氛围、创造条件，组织学生分析和解决这些问题，并在这一过程中发展自己。

在艺术管理这个更加注重创造性应用的专业里，乖学生未必就是好学生，考高分也不一定更优秀。专业的学习不仅是掌握实操技术，更是培养核心素养，也是学会如何学习。学生的职责不再是被动地接受知识、完成测验和考试，而是焕发起对艺术的真诚与热情，愿意从基础的工作做起，敢于尝试新的挑战，能够有效衔接在校期间的教育经历与毕业后的职业生涯，不断在学习及工作中追求卓越。

第四，教学过程被激活。基于上述情形，艺术管理本科教学正在成为充满技巧和方法的行为。学生不只是坐在教室里认真听、认真记，也不只是在参观、考察的路上认真听、认真看，而是深度参与到教学的环节中来。信息收集、分组讨论、回答问题、设计方案、接受测验、角色扮演，甚至用更灵活的方式表达学习的感受、认知、体验，都是有效的参与。每次课学生都是有备而来，而不是像过去那样，学生上课的心理准备基本是：去听他/她讲些什么。在课上学生说的话甚至比老师还多，提的问题可能根本没有答案，在反复的练习中学会产生独立思想或者具体结果，比如，能够回答开放式问题、独立写作出有见地的文章或报告、策划具体的艺术项目、优化某一工作流程或者解决实践中的复杂问题。由师生合作建构起来的课堂，气氛活跃且紧张，效果丰富且实在，正如生成主义知识观所主张的那样①,教学过程使知识探究、问题解决、社会交往、自我理解等融为一体,教学实践成为师生共同探索未知、生成新知的过程。

融合创新教学形态并有效组织教学,对于教师而言本身也是一种有意义的学问。需要澄清的是,不只原创性的发现是一门学问,而且创造性的教学也是一门学问。但教学并非天然就是学问,只有将教学上升到与发现的学问相似的学理层面——具备可公开并可为教学共同体批判、审视、评议、理解、应用和共享的特征,作为学问的教学方能自足自洽。由此说来,经由一部分院校创造性地探索、实践及提炼,艺术管理本科教学形态所呈现出的课外由"单向视听"转向"双向交互"、课内由"知识讲授"转向"问题解决",教师由全面灌输转向重点指导、学生由被动接受转向主动建构的主要特点,所形成的"学用融合、讲练一体、师生互动、教学相长"的基本模式,不仅对于快速发展中的艺术管理院系而言可以作为一种内涵提升的导向,而且对于整个艺术领域的应用类本科专业的教学改革来说都是一种积极的参照,如公共事业管理(专业代码 120401)、文化产业管理(专业代码 120210)、艺术教育(专业代码 040105)、艺术与科技(专业代码 130509T)等与艺术管理相关的专业莫不如此。

主要参考文献:

1. 刘海燕:《"以学生为中心的学习":欧洲高等教育教学改革的核心命题》,《教育研究》2017 年第 12 期。
2. 潘新民、王升:《教学论视域下学习方式概念的新探索》,《教育研究》2018 年第 2 期。
3. 宋耀武、崔佳:《心理学发展与教学设计的演变》,《教育研究》2018 年第 7 期。

原载:《南京艺术学院学报(美术与设计)》2018 年第 6 期

---

① 参见张良、张寅:《论课程知识观的传统及其改造》,《高等教育研究》2016 年第 2 期。

艺术管理一流本科专业课程体系的内涵与重构

经过22年二级学科、9年一级学科建制化发展,艺术学亦即艺术学理论学科在学科建设、理论研究、人才培养、社会服务等诸方面目前正以昂扬姿态走进纵深、走向未来,其所涵盖的艺术管理以及相关应用艺术类本科专业也在社会需求和国家政策驱动之下蕴含着突破之势。据此,本文在分析应用艺术类本科专业教育背景、发展历程和人才需求的基础上,着重探讨在"双万计划"的机遇下艺术管理本科专业课程体系内涵及专业教学模式重构的思路与策略,以及培养体现新时代一流本科专业人才本质特征的应用艺术类高质量专门人才的路径与保障。

一、"双万计划"的时代机遇

在"一流大学、一流学科"①之后紧接着又推出的"一流专业"及"一流课程"建设计划②一并构成了当前与今后一段时期中国高等教育改革顶

---

① 世界一流大学和一流学科简称"双一流"。2015年11月国务院印发《统筹推进世界一流大学和一流学科建设总体方案》,2017年1月教育部、财政部、国家发展和改革委员会印发《统筹推进世界一流大学和一流学科建设实施办法(暂行)》,2017年9月三部委发布《关于公布世界一流大学和一流学科建设高校及建设学科名单的通知》,"双一流"建设工程正式启动,这是中国高等教育领域继"211工程""985工程"之后又一重大且全局的国家战略。
② 2019年4月2日教育部办公厅发布《教育部办公厅关于实施一流本科专业建设"双万计划"的通知》,2019—2021年,建设10000个左右国家级一流本科专业点和10000个左右省级一流本科专业点。另外教育部高教司在"六卓越一拔尖"计划2.0中提出实施一流课程建设"双万计划",就是"金课建设"计划,即建设10000门左右国家级一流课程和10000门左右省级一流课程。

层设计的战略性"抓手",这种政策"拐点"不仅将深刻塑造未来中国高等教育发展的基本格局,而且也为应用艺术类本科专业高质量跨越式发展提供了关键契机。

　　设计、传媒、编导以及艺术管理、艺术教育、艺术科技乃至乐器修复、文物保护、非遗传承等通常被称为应用艺术类本科专业①,如此表述当然是针对纯艺术类专业而言的。所谓纯艺术,其作品主要是为了满足人们在体验的过程中休闲、学习或研究之用途,可以是有形的也可以是无形的,如音乐、表演、绘画、工艺;而应用类艺术就是对纯艺术的应用、创造和发展而形成的艺术产品(或服务)。当然还有一类,即艺术史、艺术理论、艺术批评等学术型专业。由是言之,纯艺术类专业人才培养以技能训练为主,学术型艺术专业人才培养以理论讲授为主,这两类专业往往按照"少而精"的方式招生,一对一授课或小班教学,特别强调人才培养的高端化和创新性;而应用艺术类专业人才培养兼顾理论和实践两个方面,多采取班级集中授课,尤其突出经济社会发展对人才的实际需求,可以比较大规模地办学。上述三个类别的艺术专业在办学规模、结构、质量、效益上各有不同的表现与要求,可以说基本构成了中国专业艺术高等教育精英化和大众化并存的格局,如果说大学应该分类管理,那么在艺术院校主要就是针对这三大类分别采用不同的管理手段和方式。正因如此,在1999年"大学扩招"以及2011年艺术学"升门"后,纯艺术类专业主要还是由31所独立设置的艺术院校以及老牌师范大学举办为主,学术型艺术专业则从专业艺术院校扩张到了高水平的综合性大学,而应用艺术类专业则在各地、各类院校普遍开设起来,顺应或催生了经久不衰的"艺考热"。据统计,全国约80%的高等院校开设了艺术类专业,艺术类大学生已占全

---

① 应用艺术类专业这一术语在教育界经常使用,也有相当多的论文涉及,但在概念上往往皆是误用,原因在于把纯艺术类专业与应用艺术类专业混同起来以应用类专业指称,从而试图与学术型专业区分开来。

国在校大学生人数的近 10%①。

应用艺术类专业之所以如此"井喷式"增长,根本原因在于外部社会需求对内部教育供给可能性的引发与催生。外部社会需求方面,一是这些年来经济在快速发展中逐步向高质量转型;二是整个社会从以经济建设为中心的新时期向以人民美好生活为主旨的新时代飞跃,从而使文化与科技的力量得以彰显并融合在生产、生活之中,实用类"大艺术"人才在各行各业有着巨大的、急迫的需求。而内部教育供给可能性则包括,其一,这类专业往往是依托传统优势学科生发、延伸、拓展出来的,具有新兴交叉应用的专业属性;其二,这类专业往往是艺术与文、理、工等学科交叉融合的依托点,容易形成新的学科增长点;其三,这类专业办学形式灵活,教学条件相对简易,在本科层面比其他两类毕业生更容易就业。

就实际而言,绝大多数高校创建应用艺术类专业时的办学资源并不充分,办学条件并不完全具备,多是边招生边建设,在及时满足经济社会发展对应用艺术类专业人才规模化需求的过程中逐步凝聚起比较丰富的教学资源与厚实的专业内涵。这个过程的实践和探索大致包括三条路径:(1)发挥所在学校拥有艺术学门类(或其他相关学科门类)一个或多个一级学科的优势,着力培养应用艺术类专业学生的综合素质与科研能力,形成了学生可持续的发展潜力与可迁移的适应能力;(2)依托校内外大量的实践教学资源,开辟实践教学基地,延聘行业专家,举办教学实践活动,以及采取项目化教学、以赛促学、校外实习等举措,在某一个或几个方面形成了突出而鲜明的特点,在很大程度上塑造了应用艺术类专业的实践性教学品质,使学生一毕业就能用得上;(3)坚持文化领域"产学研"深度融合,聚焦艺术行业发展热点,凭借科研课题或应用项目凝练具体的教学方向,不断完善课程体系,在理论和实践的结合上激活教与学的积极性,以此培养高素质、复合型、应用类的艺术专门人才。从一个整体的角度来

---

① 厉震林:《高等艺术教育已到亟待改革和提升的阶段》,《艺术教育》2016 年第 10 期。

说,这些举措与教育部颁布的一流本科专业的建设标准与要求十分接近或一致[①],这也正是这类专业在内部办学相对困难的情况下依然呈现蓬勃发展态势的根本所在。

但是就一家家具体的院校而言,应用艺术类专业的内涵与品质却明显不足,人才培养还存在明显的社会不适应,所在院校往往难以步入学科布局的重点行列。具体表现是,行业走在了专业的前面,实践走在了理论的前面;课程体系、教学内容方面的学科交叉与融合不足,培养方案与行业实际需求疏离,文教互促共进的机制尚未形成;培养目标、教学效果还不能很好地满足新一轮科技革命和文化转型对应用艺术类人才的需求;支撑艺术机构和文化企业转型升级的能力不强,当前许多用人单位反映最大的问题是学用脱节、人才难求。

恰是社会需求与教育供给构成的尖锐张力为应用艺术类专业建设由规模化扩张转向内涵式发展提供了直接动力,而国家密集出台的高等教育政策也在一定程度上不仅反映了行业人才需求的风向标,而且更是为应用艺术类专业高质量发展提供了前所未有的机遇与挑战。比如,从社会美育角度出发,教育部专门发文[②]支持艺术类高校和综合性大学联合开展艺术类人才培养模式改革,要求专业艺术教育创新艺术人才培养模式,提高艺术人才培养质量,构建具有中国风格的艺术学科专业体系、完善高校艺术专业人才培养方案和人才评价标准。对于应用艺术类本科专业,虽然"双一流"影响甚微,但"双万计划"则具有直接的作用和深远的意义,因为"双万计划"一是面向全部高校,在不同类型的普通本科高校建设一流本科专业,鼓励分类发展、特色发展;二是面向全部专业,覆盖全部92个本科专业类。这样从政策本身以及现有专业规模与社会需求来说,应用类艺术本科专业在"双万计划"布局里必定有一席之地。一流专业建

---

① 教育部规定报送一流专业需要具备的条件包括五个方面:(1)专业定位明确;(2)专业管理规范;(3)改革成效突出;(4)师资力量雄厚;(5)培养质量一流。
② 参见2019年3月教育部发布的《关于切实加强新时代高等学校美育工作的意见》。

设当然是综合性的系统工程,其中一流课程体系的支撑是关键环节,而一流课程体系必须是在综合经济社会发展需求、学科发展需求、学习者个体发展需求的基础上,重塑具有前瞻性和引领性的课程体系与结构,整合并优化与之相关的教学资源,从而培养体现新时代一流本科专业人才本质特征的应用艺术类高质量专门人才。

这些年来,艺术管理与其他应用类艺术专业一样,发展迅速且数量巨大,与相关学科融合交叉性强,社会适应面广,是高等教育的重要组成部分。在今天,艺术管理专业有更好的办学基础和条件,有更多的社会期待和需求,经过我们的不懈努力,必能进入国家一流本科专业建设行列。这就要求艺术管理专业当前尤其应以"双万计划"为契机,在国家战略驱动下打开思路,研判未来,立足现有专业建设基础对办学水准进行全面评估,找准问题,抓住重塑课程体系与内涵这一关键环节,顺应教改趋势,凭借后发优势,切实消除障碍性体制因素,着力培养新型一流艺术管理人才。

二、国际对标、行业引领、问题导向的专业发展定位与培养目标设置

现代意义上艺术管理教育的兴起,国内虽然晚于国外,但是在办学规模以及整体效益上国内目前已经超过了国外。然而毕竟由于国外发达国家艺术体系完备、办学机制灵活、教育内涵丰富,它的艺术管理教育在人才培养举措、内涵和质量保障上还是值得国内学习和借鉴。或者说,国内办一流艺术管理专业还是需要对标国际,尤其是欧美国家名校,如哥伦比亚大学、耶鲁大学等。

艺术管理必须置于而不是脱离艺术学理论这个作为母体的一级学科,但是又必须牢牢把握其复合交叉应用性的本质特征。艺术学理论涵盖理论艺术学和应用艺术学两个类别正在成为学界共识,而艺术管理正

是应用艺术学的核心领域①。由此认定，艺术管理归属艺术学理论并不排斥其复合交叉应用性，因为在中国教育体制内，虽然专业归属学科，但专业的课程组合却是跨学科的，所以学界盛行绝大部分专业必须依托一个或多个主干学科的说法②。但艺术管理应是另外一种情况，即不是依托学科而是以问题为中心的专业，或者说这是跨学科专业的一种特殊形式，实际上它突破了学科课程的范围，以"艺术领域的管理议题"为导向，以"艺术组织及其活动"为纽带，跨越多个知识领域构建课程体系和教学内容。这一点在过往是常被忽略的，而开设跨学科专业和跨学科课程正是高校建设一流本科专业的突破口，并以此培养学生的创新思维和跨界整合能力。

这也就指向了各地艺术管理院系历来坚持的艺术管理专业愿景，就是紧紧呼应全国教育、文化发展战略，尤其立足于区域经济社会发展需求，充分依托并合理拓展各自院校的教育传统与学科优势，主要以"剧场、剧团、剧院的运营、管理、发展"这一核心领域为根基，在艺术学理论一级学科的框架下，着重建设艺术学与管理学、教育学、经济学交叉融合的"应用艺术学"，努力践行"应用类""跨学科""平台型""国际化"这一行之有效、特色鲜明的专业建设思路。无疑，这一思路体现了"国际对标、行业引领与问题导向"的基本原则。

同样，各家艺管院系在思考一流本科人才培养目标方面也坚持这样的基本原则。通常认为艺术管理人才培养目标与要求不仅有别于纯艺术类、学术型艺术专业，而且更不同于研究生或高职教育，主要是依据国家政策结合区域实际为各个艺术门类及相关领域培养复合类应用型专门经营管理人才。可一旦进入一流本科专业，艺术管理也不再类同于一般院校的人才培养目标了。首先需要结合新时代的发展背景来深入考察一流

---

① 王一川：《何谓艺术学理论？——兼论艺术门类间性》，《南国学术》2019年第3期。
② 参见卢晓东：《本科专业划分的逻辑与跨学科专业类的建立》，《中国大学教学》2010年第9期。

本科人才的本质特征，同时要紧紧抓住"一流本科专业""实践应用性"两个关键词，对标国际一流大学的文化管理人才培养，并努力争取引领艺术行业的未来发展。

作为艺术领域的管理专业，可以提出其人才培养目标就是"为文化艺术及相关领域培养富于创意思维、经营理论与实操技术的领袖型管理人才"。这是因为，艺术管理一流本科专业所培养的学生，在人才本质特征上应当是未来中国文化建设的领导者和世界文明对话的引领者，应当具有反思、质疑和批判精神与能力，应当是有能力为民族复兴做出贡献的人。在总体培养目标下，具体衡量标准应达到五点要求：(1)系统掌握艺术管理领域经典的理论知识、技巧及经验，具有艺术机构运营、艺术资源整合、艺术市场开发等实际操作能力；(2)熟悉国家文化政策与法律，熟悉经济社会文化发展状况与趋势，具有创新性的思维，具有在表演艺术及相关领域发现并分析和解决问题以及付诸实践的能力；(3)与艺术家合作，与观众沟通，把远大愿景和具体工作有机结合，具备把握艺术组织发展方向的特殊能力；(4)在表演艺术及相关领域拥有专业性的广泛阅读与流畅表达的技巧、方法与能力；(5)具有丰富的美学观念、深厚的人文素养以及开阔的国际视野，坚持多元文化。这样的培养目标决定了艺术管理的课程体系设置和人才培养模式。

三、"人文、市场、技术"三位一体的教学内容与课程体系

在实践中，艺术管理的内容是相当庞杂的，不仅包括艺术家（包括艺术作品生产）、观众（包括艺术消费）、艺术中介（包括艺术市场、艺术营销、艺术组织、艺术行政）等基础议项，而且关涉文化政策、文化产业、文化科技、文化金融等新兴课题。上述内容所包含的制作、经营、管理范畴的技术、经验、知识、理论乃至思维、能力、观念、情怀等都是艺术管理专业学生所要掌握/具备的。如何将这些不同领域、不同层次的"学习点"裁剪、编

织成具有稳定教学逻辑的课程内容,进而优化融汇成具有一定结构和功能的课程体系,对于艺术管理专业来说,就不仅需要依据专业发展定位及人才培养目标,而且还应该遵循"技术、市场、人文"三位一体的教育学逻辑内涵。具体来说,在教学内容组织上,不是按照学科逻辑的方式,而是要针对艺术管理"新兴交叉应用"类专业属性的共识,以"艺术管理实际问题解决"的应用导向为目标,把艺术管理上述各个方面、各个层次、各个环节的"学习点"进行统整、优化、融汇,按照"知识与技术兼顾""理论与实践结合""情怀与权责统一"的教学内涵,打破传统课程的边界,并创新教学内容、形态和授课方式,将涉及"技术、市场、人文"但不同的教学内容整合规划于一系列新型课程之中,建立相应的评价标准,以达成"应用导向"的课程体系目标。

课程内容与内涵的重塑直接导向课程体系的新建。在艺术类课程与管理类课程的组合、理论类课程与实操类课程的组合、必修课程与任选课程的组合上,"上戏艺管"按照"3个1/3"的原则进行结构配置,各类课程既相互区分又彼此贯通。在第一个组合上,侧重艺术类的课程占比1/3,侧重管理类的课程占比1/3,艺术与管理融合类的课程占比1/3。在第二个组合上,侧重理论类的课程占比1/3,侧重实操类的课程占比1/3,理论与实操融合类的课程占比1/3。在第三个组合上,必修课程占比1/3,任选课程占比1/3,处于两者之间的有条件限制的限选课程占比1/3。这样做,一方面可以针对艺术管理领域交叉复合的特点,形成体系化、完整性的课程结构,从而避免某一类别课程形成一家独大的局面,另一方面可以兼顾不同学生的特殊学习兴趣,增加课程体系的需求弹性。

在具体类别上,整个课程可以划分为三个类别。(1)综合性、集成类课程。如把艺术领域技、赏、史、论的知识设计成一体化的综合性实验类课程,并命名为"艺术门类与实践";又如把管理领域体验、观摩、评论、策划、制作的知识设计成一体化的综合性实验课程,命名为"艺术管理现场研究"。(2)模块化、平台类课程。如特别规划"演艺制作与舞台管理""演出经纪与院团管理""艺术跨界与创意管理"三个教学工作室,在编排形式上采用"模块化"的组织方式,主要针对高年级学生根据个人兴趣选择侧重点以培养独特专长。工作室同步实施"跨院系实践项目教学""跨学科课题研讨教学""跨地区移动课堂教学"等特有的课程方式,同时承担专业实习、毕业制作、毕业论文等教学项目的设计与组织。在课程设置上将工作坊、大师班、学术讲座、行业调研、校外实习等环节纳入课程环节,匹配相应的学分并建立考评标准,形成课内与校外一体化的平台类课程。(3)实训性、职业类课程。艺术管理实践教学不再简单化地局限于参与艺术机构、文化企业工作现场的实习、技能培训、社会实践等以及相关的预先培训课程,而是围绕专业知识、职业技能、综合素质培养来设置课程组合,包括与工作体验和社会实践相关的一系列教学活动。首先是区分实践教学的层次性,为不同年级的学生安排不同层次的实践教学,第一层次为"艺术项目实践",第二层次为"艺术机构实习",第三层次为"学生阶段性独立运营的校园艺术项目",最高层次为毕业制作。其次是,针对应用型人才的职业能力培养,对接行业发展和职业标准,调整教学内容,开发行业课程,解决了高校课程相对滞后的缺陷。

四、"文教协同、讲练兼顾、学用融合"的专业教学模式及其运行机制

一套完整、有效的专业教学模式不仅包含充实、完整的教学内容与课程体系,而且也体现着以一种先进的教育理念(专业发展定位、人才培养目标)作为支撑和引领,同时也有高效的运营机制、保障功能,蕴含着资源聚集、整合与配置功能。它可以把文教、产学、中外等各个方面的教学资源有序、有机、有效地聚集、整合到高质量人才培养体系中来,创新教学形态,塑造教学品质,充分调动师生教和学的积极性。

在师资配置上采取更为灵活的做法。每一类别课程在授课教师安排

上采取"专任兼职搭配、业界学界联合、国内国外兼顾"的方式,每门课程尽量形成混合型的师资团队,以便把这门课程所涉及的系统知识、实操技术、行业经验整合到教学中。作为参照性的保障机制,有条件的艺管院系可以采取"963教学法",也就是一门课每学期18周的教学,如果是理论性课程,其中9周为在编专任教师理论专题教学,6周为外聘兼职教师行业实践教学,3周为在专任和兼职教师共同指导下结合课题的自主式学习;如果是实践类课程,其中9周为在编专任教师实践专题教学,6周为外聘兼职教师前沿学术讲座,3周为在专任和兼职教师共同指导下结合项目的自主式学习。在毕业制作、毕业论文方面同样推行学界与业界合作导师制度。

在教学资源聚集整合上,推进教学、艺术实践、社会服务、国际交流一体化,切实构建艺术管理应用性、平台型专业运作机制。通过课程工作室、实验剧场、学术论坛、行业大赛、专业实习等途径,将文教双向引智、展演作品转化、创新创业项目等融入课程建设中,从而活跃了课堂教学,练习、研讨同步;信息收集、分组讨论、回答问题、设计方案、接受测验、角色扮演,甚至用更灵活的方式表达学习的感受、认知、体验,都是有效的参与。教学过程使知识探究、问题解决、社会交往、自我理解等融为一体,教学实践成为师生共同探索未知、生成新知的过程,从而实现"理论教学—专业实践—项目应用—能力提升"的"文教协同"教学效果,有助于把这门课程所涉及的系统知识、实操技术、行业经验整合到教学中,有效实现"讲练一体"教学目标,创新教学形态与方法。

如此一来,在结课方式上就必须随之创新,逐步改变单一的闭卷考试、撰写论文以及演出制作(某个环节)的方式,采用应用类、成果化、展示性的结课方式,将结课与"学习的应用性成果"结合起来,并充分利用"校园展厅""微信平台"对外进行公开展示。对于"毕业制作"也要求学生不仅要自组团队完整地制作一部戏剧、一台音乐会、一部影视作品、一个艺术展览,更要求学生把整个制作过程以图表的方式进行展板设计,举行毕业展览。这些有效的做法正在相关课程逐步推广。

"学界业界合作授课、院校院团合作课堂",是"文教协同、讲练兼顾、学用融合"的具体方式,是一系列有效的落实措施和切实的保障机制。这样国内外一大批实战经验丰富的专家或学术成果丰硕的教授就有针对性地聚集到我们的教学体系中来,各类教学资源聚集到人才培养体系中来。这种运营机制的根本动力除了必要的经费保障,更在于这个平台能够使院校专业教师和院团管理骨干共同成长,参与其中的个体也可以获得职业的成长。通过合作研发不仅可以形成一批优秀教学成果,还可以把业界与学界、专任与兼职、国内与国外各类别的师资力量整合,以骨干引领和团队合作的方式,采用知识与技术、理论与实践、课题与案例相结合的方法,努力形成具有试验探索性、前瞻影响力的艺术实践、产学合作、国际交流等应用项目类以及科研课题、专业论文、学术著作等学术研究类的新型成果;还可以以骨干引领和团队合作的方式积极申报国家及省市级各类艺术基金等项目,面向社会开展艺术管理、文化创意人才高级研修、跨校访学等社会服务业务;大力开展艺术管理领域理论和应用相结合的研究工作,积极申报国家及省市级社科基金课题,推动科研成果转化,主动承接和研发高层次的产学合作项目。

主要参考文献:

1. 郑洁:《世界文化管理与教育》(上、下卷),香港:中华书局(香港)有限公司,2019年。
2. 王敏、黄昌勇:《文化自信语境下高等艺术院校转型发展——访上海戏剧学院院长黄昌勇》,《艺术教育》2019年第4期。

原载:《艺术教育》2019年第12期

剧院管理学科专业化的必要与可行

千百年来,建筑宏伟、装饰精美的剧院一直是人类文明的重要传播者和推动者,更成为当下衡量一个国家和地区文化发展水平的重要标杆。从新时期进入新时代,中国剧院在较短的时间里不仅在规模、结构、效益上得到长足发展,而且与旅游观光、城乡改造、社会建设深度融合。然而,"建剧院容易管理难"依然是中国也是全世界共同面对的时代课题。这不仅是由于巴摩尔原理所揭示的演出行业成本压力魔咒还没有在根本上破除,更是因为其中既缺乏足够的懂艺术、擅运营的专门管理人才又缺少紧密联系剧院实践的科学理论。由此可以说,不管是从内部可能还是从外部需求来看,由政府推动、高校主导、社会协调协力开展中国剧院管理学科专业体系建设都是当务之急。

一、课题的来源和依据

"中国剧院管理学科专业体系构建研究"是 2018 年 5 月由全国艺术科学规划领导小组办公室委托的课题,这一课题的设立主要源于全国剧院乃至演艺行业的运营情形,当然也与剧院领域管理议题的科学理论状况密切相关。而 2020 年 6 月 30 日中央全面深化改革委员会第 14 次会议审议通过的《关于深化国有文艺院团改革的实施意见》,首次将"剧场"纳入高层决策范畴,并形成剧场与剧本、剧目、剧团"四位一体"的文化治理新格局,则在一定程度上表明了本课题的前瞻性以及加快剧院管理人才培养与理论建设的紧迫性。

1. 首先,这个课题是由全国剧院发展情形催生而成

从 1909 年中国最早的镜框式舞台剧场建成,到 1980 年代中国剧院建设进入快速发展阶段,1990 年代陆续掀起全国剧院建设高潮,进入 21 世纪,随着经济水平的提高和文化需求的增强,剧院建设进入全盛阶段(如图 29-1 所示)。尤其在最近几年,文化事业、文化产业进入高质量发展阶段,全国范围内艺术剧团、剧场、剧院正呈现"井喷式"发展,一线城市的超级大剧院(或剧院联合体)与县级市的小而美剧院作为两端从大批量的规划走向大规模的建设,一批在设计理念、硬件设施等方面具有国际水平的剧院拔地而起,许多地区的剧院已经成为公众欣赏高雅艺术、提升文明素养的重要场所,剧院本身也成为所在城市著名的文化地标,整体上呈现全覆盖、大体量、多功能、专业化的特点。

2021 年 3 月,十三届全国人大四次会议通过的《中华人民共和国国民经济和社会发展第十四个五年规划和 2035 年远景目标纲要》,明确提出到 2035 年把我国建设成文化强国的目标,并从战略和全局上做了规划和设计。按照"从 2000 年开始,中国平均每 8.5 天就出现一座新的剧场,2018 年全国拥有 2 478 家艺术表演场馆。'十三五'结束后表演艺术场馆总数将达到 2 950 家"这一国家大剧院首任院长陈平的研判,可以预测,"十四五"期间在规模上完全可以说中国将进入"剧院时代",剧院势必作为城市文化地标、公共文化服务平台、非遗传承阵地以及文化消费渠道而在中国大地上遍地开花,走进寻常百姓的日常生活。

这反映或体现了,从新时期到新时代的转换中,满足人们对美好生活的追求成为政府设定社会发展目标的首要选项,而文化与科技则成为实现这一目标选项的主体性力量,在经济社会的转型升级中发挥着引导与支撑的作用。由此,一段时间来文化政策也被赋予新的内涵或新的主张,主要表现包括:更加注重文化艺术的高质量发展与融合性发展,更加强调公共文化服务体系和优秀传统文化传承,更加突出文化艺术的社会效益和社会价值。进而,包括剧场、剧团、剧院的演艺场所及组织——作为文

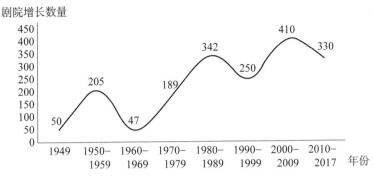

图 29-1　中华人民共和国成立后剧院发展情况

化艺术发展的载体——不仅在规模上得到了长足发展,而且在内涵上也发生着深刻的变化,不仅面临着社会全方位需求的急剧扩大,而且意味着审美地位的提升与教育功能的释放。

然而,在规模和硬件领先于国际的情况下,剧院运营和管理却面临多重的问题。总结起来,这些问题包括:(1)虽然剧院的繁荣建设给我国表演艺术发展带来了巨大的空间,但也面临着发展不平衡的问题,既有国有院团与民营院团的结构不平衡,也有地区之间的分布不平衡,以及严重存在的剧场和院团深度融合不够的问题。像国家大剧院和其管弦乐团、上海音乐厅与交响乐团等成功案例,在全国甚为少见,而民营剧院普遍存在"小弱散"的困境。(2)虽然数量在迅猛增长但也面临着剧院/剧场运营管理严重滞后的问题。剧院数量的增加意味着演出节目需求量的增长,而是否有足够的演出节目供给仍是个很大的问题。除了演出剧目的挑战,还有观演规模的挑战。无论是演出场次还是观众人次,进入剧场的比例都没有超过 20%,观众参与率十分低下。(3)大部分剧场处于亏损或勉强维持收支平衡的状态,资金困难,票房疲软,收支平衡的不足 10 家。

对艺术表演团体与剧场高歌猛进发展态势的公认背后则是更为流行的"建剧院容易管理难"的行业写照。经过多年来的探索,除一小批剧院已经形成了非常有效的运营管理模式,事业发展达到了世界水平之外,全国绝大部分剧院的运营管理严重滞后,不管是演出剧目还是观众人次,进入剧场的比例都没超过基数的20%,处于亏损或勉强维持收支平衡的状态,很多剧院的经费主要靠政府买单。究其原因,既有成本压力也有体制困境,可谓是多种困难交织在一起,而最为根本的就是运营模式创新和管理人才供给方面的问题。可以说这两个问题是其他问题的根源。正如中国演出协会主席朱克宁所说,在演出行业"因人成事或因人废事的例子不胜枚举",虽然有天时地利的客观原因,但也凸显了演出行业人才的缺失和匮乏,因为政策的执行、项目的运作、机构的管理最终是要由人来实现的。然而现实中我国大部分剧院缺乏专业的管理运营团队,可以说专业人才的短缺造成了剧院管理运营的滞后。

2. 其次,这个课题是由全国剧院管理人才供需现状决定的

在20世纪中期之前,不管国内还是国外,剧院管理领域既没有专门的教育机构,也缺乏系统的学术渠道。其各类型、各层次的运营管理人才往往是从艺术创作、演出领域或者工商企业转行跨界而来,这些人员往往是在实践中边干边学,其中也有师徒相授的方式,只是到了20世纪中期之后,随着剧院规模的增加、剧院事务的复杂,社会短期职业培训在西方出现了,并逐步演化为专业的学历教育。

在我们国家,剧院管理的短期职业培训以及相关专业的学历教育是改革开放之后开始的。那时,传统的剧院管理人才供给方式依然存在,虽然这种"非科班"的机制给剧院输送的管理人才规模小,但改革开放初期由于全国剧院发展缓慢,而且市场化也很不充分,所以这种人才供需之间的矛盾并没有显现出来。直到我国剧院进入快速发展阶段,剧院管理传统的人才供给方式在规模、结构、质量上就很难满足行业发展的需要了,而且在地区与阶段上还存在很大不平衡。于是,这一阶段,在政府的支持下,蓬勃发展的高校公共事业管理、文化产业管理尤其是艺术管理相关专业逐步向剧院领域源源不断地输送管理人才。也是在政府的支持下,国

家艺术基金以及中国音协、中国剧协、中国演出协会也在利用不同的方式纷纷开展剧院管理人才研修培训，不仅很大地提升了现有人员的管理知识和工作能力，也大大地吸引了一批志愿者加入剧院管理人才行列。

即使如此，走上发展快车道的剧院行业还是愈加面临缺乏专业的管理运营团队的困境。其一是在人才总数上缺乏，文化部《全国专业剧场发展情况调研报告》显示：目前国内剧场的管理经营队伍中仅30％的人员拥有艺术专业、舞台技术专业或者管理专业教育经历。其二是在人才结构上，调研发现，随着剧院数量的增长，剧院运营需要以下几类人才：导演、指挥、编剧等演艺创作人才；演艺表演人才；剧院制作、演出经营、宣传、推广等演艺管理人才；特别需要那些既懂艺术又善管理的复合型人才。其三是在人才素质层次上，对剧院行业来说，真正欠缺的并非一般意义上的艺术人才和管理人才，而是缺少既懂艺术又懂管理的复合型人才，尤其是能够将艺术与管理融会贯通，又具备互联网科技知识，具备创新思维的高端人才。

像任何一个行业一样，剧院发展所能达到的高度取决于其管理人才尤其是高端人才的数量和质量，而各类各级剧院管理人才的养成则有赖于专业学科的建立和高等教育的系统化培训。即使这几年在政府文化职能部门和大型国有企业的支持下，中央戏剧学院、上海戏剧学院分别成立戏剧联盟和中国剧院发展研究中心，致力于剧院管理人才交流和培养，而且也开设了一批剧院管理课程，但不足以满足实际的需要。整体来说，目前国内单独设立艺术管理专业的高校较少，教学大纲能够覆盖剧院管理领域的课程几乎没有，高等教育的缺失造成了剧场管理运营人才的后备严重不足。

3. 这个课题与全国剧院管理研究的学术进展密切相关

由于历史的原因，中国学者对演艺的研究长期以来主要集中在剧本、曲谱、音乐、舞蹈以及主要演员、作家方面，对演出场所、演出组织乃至演出市场的研究很不充分。新中国成立后，尤其是自改革开放以来，受国家文化战略驱动也包括文化经济还原主义的影响,全国范围内剧院、剧场、剧团在规模上急剧扩张,在结构上日益丰富。与之同时,具有现代意义的关于剧院运营与管理的交流/研讨多了起来,这个领域的文章/著作也多了起来。尤其是当前我国剧院团运营、管理及发展的研究在经验性、实操类问题与社会性、学理类问题等诸多方面成果丰富,取得了一系列的理论突破。这些研究,对于整个社会更好地认识剧院团的功能与使命,促进剧院团行业发展以及国家政策完善产生了积极而广泛的影响。而同样重要的是,由此不仅形成了一支主要来自艺术院校、艺术院团以及政府部门、科研院所、文化企业等人数众多的研究队伍,而且也汇聚形成了以《戏剧》《戏剧艺术》《中国戏剧》为主的 300 多种期刊、学报这样一个阵容强大的学术网络。可以说,对应着当下全国艺术创作、艺术市场与艺术理论的整体繁荣,剧院管理研究正在成为重要且热门的学术领域。

通过对这个领域文献的更大范围的统计、分析,可以看到,剧院管理研究的范围和视角大致可以归纳为:(1)以问卷调查、人物访谈等方式对院团发展现状进行分析研究,形成了一系列有效的数据和事实。如全国大规模的戏曲剧种剧团调查,又如某一地区或某一剧种民营剧团调查研究。(2)以案例分析、经验总结的方式,对具体院团运营、管理与发展的成败得失进行观察、思考,对院团的兴起原因、经营方式、存在问题和解决方案等作了比较详细的解读。(3)以理论阐释、政策解读等方式从宏观层面探讨院团发展的外部环境、市场逻辑及经济效益,提供了一些分析问题必要的概念、理论和研究视角。(4)运用文化经济、文化政策、公共管理等学科理论作为分析工具针对院团体制改革所作出的跨学科研究,新颖、深刻,有原创性的学理,理论突破性的学术成果,深化了研究。(5)在文化的意义上、在社会学的语境下讨论剧院发展的基本理论和重大议题。比如,剧院团的多元文化功能,剧院团的公共教育属性,剧院团的生活美学品质,等等。

当前我国剧院团运营、管理及发展的研究在经验性、实操类问题与社会性、学理类问题等诸多方面成果丰富,取得了一系列的理论突破。这些研究,对于整个社会更好地认识剧院团的功能与使命,促进剧院团行业发展以及国家政策完善产生了积极而广泛的影响。然而,就内涵来说,当前剧院管理这个领域不仅理论研究落后于行业实践,而且学术质量滞后于研究规模,呈现选题分散、论证浅显、结论边缘的特点,既缺乏基础、规范、统一的学术概念、经典理论和研究方法,也未形成一系列描述、解释、评估剧院管理的分析框架和理论范式。在当今的社会条件下,中国现有的学科体制所形成的关于剧院管理的知识体系框架不足以回应新一代人才培养及行业实践的客观需要,这也是本课题的一个基本判断。大部分学术成果还不足以为解释和解决中国剧院运营领域的管理议题提供明确的观点、独到的思路,这与剧院在繁荣全国演出市场上的重要作用以及剧院建设规模对理论研究的需求相比,还很不适应。

但是在另一方面,也就是从需求与趋势来说,不仅演艺行业而且整个社会的发展为剧院人才培养与运营管理的理论建设提供了难得的机遇,而剧院管理研究本身也蕴含着更加积极的发展势头。习近平总书记近年来多次提出建设哲学社会科学创新体系,因此从必要性和可能性来说,如同其他艺术领域面临建立"中国文化遗产学""中国博物馆学""中国策展学"的形势一样,在演艺领域建立"中国剧场管理学"也是迫在眉睫。其实这也正符合国家推进"新文科建设"的要义,应使艺术学术体系、知识体系、话语体系从传统的"史论评"体系中摆脱出来,面向行业发展,聚焦实际问题,大力发展新兴、交叉、应用类学科专业。因此,我们有理由、有责任坚守初心、坚定自信,秉持"将论文写在中国大地上"的学术精神,强调学术研究在中国场景的适用性和影响力,从历史和现实、理论和实践相结合的角度深入阐释如何更好坚持中国特色剧院管理思想体系、话语体系和知识体系。无疑,这也是中国特色社会科学话语体系、教育体系的重要组成部分。

二、研究的主题与思路

1. 本课题的研究内容与框架

剧院管理是十分复杂的范畴,在人才需求上包括技术、行政、营销、策划、创意等不同层次和类型,在学术研究上牵涉建筑学、艺术学、管理学、教育学、文化政策、文化产业、文化消费等诸多领域。本课题的研究对象为中国剧院管理学科专业体系构建的逻辑与路径,也就是如何将剧院管理纳入我国学科本科序列、如何形成完整的学科专业体系,以及这个体系如何更好地支撑中国剧院管理专门人才培养,支持剧院管理学术建设。具体研究内容包括五个方面:

其一,中国剧场剧院历史与现状。包括中国剧场剧院的历史沿革、管理类型、运营规模、发展状况,尤其是弄清楚改革开放以来中国剧院管理人才供需的渠道、规模、类型、规格,以及不同类型/规模/层次的剧院在管理人才供需关系上的平衡性问题,包括剧院现有管理人才的适应性问题,这是课题研究乃至政府决策必不可少的数据和事实,从而为整个课题研究提供稳固的学术基点。

其二,剧院管理研究的学术成果和知识积累。在改革开放40多年的进程中,文艺院团始终是文化体制改革和文化建设的重点和难点领域,并成为近年来学术讨论的热点议题。对40多年来的剧院管理研究成果作全面地梳理和审视,不仅有助于促进剧院管理学科化,而且也有助于为专业教育提供教学资源。

其三,中国剧院管理学科专业化直接的或相关的进程与结果。中国剧院管理学科专业化不是凭空产生的,它经历了"同类相关专业支持、社会职业培训辅助、直接核心课程示范"等阶段,由此证明,今天创建中国剧院管理学科专业体系可谓水到渠成。

其四,国外剧院管理人才培养、学术研究甚至是学科专业建设的情况以及主要做法。发达国家目前已经形成了多元化的剧院管理人才来源渠道和人才培养机制,然而不同的国家其方式有很大的差别,即使同一个国家这些方式在不同的时期其表现也不一样。了解清楚这些情况,找出其中需要我们借鉴或者警惕的地方,可以为整个课题研究提供基本的参照。

其五,构建中国特色剧院管理学科专业体系的思路和做法。本研究的主要目标是,在明晰中国剧院管理知识体系的学术属性、定位和目标,以及教育体系的人才培养目标与要求、教学内容和课程体系、教学资源与平台的基础上,从理念培育、制度设计、教育导引、实务操作等方面提出构建一个开放的、多元的中国剧院管理专业教育体系以及人才培养方案的实体化的对策性建议。

2. 本课题的研究思路与方法

本课题充分借鉴艺术学、管理学、教育学理论知识,广泛调研国内外剧院/剧场运营的整体状况以及管理人才的供需情形,提倡在事实和数据基础之上的实证研究,强调课题研究在中国场景的适用性和影响力,全面探讨中国剧院/剧场运营与管理的新思想、新理论,系统分析中国剧院管理学科建设的基本逻辑与学术框架,科学设计剧院管理专业设置流程与人才培养方案,从学理和实践两个层面为构建中国剧院管理学术体系和教育体系提供坚实的、广阔的参照框架。

其一,运用文献回顾和归纳,收集汇编改革开放以来剧院管理研究文献并形成综述,逐步厘清剧院与剧场、学科与专业、人才培养与教学改革及理论研究的关联与区别,对围绕院团运营的政策文本、学术文献、行业信息、调研案例进行对照解读,采用艺术管理学、艺术教育学相关理论作为分析工具,为构建中国艺术管理学科专业体系寻求学理依据。

其二,运用社会调查、深度访谈和内容分析的方法,获取一手资料。在工作或会议中直接听取国家大剧院首任院长陈平、上海大剧院原艺术总监钱世锦、上海大剧院总经理张笑丁、上海东方艺术中心原总经理林宏鸣、浙江文化艺术研究院王相华、上海艺术研究所杨子等一线从业者、管理者和研究者的意见，先后到国家大剧院、上海大剧院、上海九棵树文化艺术中心、江苏大剧院、杭州大剧院、武汉大剧院、成都大剧院、陕西大剧院、郑州文化艺术中心、苏州湾文化艺术中心大剧院、哈尔滨大剧院等处调研，细致查阅档案、报刊，广泛收集各类统计数据，获取了大量的一手资料，对剧院运营状况及人才培养情形进行实证分析，架构出中国剧院管理人才供需关系的整体面貌。

其三，通过举办或组织团队成员参加专题研讨会收集剧院运营信息和各种观点。2018年11月17日在上海戏剧学院召开"长三角新时代艺术管理课程设置与建设研讨会"，2019年5月18日在上海戏剧学院召开"剧院团管理专题研讨会"；2018年7月2日在上海大剧院参加"2018世界剧院运营及发展高层论坛"，2019年6月21日在国家大剧院参加"2019世界剧院北京论坛"，2021年5月24日在浙江音乐学院参加"面向2035——我们需要什么样的艺术与文化管理人才高端论坛"，2021年6月19日在浙江传媒学院参加"剧场运营管理国际会议"。上述会议都把剧院管理人才培养乃至中国剧院管理学科专业化作为子议题，既显示了这一议题的重要性，也展示了与会代表近年来在这个论域的研究成果。

三、基本判断和建议

剧院规模的快速发展，是新时代人民对美好生活需求高涨的必然反映，也是经济社会走向高质量发展阶段的直接展现。剧院管理是剧院运营的重要支撑，也对文化艺术的发展与繁茂发挥着至关重要的作用，这也是整个社会对剧院管理学术研究和人才培养有着庞大且多样需求的根本所在。

本课题认为，面对蓬勃发展的现实，剧院管理急需在学科化的建构上进行经验的总结和理论的探索，或者说推进剧院管理学科专业化不仅必要而且可行。从"行业的催生"到"学术的积累"，可以说既奠定了剧院管理学科专业化的基础又预示了广阔的社会需求,本身就是可行性的支撑,而且它在内部也产生乃至具备了完整的原生动力。

剧院管理学科专业的构建是行业发展与对专业人才的强烈需求共同驱动的结果,学科专业的建设需要在政府推动、高校主导、社会协调的支持下开展:(1)高校层面相关学科专业的持续发展建设,为剧院管理学科专业化奠定了广阔基础;(2)社会层面剧院管理人才培养与交流项目,为剧院管理学科专业化给予了行业支持;(3)制度层面设置艺术管理职称系列,为剧院管理学科专业化提供了政策与人才评定依据。构建我国剧院管理学科专业是研判高校、社会和制度三方面现实条件与需求的结果,它经历了"同类相关专业支持、社会职业培训辅助、职称评价体系保障"等阶段,由此说明,当下构建中国剧院管理学科专业体系可谓水到渠成。从三方面的进展来看,当前我国已经具备了促进剧院管理学科专业化的条件与可行性。

构建中国剧院管理学术体系和教育体系,首先需要从理念引领、制度支撑、资源保障三个层面来推进中国剧院管理学科专业体系的生态塑造;其次需要清晰界定中国剧院管理学术体系的研究对象、核心概念、学术脉络、研究方法,以及教育体系的专业设置与定位、人才培养目标与要求、教学内容和课程体系;最后需要科学设计中国剧院管理人才培养方案。

其一,确立学科归属与定位。剧院管理研究是在艺术学理论这一领域内的具有跨学科性质的应用艺术学知识学面向。演出与舞台艺术是综合性的,今天又更多地融入了文创与科技,呈现跨界特征,所以演出与舞台的运营管理绝对是复杂的领域,涉及建筑、舞台、会计、人力、财务等,所以对其进行研究绝非单一学科所能涵盖。剧院运营与管理则更加复杂,对其进行研究自然也具有综合性的特征,牵涉艺术学、管理学、文化政策、文化产业、文化消费等诸多领域,无法属于哪个具体的门类。从发表相关论文的期刊分布来看,剧院运营与管理研究论文发布的期刊也分布在音乐、舞蹈、影视、戏剧以及美术、设计、传媒、营销乃至建筑、科技、工程等类别里，分散在音乐与舞蹈、影视与戏剧等相关学科里，缺少专门的归类和确切的归属，这自然也不利于学科的形成与发展。

我们认为，在文化＋、跨界融合的背景下需要大力加强"艺术学理论"的一级学科建设，调整并丰富其所属的二级学科的设置，因为只有在综合的艺术学理论学科框架内才有利于剧院管理研究进一步形成新的知识。把艺术与教育、管理、科技等融合，以及与艺术组织、艺术市场相对接，这不仅仅是一个需要解决的艺术融合跨界发展的实践问题，更是艺术学高等教育领域早已存在的学科发展不均衡需要解决的大问题。将院团管理作为艺术学理论新的知识学面向，把分散在各个领域的剧院团管理知识以二级学科的方式整合到"艺术学理论"一级学科之下，并重新界定其学科建设以及学术研究的边界，不仅各方面条件基本成熟，而且是合乎实际的、可行的，也必将为艺术学学科的整体发展开辟新的生面。也就是说，艺术学理论将构建应用艺术学和理论艺术学的脉络，搭建起纵横坐标。

其二，确立研究的对象与领域。围绕中国剧院发展开展学术研究，不能仅拘泥于对剧院硬件的研究，更应侧重对剧院软件的研究；也不能孤立地就剧院论剧院，而应将剧院与院团结合起来，研究艺术生产规律、观众消费行为及心理；还应研究剧院与城市发展之间的关系以及剧院在人民美好生活前景中的作用。

我们不仅需要扎根中国大地，而且更加需要在学科的意义上创造一套规范的概念体系和话语体系，因为在学理层面，理论/学科必须具备可公开并可为学术共同体讨论、评价、理解、应用和共享的特征。像大家每次在论坛上发言，必须使用共同的概念讨论大家普遍关注的问题，否则空对空或鸡同鸭讲绝无任何实际效果。大家都知道，如果没有这些规范的概念体系和话语体系，理论研究、学科建设就无法持续推进也无法广泛传播。剧院团的运营与管理正在成为跨学科的研究议题。建筑学、管理学、营销学、艺术学、社会学以及文化政策研究、文化经济研究等诸多学科在研究过程中都或多或少地涉及剧院团这一块。

当前急需探讨的基础性问题包括:(1)剧场、剧院、剧团的概念以及分类,标准与评估;(2)剧场、剧院、剧团建设与运营的关系;(3)剧场、剧院、剧团的社会功能、发展定位;(4)剧场、剧院、剧团的愿景、规划;(5)剧场、剧院、剧团的政策、市场与社会;(6)剧目生产机制、传播营销机制、观众培养机制;(7)人才培养与学科建设;(8)国际比较研究。

其三,确立研究的思路和方法。我们认为,剧院管理研究的思路和方法,一个是应用性研究,一个是跨学科研究。剧院和表演艺术是一门实践的学科,也是跨学科的学科,要求我们在做研究的过程中一定要坚持以应用性研究为主,同时研究方法上坚持跨学科,综合运用管理学、产业经济学、传播学、艺术学等研究方法。这就要求我们努力避免两种倾向:(1)孤立地研究剧场。剧场是表演艺术的中间环节,上端对剧团,下端对市场,并将二者有效地结合起来。应该把剧场和城市发展以及国家的文化进步结合起来,否则,相关研究可能就是片面的,很难找到剧场科学的发展规律。(2)闭门造车,从理论到理论。剧场研究应该从实践到理论,这是归纳的过程,再用理论来指导实践,只有这样才能找到剧场科学的发展规律。目前来说,我们认为这个领域的研究空间非常广阔,也有很多没有在理论上解决的问题。

在具体实施过程中,要求把剧院团领域产学研各方的力量充分结合起来,甚至可以说尤其需要构建剧院团领域产学研一体化模式。这样一个新的认识意味着我们将以更加学理的方式而不仅仅是经验的方式来面对我们烦琐且重要的工作,甚至可以说,预示着中国剧院团新一轮改革舆论先导与智力保障的形成。

其四,确立专业教育方案。当前,音乐表演类院校纷纷在艺术管理专业开设演出策划、票房营销、院团运营等核心课程,上海戏剧学院、中央戏剧学院则建立了更为完整的从本科到硕、博研究生的剧院管理教育体系。中央戏剧学院的戏剧管理系成立于2000年,原名艺术管理系,于2012年9月更名为戏剧管理系。上海戏剧学院2003年成功申报公共事业管理本科专业,2016年成功申报教育部"艺术管理"本科特设专业。2018年开始与国家大剧院联合设置艺术管理研究博士后流动站。讨论作为大学教育的剧院管理者培养,必须对其人才的规模、类型、层次和规格确立特有的规定性。第一,在剧院管理专业设置上,其学科依托,可以是艺术学,也可以是管理学,两种路向都是社会的需要。第二,剧院管理人才培养规格的确立,需要明确学生的知识、能力、素质结构的总体要求是什么,其个性化的特长又是什么。对这个问题形象化的表述就是"一门技术 + 一套理论"。第三,以上两点决定了剧院管理专业的教学内容与课程体系,需要实现"艺术"和"管理"两方面知识的有机融合和内在统一,构建一般性的专业品质和具体化的教学特质。第四,构建开放式的教学机制和自主式的选课方式。

四、本课题的理论意义和实践意义

从新时期进入新时代,中国剧院/剧场不仅在规模、结构、效益上得到长足发展,而且与旅游观光、城乡改造、社会建设深度融合。剧院/剧场的运营与管理不仅需要将理论研究与现实关怀紧密结合的学术成果,为解释和解决中国剧院/剧场运营领域的管理议题提供明确的观点、独到的思路,而且更加需要一大批懂艺术、善经营、会管理的高素质的专门人才,推进剧院/剧场管理学科与专业的建设。不管是从内部可能还是从外部需求来看,开展中国剧院管理学科专业体系构建专题研究重要而紧迫。

1. 有助于形成剧院管理人才多元化的供给渠道,为剧团、剧场、剧院输送各级各类高质量专门化的经营管理人才

目前,剧院管理行业各级各类专业人才层次化、结构化的需求特点与人才供给间匹配性的不足是阻碍演出行业提质增效的主要症结。高校学科专业建设是人才培养的基本依托,也是从源头解决人才供需不匹配问题的重要路径。新时代条件下,我国剧院管理人才虽然已经具有小规模

的传统供给渠道，但是仅依靠经验性和非系统化的培训无法达到行业对专业人才技能与素质的要求，因此，剧院管理学科专业的构建显得尤为必要。为此，不仅要从知识体系和教育体系两方面着手，以人才培养为核心兼顾完善理论范式，丰富剧院管理人才多元化供给渠道，还应贯穿本、硕、博人才培养体系，从而为剧院、剧场、剧团输送各级各类高质量专门化的经营管理人才。本课题对剧院管理专业教育体系、人才培养方案的设计，不仅有助于剧院管理专业的合法化，使之纳入教育部本科专业目录中，而且对发展中的艺术管理类院系而言也是一种参照和借鉴，是一种积极的启示与指导。

2. 有助于形成描述、阐释、预测剧院运营、管理与发展的学术话语体系，为院团乃至整个演出行业的发展提供理论指导，为院团政策评估以及未来制定新的政策提供学理依据

剧院的发展离不开行业系统规范和健全制度的保障，尤其在面对鲍莫尔成本病等风险环绕的市场环境下，如何依据现有理论和政策指导预判形势并找到应对策略是整个剧院行业亟待解决的问题，而政策的咨询与制定以及对智库人才与方案的寻求离不开高校学术体系的帮助。剧院管理学科专业构建的意义有二：第一，为描述、解释和评估剧院管理提供了一个整体性的分析框架，有助于加深对改革开放进程中院团运营现代化转型的系统性与曲折性的认识；第二，有助于推进我们对剧院、剧场运营的理解以及对管理人才这一根本性问题的揭示，为剧院、剧场运营管理的行业实践乃至政策制定提供理论借鉴和现实启迪。

3. 有助于推进文化建设，促进社会美育教育的推广，在完善公共文化服务体系的过程中促进文化高质量发展

剧院是一个国家文明的容器和载体，也是世界文明互鉴的平台，在今天，剧院发展的好坏直接影响一个国家、一个地区的社会美育、公共文化服务乃至文化高质量发展的程度和水平。我国剧院管理学科专业构建正是在进入"十四五"阶段后响应国家文化建设新要求所提出的战略举措，

它通过创新规划学科专业培养方案,从顶层设计入手把脉行业所需,并以切实有效的措施解决人才瓶颈难题。因此,在新形势下,只要我们把握住剧院管理学科专业在高等教育领域的建设与布局这一机遇,不仅我国剧院行业的总体发展水平将会发生革命性变化,而且将有助于我国社会美育教育工作的开展与推广,在完善公共文化服务体系的过程中促进文化高质量发展。

4. 有助于拓展艺术学研究疆域,形成应用艺术学学术分支,丰富与完善艺术学理论研究体系

剧院管理学科专业化建设从艺术学学科发展的现实困境出发,既从艺术学宏观角度系统串联基础理论和教学实践成果,也从微观学科视角出发探索艺术学理论发展的一般原理。通过补足相关艺术理论及范式研究缺失的内容、设计对接行业需求的人才培养方案,在形成布局合理、规模适当的发展态势中加速实现艺术学高质量发展的目标。因此,开展中国剧院管理学科专业体系构建还将从历史和现实、理论和实践相结合的角度深入阐释如何更好践行中国特色艺术学知识体系和教育体系,进而拓展艺术学研究疆域,形成应用艺术学学术分支,丰富和完善艺术学理论研究体系。本课题对剧院管理专业教育体系、人才培养方案的设计,不仅有助于剧院管理专业的合法化,还将对发展中的艺术管理类院系提供一系列参照和借鉴。

5. 有助于为解决"建剧院容易管理难"的世界性课题提供中国思路和中国方案

新时代以来,党中央先后提出坚定文化自信、建设文化强国、筑牢人类命运共同体的一系列发展战略,这也是我们这一代剧院人的文化使命。我们有理由也有责任,在人才培养和智库支持方面,为解决"建剧院容易管理难"的国际议题提供中国智慧和中国方案。目前,我国正进入剧院高质量发展阶段,无论是剧院建设的规模、数量还是群众不断增长的文化消费的体量,均居于世界前列,亟需高素质剧院管理人才对行业发展的支

撑；在新文科建设背景下，我国高校学科专业的发展也得到强有力地推进。以上宏观条件和政策扶持为我国剧院管理学科专业的设立提供了最佳的时机，也为我们在人才培养和理论研究方面为解决剧院管理国际难题提供具有中国特色和经验的思路和方案提供了更大的可能性。

主要参考文献：

1. 刘立明：《剧院运营管理的课程建设分析——以"剧院运营与管理人才培训班"为例》，《艺术评论》2017年第11期。
2. 董峰、沈轩、宋芳仪：《十年来剧院管理研究的学术情势与理论内涵——以2008—2018年期刊载文为分析中心》，《艺术管理》（中英文）2019年第4期。
3. 张佳晨、刘筠梅：《改革开放四十年我国剧院管理学术研究状况简析》，《内蒙古艺术学院学报》2019年第4期。
4. 高丽娟、张雯靖：《"论域"与"方法"——2019剧院团管理专题研讨会综述》，《艺术管理》（中英文）2020年第1期。
5. 董峰：《剧院管理研究的兴起、论域及其他》，《艺术管理》（中英文）2020年第4期。

原文出处：2021年12月国家文化和旅游部委托课题
"中国剧院学科学科专业体系构建研究"结项报告绪论部分

戏剧管理的知识逻辑与教育路径

2010年以来,国家教育主管部门逐步改变过去稳妥保守的姿态,主动因应科技革命与经济社会发展的新变化,加大了全国高校学科专业目录调整力度,一大批前沿交叉学科专业应运而生。在艺术门类,就有艺术管理、艺术教育、艺术治疗、艺术科技、非遗保护、文物修复等以特设专业的形式纷纷通过教育部审批或备案,并因为它们办学适应性强、就业面宽而很快受到高校和考生的欢迎。基于同样的社会需求情势,有理由认为,"戏剧管理"也应该及时纳入国家学科专业目录。这是因为,戏剧管理是戏剧学研究的重要范畴之一,早在民国中期,戏剧大师梅兰芳的重要经纪推手齐如山就分别撰写了《戏班》(1925年)、《戏馆子》(1930年)等书,其后对戏剧领域管理议题进行整理、总结和研究的成果绵延不断。但由于历史原因,中国学者对戏剧的研究,长期以来集中在剧本、曲谱、音乐、舞蹈以及编剧、导演、表演方面,对演出组织、场所乃至演出市场、观众的研究并不充分。直到改革开放后,随着戏剧生产规模逐步扩大以及演出市场走向繁荣,这一局面才得以转变,以戏剧管理为主题的学术论文、学位论文以及著作、教材、工具书大量涌现。

在戏剧实践领域,中国演艺及其组织与场馆发展快速,规模巨大,结构复杂。但是,看到其取得巨大成绩的同时,也不应忽视存在的问题,比如大家通常说的不管演出剧目还是观众人次,进入剧场的比例都没超过基数的20%,绝大部分剧目只演三五场就束之高阁了,绝大部分剧场的经费只能靠政府买单,而买票看戏对大多数群众来说还略显奢侈。个中原因固然复杂,但下面两条是不容忽视的:一是戏剧在文学之外乃至舞台之外的运营同样离不开专业人才,而目前戏剧管理人才的培养与储备无论是规模、结构还是质量方面都不足以支撑现代演艺及其组织、场馆运营管理的需求;二是戏剧管理基础研究缺乏核心概念和专门方法,应用研究停留在经验化层面,尚未形成可以有效解释和解决戏剧管理问题的理论体系。然而这些问题无法在传统的戏剧管理知识生产逻辑和人才供给模式下得到解决,因此需要采用现代学术范式和教育体制,构建戏剧管理学科专业体系。正因如此,戏剧人特别是剧院专家,如陈平、杨绍林、钱世锦等前辈,近年来无不大力呼吁尽快开设戏剧管理专业,并且身先士卒积极投身相关院校戏剧管理课程教学,把丰富且宝贵的行业经验传授给年轻一代的戏剧人。这一情形也促使文旅部把"培养专门运营管理人才"终于写进政府文件中。因此从戏剧发展的理论、实践与政策的需求层面看,将戏剧管理纳入国家学科专业目录早已势在必行,然而只有合理确定中国戏剧管理学科专业的知识逻辑与教育路径,才可以说,这一构想具有了水到渠成之势。

一、剧院管理学科专业设置专有的识别度

"学科""专业"是学术研究和人才培养的特有类别,二者结合所形成的特定领域,聚合了共同体人群在此开展知识生产与传播,并形成相应的学术组织和教学单位。之所以需要确立一个新的特定领域,是因为现有的知识体系和教学框架已难以解决这个新的领域新产生的特殊问题,而戏剧管理就面临这样的情形。

相较于其他类型的艺术机构(如美术馆、博物院),大剧院、音乐厅等戏剧范围的演出场馆的运营与管理更需要专业人才。比如说,美术馆、博物院往往是预约、免票且限号参观,大剧院、音乐厅则需要千方百计地把票一张一张卖出去;又比如说,其负责人前者多是考古学、艺术史学者起家,后者则是经营管理专家出身;还可以看到,其职员一个是很少有艺

管理专业毕业生直接入职,一个是越来越离不开艺术管理专业的毕业生。由此可见一斑。

在人才供给上,戏剧管理也有其特殊的一面。长期以来,它先后依靠"师徒相授""边做边学""跨界转行"等传统的社会化教育模式。在今天,传统教育模式在剧院管理人才供给上依然行之有效,并将长期存在,但是不得不说,它已经无法在规模和结构上满足这一特殊领域人才的总体需求。因为,近20年来全球剧院数量增速惊人,中国更是达到每8.5天建一座剧院的速度;相应地,剧团、剧目数目同样火爆增长,自然对戏剧运营管理专门人才提出了更为多样化、规模化的需求。所以,一个培养包括舞台技术、演艺制作、票房营销、院团运营等专门人才的艺术管理高等学校本科专业2016年终于在上戏、央美以及各方协同配合之下得以成立,而且成为布点数全国排名前五的文科专业。其实,在实际办学中,全国两大戏剧学府上戏、中戏的艺术管理专业本身就是专门培养戏剧管理人才的,至今已经形成从本科到硕士、博士研究生比较完整的戏剧管理教育体系;同时,舞台表演类专门艺术院校的艺术管理专业也或多或少地开设了戏剧管理相关课程。

事实上,在艺术管理正式成为本科专业之前,不少学校早在20世纪80年代初期就开始了这方面的教学和人才培养,以"短、平、快"的方式较好地满足了社会的用人需求。然而,原先文化搭台经济唱戏的两张皮逐步在2000年之后合为一体,带来文化经济化、经济文化化双向互生业态的整体扩散,导致文化企业和公共文化服务体系用人需求的不断增长,又推动了艺术管理专业一路高歌猛进,特别是近年来,在研究生培养和专题培训层面,艺术管理教育走上了快车道。但是,由于艺术管理学科专业本身固有的新兴交叉应用性特征,一是导致其教学内涵先天性的"两层缺失",二是始终面临专业布局整体性的"双重困境"。艺术管理专业教学内涵"两层缺失"的不足,大家关注、讨论的比较多,主要是指一些院校的艺术管理专业过于强调实践实习,缺乏理论知识积累,学术内涵缺失;另一些院校则片面依赖单一传统学科,过于强调理论知识,不少课程不同程度地存在着松散、拼凑、碎片化现象,教学实践性品质缺失。而其专业布局"双重困境"的说法则是由北京大学彭锋教授提出。就专业艺术院校本科教育来说,由于它的主要目标是培养艺术一度、二度创作人才,所以长期以来存在重技能轻理论、重专业轻文化的局面。然而艺术管理专业是艺术学和管理学交叉的结果,可以说它是从理论体系中衍生出来的,因此处于艺术院校的边缘位置。就综合大学本科教育来说,它十分重视艺术历史和理论研究的学术教育,这与艺术院校重视专业技能教育不同。然而艺术管理研究毕竟离不开实践和应用,否则将变成一无是处的空头文章,因此它又处在综合性大学的边缘位置。艺术管理教育在专业艺术院校和综合性大学都处于边缘位置,一个重要原因在于它的跨学科和跨领域性质。艺术管理不可能像艺术创作那样专注实践,也不可能像艺术研究那样专注于理论,因此,艺术管理必须包括理论和实践。这种跨学科性质让艺术管理无论在创作领域还是研究领域都不能得到合适的评价,从而导致艺术管理在艺术教育中处于边缘位置。我认为,在艺术学科中,艺术管理的边缘化不是因为对象问题,而是因为方法问题。在管理学科中,艺术管理的边缘化不是因为方法问题,而是因为对象问题。无疑,这一分析艺术管理教育的新视角有助于更加全面地理解艺术管理学科专业的深层次问题,进而寻求积极的对策。

  戏剧管理有着不同于一般艺术管理的诸多地方,但它可以在艺术管理中找到自己的位置,然而艺术管理却有不少待完善之处。戏剧管理不仅需要艺术管理的知识、经验和方法,更需要舞台技术、演艺制作、剧目建设的技术、策略和学说,也特别需要对观众的培养、维系与拓展,这是一般的艺术管理所缺乏的。因此,在促进艺术管理弥补缺失、摆脱困境、锤炼内涵、彰显主体的同时,大力发展戏剧管理学科专业,有助于形成不同门类、不同层次艺术管理相得益彰的互补,更有助于促进这一领域多元化、专门化人才的培养。当然,这并不是说,发展戏剧管理就不会存在类似

"两层缺失""双重困境"的难题,但是,如此布局更有助于拉开不同专业的区分度,增加其识别度,从而更好地形成"传统社会教育+艺术管理专业教育+戏剧管理专业教育"这种更加多元的人才培养生态链条。

二、戏剧管理"知识生产模式Ⅱ"逻辑

不管是从狭义而言还是从广义来看,戏剧管理都是一个复杂的系统,包含舞台技术、演出制作、演员权益、劳动报酬、艺人经纪、版权保护、合同签约、票房营销、艺术资助等方面,以及对演出组织、场所乃至演出市场、观众的协调与管控。虽然长期以来这个系统也积累了不菲的研究成果,但其"知识"多是以行业经验或实操技术的形式存在的,也有口传心授的内容,然而戏剧管理之所以能够确立为特殊的学科专业领域,依据传统观点,一定是建立在逻辑化、学理性知识积累的基础之上,而且还需要稳定的、持续的知识生产渠道。倘若比照此类知识生产模式,戏剧管理很难说已拥有了学科专业设置的条件。然而若采用现代知识生产模式予以比照,情况就完全不一样了。

简要地说,称之为模式Ⅰ的传统知识生产基本以单学科研究为主,只受学术兴趣指导,目标是建立学术理论体系。在这种模式下生产出来的知识,被认为是纯粹的"为科学而科学"的科学知识,与这种知识之外的社会基本不发生直接关系。相反,与之对应的模式Ⅱ的知识生产,是指在应用环境中,针对一个或多个具体问题采借交叉学科的方法展开的研究,目标在于解决实际问题。这种模式下生产出来的理论知识,不再具有自律的特性,而是与整个社会密切相关,受到政治、文化、商业利益等方面的限制,更加强调研究结果的绩效和社会作用。

在这种意义上,我们可以说,模式Ⅰ的知识是静态的,甚至是生产者个人的。模式Ⅱ的知识生产方式具有明显的跨学科和跨领域特征。一般的跨学科研究还局限在学院之内的学科合作,模式Ⅱ的跨学科合作涉

及范围更广,政府部门的智库、大公司的研究机构、非营利的学术组织都可以成为合作伙伴。

戏剧管理包罗万象,错综复杂,其知识构成或来源固然包含模式Ⅰ,如剧院美学、剧院社会学、剧院人类学,又如戏剧管理的发生与沿革、中外古今戏剧管理比较等内容;但主要还是模式Ⅱ知识。换句话说,目前戏剧领域所拥有的具有管理学意义的数据、材料、文献都可以经过学术生产纳入知识体系中来,包括原来不登知识大雅之堂的经验或者被视为雕虫小技的部类。如,舞台、剧场、演艺多维度的专业技术、实务经验奠定了戏剧管理学科专业的知识基础;人力、财务、客户、经济效益、社会价值等领域的应用理论构成了戏剧管理学科专业的知识主体;法律、政策、制度等议题的规定与解读等形成了戏剧管理学科专业的知识视野;剧院、建筑、商业、市场、教育、美学深度融合的跨学科知识提供了剧院管理学科专业的价值、意义、功能。在管理学意义上,戏剧产品或服务是戏剧项目的依托,而戏剧项目又离不开戏剧组织的支撑和戏剧市场的引领,完整的戏剧管理要素与环节所拥有的知识可划分为技术、市场与人文三个层次,其管理目标则是达成戏剧"商业、社会、美学"三大价值的统一,这又构成了跨学科研究的枢纽。总之,模式Ⅱ知识有助于理解明显具有项目特征和跨学科特征的戏剧管理,正是依循此种逻辑,方可确认,构成中国戏剧管理学科专业的知识积累是完备丰富的,知识生产渠道是通畅持续的。

基于模式Ⅱ知识生产逻辑由此打通了戏剧管理学科专业定位的思路。它可以作为"戏剧与影视学类"一级学科目录中的二级学科,从而有效串联起"戏剧与影视学"编剧、导演、表演、教育、史论等现有专业,形成完整的戏剧与影视学科专业生态;也可以在"艺术学理论"一级学科目录下设置二级学科,这种定位方式,可以借助戏剧管理知识的应用属性,解决目前艺术学理论学科研究与实践相脱节的问题。

三、戏剧管理教育的"成果导向"路径

剧组、剧团、剧场、剧院在规模化、市场化道路上的持续发展离不开多样化的经营管理人才，因此戏剧管理人才培养需要把社会教育与学校教育结合起来，形成具有中国特色的自主完整的戏剧管理教育体系。

传统型社会教育至今依然是戏剧管理人才培养的有益补充，也是一些特殊类型人才供给的重要渠道，目前既有高校、院团利用国家艺术基金资助而举办的公益研学，也有大型剧院、商演公司以及中国剧协、中国演出行业协会开展的商业项目，以行业专家授课为主，为新人入职、骨干进阶创造了必要的工作条件。现代式学校教育是戏剧管理人才批量化、规格化供给的主要渠道。除专业艺术院校稳步推进戏剧管理本硕博教育一体化建设之外，综合类院校也积极参与进来，助力戏剧管理与科技、人文、商业等学科形成新的交叉优势，从而构筑分层、分类、分型戏剧管理教育体系，形成不同院校协同发展的学科布局。今后高校、院团与行业协会、商演公司应该发挥各自优势，以工作坊或研修班的方式紧密合作，扩大"戏剧管理人才培养"规模，加大力度，形成中国戏剧管理学科专业体系构建的合力。

不管是现代式学校教育还是传统型社会教育，对于如何设置课程、如何延聘教师、如何组织教学，特别是今天在面对眼花缭乱的教学改革与创新背景下，其教育方式面临不同的选择。依循戏剧管理交叉应用性的特征以及借用情境教学、项目教学、做中学等有效教学策略，戏剧管理教学应该采纳"基于成果导向教育"（Outcome-Based Education，简称 OBE）的理念以及模式。与相关教育模式相比，OBE 最突出的特点是突出学习结果，强调能力本位，视教学结构和课程体系为手段而非目的。它淡化对学生知道什么的衡量，着重考察学生能够做什么，是否具备从解决有固定答案的问题拓展到解决开放问题的能力。在最终的学习结果即学生通过某

一阶段学习后所能达到的最大能力上,它强调如下四个问题:(1)我们想让学生取得的学习成果是什么?(2)我们为什么要让学生取得这样的学习成果?(3)我们如何有效地帮助学生取得这些学习成果?(4)我们如何知道学生已经取得了这些学习成果?可见,学生在学习活动中的成果产出而非教科书或教师经验成为驱动教学系统运作的动力,这显然与传统上内容驱动和重视投入的教育形成了鲜明对比。从这个意义上说,OBE教育模式可被认为是一种教育范式的革新,而且在一些国家已有了多年的研究与实践探索,形成了一套比较完整的理论体系和实施模式。这种体系和模式与戏剧管理教育是适宜的,也就是说戏剧管理教育可以依据成果导向理念与模式以"培养目标—毕业要求—课程设计—资源配置—教学组织"为流程设计来完善其专业培养方案与教育路径。

在广泛的意义上,作为专业戏剧管理所应设置的培养目标应该是:主要为剧组、剧团、剧场、剧院及其相关领域的项目运作、机构运营、市场营销培养训练有素的应用型专门管理人才,要求学生系统掌握戏剧管理领域最高层次的理论知识、技巧及经验,熟悉国家文化政策与法律,具有深厚的文化艺术修养和诚实的公共文化责任担当,未来能够成为戏剧领域优秀的经营者、社会美育自觉的播种者、文化发展重要的中坚力量。按照OBE理念,专业教育目标表现在受教育者身上,应该提供学生适应将来就业、未来生活的能力;表现在培养方案里,应该经过充分的行业调研,分门别类列出优秀戏剧管理人才具体的核心能力,每一项核心能力应有明确的要求,每个要求应有详细的课程对应;表现在毕业要求上,应吸纳教学方、用人方、家长方、学校方的意见并达成共识,精准制定明确清晰的毕业标准,并且毕业要求与培养目标要形成关系矩阵。

可见,OBE要求戏剧管理教师应该先明确学习成果,配合多元弹性的个性化学习要求,让学生通过学习过程完成自我实现的挑战,再根据成果反馈改进原有的课程设计与课程教学。在课程设计与教学环节,要清楚地聚焦在学生在完成学习过程后能达成的最终学习成果,并让学生将他们的学习目标聚焦在这些学习成果上。教师必须清楚地阐述并致力于帮助学生发展知识、能力和境界,使他们能够达成预期成果。OBE 要求学生通过具有挑战性的任务,例如提出剧院运营项目建议、完成项目策划、开展案例研究和进行口头报告等,来展示他们的能力。这样的任务,能让学生展示思考、质疑、研究、决定和呈现的能力。因此,OBE 是将学生置于发展他们的设计能力到完成一个完整过程的环境之中。OBE 更加关注高阶能力,例如培养票房营销领域创造性思维的能力、分析和综合信息的能力、策划和组织能力等。这种能力可以通过以团队的形式完成某些大型演出制作等比较复杂的任务来获得。

显然,戏剧管理专业培养方案制定、教学流程设计以及后续的实施,仅仅依靠在校教师,而没有行业专家的广泛参与是根本无法实现的。换言之,其教育路径应该采取戏剧管理教育双主体机制,即学界、业界共同教学,院校、院团合作课堂。在课程建设、教材编写、教学组织过程中既有行业专家,又有教育学者,两者缺一不可。比如集中全国骨干专家、知名学者,以团队合作的形式,在国家层面抓紧编撰出版一批戏剧管理核心课程教材,如戏剧管理史、戏剧管理学导论、中外戏剧管理比较、舞台监督、演艺制作、演出合同、票房营销、戏剧财务、戏剧法务、戏剧观众、戏剧管理效益评估、戏剧美育、戏剧社会学、戏剧人类学等。

无疑,上述教育路径超越了传统的以教师与教材为中心的课堂教学模式,它需要充分且产学研融合的资源配置作为保障。在教学外部,立足产教融合提供更为丰富的教学内容,校企融合提供更为宽阔的教学渠道,艺科融合提供更为有效的教学媒介的思路,把线下和线上连接起来,在政府、高校、社会和企业之间搭建产学研资源聚集、整合、转换的开阔平台。在教学内部,逐步把具有试验探索性、前瞻影响力的重要的艺术实践、产学合作、国际交流、学术研讨等项目以课题、论文、教材、著作的形式加快成果转化,努力形成一批教学研究成果;联合高校教学骨干与戏剧行业专家共同申请或承揽政府、企业在戏剧发展领域的应用项目或前沿课题,开展信息收集、方案设计、项目实施，最后由社会文化效益和经济效益检验效果。或者以学校科研项目或剧团剧院具体业务为载体，由高校教师和行业骨干组成团队，完成科研项目或业务活动，责任共担，成果共享。上述各类产学研机制都有老师和同学参加，或者说它本身就是教学过程的一部分，而其所积累的成果也将最终运用到教学中。

主要参考文献：

1. ［英］迈克尔·吉本斯等：《知识生产的新模式——当代社会科学与研究的动力学》，陈洪捷、沈文钦等译，北京：北京大学出版社，2011年。
2. 彭锋：《文化产业与模式二知识》，《新美术》2013年第11期。
3. 李志义、朱泓、刘志军、夏远景：《用成果导向教育理念引导高等工程教育教学改革》，《高等工程教育研究》2014年第2期。
4. 李琦：《表演艺术经营管理人才培养路径研究》，《艺术管理》（中英文）2020年第4期。
5. 赵健：《新时期院校融合下戏剧艺术人才培养模式探索》，《中国戏剧》2021年第1期。

原载：《艺术管理》（中英文）2022年第4期

艺术管理教学策略的嬗变与发展(1983—2023)

经过多次讨论与争辩,新版《研究生教育学科专业目录(2022年)》终于尘埃落定并于今年秋季付诸实施,原艺术学门类一级学科艺术学理论归属的艺术管理本科专业与学位点建设在新一轮学科专业调整中将何去何从,无疑是设置艺术管理本科专业的38所高校、举办艺术管理硕士学位点的50多家单位与博士学位点的10余家机构不可回避的艰难选项。目前来看,对这一难题的解答可以从艺术管理教育的转换脉络及其教学策略的嬗变轨迹中寻求基本的参照线索。

基于事实和文献分析,可以认为具有现代意义的中国大陆艺术管理教育拥有自主的学术内涵与教学品质,其形成与发展的影响因素主要是社会需求驱动和国家政策引导,至于行业经验反哺与国际方案示范虽然也发挥了很大作用,但终究不在整体上占据主导地位。这一点自然与欧美国家有很大的不同。欧美国家的艺术管理教育的形成与发展基本是由行业推动与学界加持使然。据此,可以把中国艺术管理教育从20世纪80年代兴起演变至今的过程划分为"专业方向教学(1983)——目录专业新建(2011)——新文科转向(2019)"三个阶段,无疑,这一划分主要依据教育主管部门施行的政策规定[①]。当然,不同高校艺术管理教育阶段演变的进度并非整齐划一,有的学校早一些、有的学校晚一些,但整体没有脱离基本时间节点;而且,不管哪类院校从上一阶段进入下一阶段,并不

[①] 如,2011年国务院学位委员会、教育部修订并颁布《学位授予和人才培养学科目录(2011年)》,2019年教育部启动新文科建设。

意味着其新的教学结构对旧要素的全部替换或整体覆盖,相反,上一阶段的特征会叠加或并置到下一阶段。因此,虽然从理论上可以讲,每个教育阶段对应不同的教学目标与任务,以及不同的教学内涵与面貌,但深入具体院系,就会发现教育发展的不同阶段及相应的教学构成并非铁板一块,新旧教学要素往往交织在一起,其复杂性特征十分明显。正因如此,对由艺术管理诸项教学要素整合而成的教学策略乃至教学模式的实践与探索的分析就必须建立在这种复杂性之上。

艺术管理教育开建以来,其教学策略、教学模式始终是教育界实践、探索与讨论的重点,而大部分艺管教师发表的这一领域的研究论文,从其名称或关键词来看往往是研究教学模式的。但依教育学理论言之,教学模式比教学策略更胜一筹,更深一层,它更加强调拥有先进的教学思想或教学理论作指导,更加注重教学结构的整体性和教学功能的稳定性,而相对来说教学策略则是阶段性的和程序化的,比较突出教学环境的适应性和教学操作的具体化。照此判断,目前关于艺术管理教学模式研究的论文其实就是讨论教学策略的。从议题来说,这些论文大致分成两类,一类是一门或多门艺术管理课程的具体教学方式与方法,如项目化教学、翻转课堂教学[1];还有一类是一家或多家艺管院系的具体教学构成或过程,如综合性大学或音乐类院校艺术管理教学的课程设置、课堂组织[2]。本文建立在这两类议题研究的基础之上,将1983—2023年间不同院系及不同阶段的艺术管理教学视作一个完形的整体,进而采取统整的视角对其不同阶段教学策略的嬗变与发展进行初步分析。

---

[1] 如《艺术管理专业的项目化教学模式思考》(张力,2012)、《我国高校艺术管理专业混合式翻转课堂教学模式探究》(于琳,2017)等。
[2] 如《综合性大学艺术管理教学模式探究》(章锐,2021)、《综合高校音乐专业艺术管理课程教学模式的探索》(黄顺超,2020)、《置于艺术学体系的艺术管理学教学模式探索与优化策略》(张雯,2015)。

一、以"艺文+经管"为主导的专业教学策略

与大部分新建专业一样,艺术管理于20世纪80年代初期进入专业教育体系首先是从一门一门相近或相关的课程开始孵化的。然而即使这些课程的数量增加到足够的规模并且其关联性与体系化足够充分,但因为专业评审政策的条件限制还不能随之被纳入教育部的专业目录中,因此只能以"专业方向教学"的形式寄养在"母体"专业建制中,比如音乐学、美术学或者公共事业管理、文化产业管理等本科专业。在艺术管理"专业方向教学"这个很长的教育阶段,其课程设置主要是"大艺术""大管理"领域不同学科课程的简单组合。比如1988年9月入校的上海戏剧学院首届艺术管理——演出经营管理班——58位学员在一年半的时间里学习了艺术概论、管理学原理、管理心理学、剧场管理、经济学、会计学原理、美学概论、观众学等14门课程[①],就很具有代表性。尽管有观点认为"艺术管理教学应以艺术为中心"[②]——似乎也得到了比较广泛的认同——但是不同艺管院系的课程设置究竟侧重艺文还是经管,实际上取决于专业创始人的社会身份及其所拥有的社会网络,大而言之,也与院系所在城市的文化艺术市场进程密切相关。

因此,这一阶段艺术管理教学的课程结构,在单科性艺术院校自然侧重"艺术"内容,比如美术、音乐、戏剧、舞蹈学院其"艺术作品赏析""艺术特长实践"类课程就特别多,综合性艺术院校其艺术史与艺术理论的课程肯定占了大部分,非艺术的综合院校其"经管"课程无疑是重头戏;而艺术院校的经管课和综合院校的艺文课一般就是点缀了,即便开了课,这些由"编外"教师承担的"非主流"课程也很难有完整的授课过程和良好的教学

---

① 参见《本院首届艺术管理专业学生顺利毕业(短讯)》,《戏剧艺术》1990年第1期。
② 赵志红:《艺术管理的核心是艺术——访美国哥伦比亚大学艺术管理学系创始人、美国国际艺术管理教育者协会(AAAE)前任主席琼·杰夫瑞教授》,《艺术教育》2007年第8期。

效果。概而言之,以"艺文+经管"为主导的专业教学策略,在课程设置上,通常把"具体艺术门类技能技法、艺术作品分析鉴赏""多门类艺术史、美学、哲学、文学""经济学、管理学、传播学、文化产业、市场营销"这三类课程按照一定的比例简单相加;在师资配置上,主要由少数几个创系骨干一人承担多门主干课程教学,以及外请适合上大课的教师参与基础理论课堂教学或行业一线专家开设辅助性讲座。上述不管侧重"艺文"还是"经管"的艺术管理课程设置,其教学安排主要以理论知识大班讲授或艺术实操集体训练为主,之所以如此,固然体现了侧重理论讲授或艺术训练在教学内涵上的追求,但教学建设尚不成熟以及缘于教学成本限制也是重要原因。

可以看出,以"艺文+经管"为主导的专业教学策略主要是从艺术管理教学内容与课程体系的角度来设定的。在教学目标上,它旨在适应经济社会发展对复合型专业人才的急迫需求,在宽口径、复合型的人才培养要求上注重学生知识面的拓展和专业技能的延申,或者突出对艺术诸种门类的整体把握,或者强调多项实践能力的深入学习。尽管经济社会发展带来艺术管理广阔的社会用人需求,然而其内部却存在着严重的办学资源供给不足,绝大部分新建专业面临的无奈现实所构成的这一教育张力也正是促进艺术管理作为新建专业蓬勃发展的基础动力。

众所周知,创建新专业并不是等到教学资源和条件万事俱备了才开始,它"白手起家"而且能够成功逆袭往往依靠"拿来主义"或"借用策略",艺术管理教学也是如此,它正是通过聚集、整合以本校为主的教学资源来完成教学任务的。然而,这一策略虽具有很强的适应性但有时难免存在人才培养的短板。是为学生开课,还是因老师开课;是从社会对这一特殊人才的需求出发,还是立足于这个专业眼前所能调用的资源出发,一般性的高等教育难题在艺术管理教学上表现得更为突出。因此可以看出,这一阶段的艺术管理教学所涉及的艺术管理本体性或内涵性要求明显不足,与当地艺术机构联系渠道不够开阔,学生参加行业实践的机会比较少。

尽管如此，以"艺文＋经管"为主导的专业教学策略毕竟符合短时间内先把教学框架搭建起来并据此逐步深化内涵的事之常理，它也适应了教学资源薄弱条件下规模化培养艺术管理"短平快"人才的特殊要求。一部分有志于艺术管理这一行业且自学能力比较强的学生，修读的理论课程多而杂，获取的知识面比较宽，毕业后虽然短暂不适应就业岗位，但经过实践的摸爬滚打很快能够成长为真正懂艺术擅管理的专门人才；还有一部分有艺术特长但没有被艺术专业录取而改学艺术管理的学生，持续的"艺术技法"训练无疑给他们带来不少"非智力因素"的就业优势，加上"管理技能"的反复实践又使他们拥有了找一份对口工作的敲门砖，而其不足则是缺乏职业后劲；至于被动考进来的另外一部分学生确实受困于此类教学的局限而缺乏就业的适应性和发展潜力。因此，作为众多院校在特定教学环境与条件中普遍采用的"权宜之计"，这一教学策略始终处于调整中，其教学程序设计和教学实施措施逐步走向优化和完善。可以说，艺术管理专业方向教学在草创初期为全国艺术行业培养了一大批管理人才，充分服务了国家文化战略和群众文化生活。这是不争的事实。

二、以"知识＋实务"为主导的专业教学机制

如果教学只是停留在内容松散的组合与课程拼凑上，不管侧重艺文还是经管，终究达不到预期的教学效果，也不符合艺术管理本身所具有的新兴交叉应用性之特征，而且它的专业自主性、合法性也很难构筑起来。因此，积极投身这一专业建设的全国艺管院系在美学经济、文化产业、艺术市场快速发展对管理人才需求扩大的驱动下，开始把艺文与经管原来是两张皮的教学内容逐步合为一体；同时，在理论讲授之外增加实务内容，一部分艺管院系逐步把走进剧场、音乐厅、展厅、拍卖行的观摩、调研、实习等实践性、实验性教学方式纳入教学环节，专业实践实习基地或实验

室也开始建设起来。还有,在艺术市场活跃的地区,以班级为单位策划并制作艺术展演项目也成为不少艺管院系教学内容的一部分,如上音、央音以项目实训为抓手举办艺管周,南艺、天音举办艺管专题教学国际工作坊,都是其中的典型举措。这一时期,大陆与港台艺管院系交流日益频繁且深入,欧美国家艺管老师也陆续走进大陆课堂,创意、策划、制作等实训教学内容和教学方法得以在交流中被检讨和应用[1],非遗、社区、非营利等新兴领域也成为艺管老师教学与科研的选题。

然而,由于教学体制惯性使然,艺术管理教学策略直到2011年国家调整新一轮学科专业目录并且创建一批新的本科专业之后才得以突破。这时,办学活跃的艺管院系凭借艺术学门类升格的政策机遇,先行一步,积极争取将艺术管理纳入教育部专业目录中。因为专业申报表需要填写"教学优势与特色"以及"专业识别度与区分度"等内容,这样,经过对世界先进教育理念的借鉴以及对全国艺术管理教学现状的深入剖析,以"知识+实务"为主导的专业教学策略及其相关措施作为别具一格且行之有效的教学特色被总结出来并写进申报书。在这一教学策略中,知识与实务的有机结合,既体现在整个课程体系中,不仅有"艺文+经管"的知识课,也有"艺文+经管"的实务课;同时也体现在一门具体课程上,比如艺术营销课,它既不是开设一般领域的艺术营销知识课,也不是开设特殊类别的艺术营销实务课,而是把两者有机结合起来开设艺术营销理论与实务综合课,形成兼顾理论与实践的新的教学内容,并采用讨论式、参与式、情景式等新的教学方法。

这一思路很快在同类院系取得共识,并且随着2016年上戏和央美率先成功获批艺术管理专业并被纳入教育部专业目录而落实在教学环节中。显而易见,以"知识+实务"为主导的专业教学策略更多是从艺术管理教学过程的方式方法以及教学渠道的变化来认定的。其特点是,在教

---

[1] 参见《"创意、策划、操作"艺术管理专业系列教材》"前言",南京:东南大学出版社,2012年。

学目标上，它顺应了"能力领先、就业领先"的职业化教育潮流；在课程设置上，整个教学体系加大了实际应用性课程的比重，教学内容逐步向艺术行业需求靠近，各种类型的"实践、实训、实习"逐步纳入教学环节，成为重要的人才培养手段；在教学方式方法上，教学走出了大面积的以理论讲授为主的形态，舞台、展厅、社区、网络变成课堂的一部分。顺应这一策略，一批跨学科、跨领域的师资开始走进艺管院系，一批专业艺管教材先后被开发出来并进入课堂，艺术管理专业教学面貌在应用性品质的塑造上焕然一新，其教学内涵和学术自主性发生质的飞跃。

可以想见，这一教学策略是艺术管理人才培养主动因应社会需求的结果，当然更大的动力则来源于就业市场，也与教育主管部门就业指导政策的推动密切相关，它要求教学朝着专业与行业无缝对接的方向努力，所培养的学生是用人单位需要的。因此，这一教学策略极大地调动了教和学的积极性，调动了教师和学生在知识和实务两者融合上的自觉性。它使专业教师从枯燥的远离实践的理论教学中解脱出来，带着书本深入行业一线，寻找知识与实务在教学上的结合点；也使一线专家把行业经验和实践案例经过理论加工转化为教学课题后才走进艺管课堂；也使学生从理论和实践结合中获取更加丰富的岗位经验和能力，提高了主动学习专业的兴趣与热情。整个教学不再是"原来有什么，我们就教给学生什么"，而是发生了"学生学习需要什么，我们就应该建设什么，提供什么"的重要变化。

但是，这一教学策略对教学经费保障、实习基地建设以及复合型师资配置提出了底线要求。不管走进剧院团、美术馆开展专业实习，还是举办展览或演出实操项目，还有实务教学应标配的各类专业实习基地以及实验室建设，只要不是走形式或走过场，就一定少不了必要的办学经费作为基础保障。但高校常规的经费分配方式以及额度不足以全部满足这一教学策略的需要，因此，在学校教学经费之外，开门办学，拓展渠道，积极争取政府和企业的支持，就成为重要的保障条件。这一阶段，既懂艺术又擅管理、既有知识又会实务的双师型师资变成紧俏资源。因此,囿于办学条件,并不是所有艺管院系都能够如愿转换到这一教学策略来,而采用这一教学策略的院校也会由于教学管理规范性与严谨性不够,难以避免教学的表面热闹,甚至还会给滥竽充数的教师和浑水摸鱼的学生带来可乘之机,这也正是不少艺管院系个别教师上课放羊以至出现"水课"①的原因之一。

三、以"学用融合+产教协同"为主导的专业教学模式

作为"百年未有之大变局"②带给高等教育影响的积极应对,2020年前后教育部实施了学科专业"四新建设""双万计划"等战略举措③,旨在通过学科重组、专业再造的方式来培养能够引领未来发展、担当民族复兴大任的各类卓越人才。面对类似于推倒重来、涅槃新生的教育变革形势,艺术管理在"百年未有之大变局"中危和机同生并存的程度并不低于其他专业,然而它却凭借对交叉、复合、应用之专业内涵的教学积累在国家教育新赛道借势超车,实现零的突破,先后有上戏(2020)和中戏(2021)艺术管理专业获批国家级一流本科专业建设点④,上戏和央美(2021)艺术管理课题入选教育部新文科研究与改革实践项目⑤。同样因为与其他专业

---

① 水课是大学校园普遍反响比较强烈的一个教育问题,表现为课堂上学生逃课、睡觉、看书、玩手机、打游戏,其根源既有高校在专业设置、课程安排、教师管理上的缺陷,也与教师职业素养不高、知识储备不足、教学能力不强,不会教,不敢管,甚至借口教改虚化教学有关,当然也有学生的原因。
② 2018年,当今世界正经历"百年未有之大变局"这一判断开始出现媒体上,并逐步受到重视。
③ 为主动拥抱新科技革命和产业变革的机遇与挑战,针对中国高等教育的现状,2018年教育部提出加快实施"六卓越一拔尖"计划2.0,重点强调"四新"即新工科、新医科、新文科、新农科建设。2019年教育部启动一流本科专业建设"双万计划",即建设一万个国家级一流本科专业点和一万个省级一流本科专业点。
④ 分别参见《关于公布2020年年度国家级和省级一流本科专业建设点名单的通知(教高厅函〔2021〕7号)》《关于公布2021年年度国家级和省级一流本科专业建设点名单的通知(教高厅函〔2022〕14号)》。
⑤ 参见《关于推荐新文科研究与改革实践项目的通知(教高厅函〔2021〕10号)》。

处于同一条起跑线,艺术管理在省级赛道也拿下了不少奖牌。这表明,艺术管理30年的教学实践与探索完全契合了新文科建设的内在要求,也预示其未来的发展不能离开新文科建设的支撑与引领。

新文科理念最早由美国希拉姆学院2017年提出,其要义是以交叉、融合、应用为主要途径,面向社会需求,融入前沿科技,为学生提供综合性的跨学科、跨领域学习,以应对经济社会快速转型给高校人才培养方式带来的巨大挑战。但这一理念真正得以形成社会共识并得到有效落实还是2019年从中国开始,而且是国家教育部为2035年建成高等教育强国整体推动的。

如果说艺术管理前两个阶段的教学策略主要是从实践中不断总结出来的,那么这一次更多的是在新文科的统领下大家自主设计、建构出来的,是上下结合、内外联动的更加自觉的集体行为。2020年西安美术学院举办"中国艺术管理教育:面向2035的世界领先学科建设"年会;2021年浙江音乐学院举办"面向2035——我们需要什么样的艺术与文化管理人才"论坛;2022年上海戏剧学院举办首届全国高校艺管院系(学科)负责人联席会,特别聚焦"艺术管理国家一流本科专业示范与引领"。一系列密集的论坛会议使艺术管理专业建设的成绩与经验、问题与教训得以在新文科语境下交流、讨论与辨析,大家对艺术管理新文科转向的认识与思考走向深入、走进前沿。尤其是围绕新知识生产模式和混合课程模型的讨论,为判定艺术管理第三阶段教学策略提炼了不少得到大家普遍认同的学理依据和概念。比如艺术管理人才培养知识体系与课程内容的"实践性知识生产与应用"观点,艺术管理专业教学艺术院校与艺术机构、文化企业深度合作的"产学研资源等价交换机制"观点。

正是受外部教育政策与理论的推动,这一阶段的教学策略已不再是基于原有教学条件在一个或几个方面的局部突破,而是把"教学理念、教学目标、教学内容、教学方法、教学活动"全部素整合于一体并与外部教学环境有机融汇的系统建构。经由第一阶段"艺文+经管"教学内容的简单组合到第二阶段"知识+实务"教学活动的有机组合,在有效解决如何建立理论学习与实践训练之间的循环互动和深度联结的基础之上,艺术管理教学策略脉络自然演进到可以概括为"学用融合+产教协同"教学结构深度融合的第三阶段。概而言之,艺术管理"学用融合+产教协同"教学结构深度融合的专业教学策略要点有二。

其一,重塑艺术管理"学用融合"的知识形态和课程体系。艺术管理教学积极面对外部环境影响并及时作出应变,以理论应用与问题解决为纽带来架构"学用融合"新型知识形态与课程体系。基于知识生产模式Ⅱ[①]理论所形成的这一知识形态包含了解决艺术管理领域一般性与特殊性问题所需要的人文思想、市场知识、行业经验、实操技术等议项,是将艺术学、管理学、经济学、社会学、美学以及人工智能、大数据等跨学科领域与解决艺术管理问题有关的基础性知识与能力、应用性知识与能力、经验性知识与能力等内容交叉、融汇所成的艺术管理领域特有的教学性知识与能力。

其二,再造艺术管理"讲练一体"的教学形态和教材体系。教学内容由艺术管理行业问题与应用过程产生,为此需要"讲练一体"新型教学型态,回到对此类问题的分析与解决上。即从教学内容的高阶性、教学手段的创新性、课程考核的挑战度等方面探索和实践"文献阅读—课堂讲授—项目策划(或课题研究、案例分析)—团队实操—集体评议—作业展示"综合循环的教学过程,把全部教学落实在学生的课题研究、案例分析和项目实践上,最终形成学生适应未来行业需求的能力与素养。

艺术管理教学新策略的实施关键取决于充分与及时的教学资源调配。在新文科机制下,满足这一教学策略的教学资源配置除了正常的行政类渠道外,还应该聚集、整合并优化与之相关的政府、企业和社会资源,

---

① 英国社会学家安东尼·吉登斯提出,不同于学科化的知识生产模式Ⅰ,知识生产模式Ⅱ以解决实际问题为导向,具有跨学科特点。此说对艺术管理教学组织具有重要指导意义。

并将其转化为教学资源。这就需要在教学体系中搭建"校企合作、产教协同"的产学研资源聚集、转换平台。在这个平台上,开放灵活式的课程结构就是特别需要的,交叉应用性的教学内容则尤不可少,跨界混合型的师资团队亦至关重要。然而搭建"校企合作、产教协同"平台只是为产学研资源聚集、转换提供了可能,并不意味着产学研资源持续、稳定地聚集,这是因为由校企合作、产教协同带来的教学资源聚集不仅仅是一个教育问题,而且也是一个经济问题。因此,需要在深层次贯通"产学研资源等价交换机制"[①],逐步培育产学研外部资源稳定且持续聚集、转化为教学资源现实需要的内生动力。

艺术管理专业要想在艺术领域产学研中占有一席之地必须是先有作为才有地位。首先,把艺术管理专业办在中国大地上,立足所在区域乃至全国的经济社会发展需求,在艺术管理某一个或多个方面成为区域乃至全国最有特色也是最有影响的专业院系。其次,艺管院系在数字演艺、虚拟展厅以及人工智能、大数据等前沿领域走在行业前面,在国家文化发展潮流以及文化企业市场规划中以产学研孵化器的角色占有一席之地。其三,坚持教育的人民性和艺术的人民性,面向更为普及和广泛的基层社区或乡镇街道,从群众生活中选取教学素材,把课堂放在车间和地头,在教学终端体现艺术下乡、服务群众的成果导向。由此,通过积累办学优势与特色,形成吸引力与贡献度,也就是形成教学资源聚集的力量源泉和持久动力。

就新文科的内涵来看,艺术管理各类知识、技术与经验融合的深度以及在行业实践的应用程度,与社会需求的匹配程度,是这个专业教学框架也是其教育体系成熟与否的关键。这一最初由艺管院系共同研发的教学策略,因其贯穿教学全要素和全流程的形制,且教学结构和组织逐步走向成熟与稳定,在内涵上已然具有了教学模式的特征,因此很快推广开来,

---

① 马廷奇:《"双万计划"与高等教育内涵式发展》,《江苏高教》2019 年第 9 期。

已经产生了积极影响。而其对教学内容与方式的变革，极大地提高了教和学的要求，也无限地增加了教和学的难度，正因其教学的高和难，才算真正符合新文科的示范与引领目标。

结　语

2022年正式颁布的新版学科专业目录把艺术学门类设置为一个一级学科和六个专业学位类别，可以肯定地说，如果不是穿新鞋走老路，这一调整将给专业高等艺术教育——可以称之为"既是学科化重塑，又是行业性回归"——带来人们始料不及的根本变革，尤其是二级学科与专业领域的设置与命名必将在"全国统一与高校自主"的博弈下重新洗牌。至于艺术管理的去向有两种可能：一是将原先一级学科艺术学理论下的艺术管理专业移入新的一级学科艺术学下变成二级学科；一是将艺术管理置于六个专业学位类别，分别设置音乐管理、舞蹈管理、戏剧管理等六个二级类别。然而就艺术管理教学模式来看，它更应该采用第一种方式，因为经过长期且多样化的实践，艺术管理教学始终贯穿着交叉、融合、应用之特征不断演进和优化的脉络，逐步走出了一条"理论学习与实践训练双向会通""文教协同与产学对接双轮驱动"的人才培养新路，推动了艺术管理专业从无到有的新生，从规模到内涵的蝶变，也从一个方面反映了中国艺术行业及其管理实践的蓬勃发展。再者，顺着艺术管理专业新文科转向的思路，"新目录"下的一级学科艺术学除了设置艺术史论、艺术批评之外，还应该增添艺术管理、艺术教育、艺术科技等知识理论和实践应用相结合的二级学科，从而构成"史、论、评、用"并举的学科布局。可能这正是新文科、新目录的战略意图所在。因此说，梳理和分析艺术管理教学模式的形成逻辑对审视我国新目录下艺术类人才培养在"平衡学科机制与行业机制的关系"上具有启发借鉴的意义。

主要参考文献：

1. 彭锋:《文化产业与模式二知识》,《新美术》2013 第 11 期。
2. 齐骥、张笑天:《新时代艺术管理跨界融合的创新与思考》,《艺术管理》(中英文) 2021 年第 1 期。
3. 章锐、李兆奕、张晶:《走向"新实践":视觉艺术管理教学实践模式的探索与创新》,《装饰》2020 年第 7 期。
4. 黄顺超:《综合高校音乐专业艺术管理课程教学模式的探索》,《民族音乐》2020 年第 6 期。
5. 陆霄虹:《指向深度学习的艺术管理专业在线教学研究》,《艺术管理》(中英文) 2020 年第 4 期。
6. 马明:《教学理念在艺术管理专业实践教学中的拓展及相关思考》,《教育传媒研究》2020 年第 4 期。
7. 鲁旸堃:《行走在艺术机构间的跨学科实践——印第安纳大学艺术管理本科教学体系探析》,《艺术管理》(中英文)2020 年第 2 期。
8. 丁文庆、林雅燕、常超迪:《艺术管理专业管理理论课程教学改革探索——以引入案例分析与沙盘模拟为例》,《山东艺术》2021 年第 6 期。

原载:《江苏理工学院学报》2024 年第 1 期

附　录

中国艺术管理教育大事记(1978—2023)[①]

1978 年

12月18日—22日,在党的十一届三中全会上艺术界开始关注艺术和市场的关系,人们的思想和观念开始出现新的变化。

1981 年

9月,北京电影学院举办第二届制片管理进修班,学制半年,招收学员45人。第一届制片管理专训班1955年9月举办,学制2年,招收学员28人。1984年9月开办第三届制片管理进修班,学制1年,招收学员50人。

1982 年

1) 上海市文化局委托上海市戏曲学校招录"艺术管理进修班",通过各文化艺术单位推荐和考试,招收在职人员32人,聘请10多位长期从事文化艺术管理工作的干部讲课,学制2年。

2) 本年,不断有人呼吁尽快建立中国文化艺术管理学科。

1983 年

12月,文化部文化干部学院改称文化管理干部学院(1987年9月改称中央文化管理干部学院),并成立文化管理教研室(处级建制),这是国

[①] 根据报纸、期刊、著作和网络内容收集整理,尚处于讨论稿阶段,有待进一步核实与完善。

内第一家专门从事文化管理教学和科研的机构,标志着中国社会主义文化管理学研究的发端。一说标志着中国文化管理学科的创立。

1984 年

1) 2 月,文化管理干部学院开始编写文化管理教材,戴碧湘担任主编,1985 年 9 月完成初稿,1986 年 5 月以征求意见稿的形式全国内部印刷发行,这是国内第一本文化管理方面的教材,成为全国各地文化干部培训的重要读本。

2) 7 月 17 日,武汉大学研究生李军在《长江日报》发表《文艺改革需要研究文艺管理学》一文,12 月又在《求索》第 6 期上发表《"文艺管理学"浅谈》。通常认为这是中国文化管理学科创建与发展的起点,一说是文化管理研究的滥觞。

3) 夏天,上海市文化局委托上海市戏曲学校举办的"艺术管理专修班"结业,在职干部用两年时间专修艺术管理,在中国可谓首次。

4) 9 月,文化管理干部学院招生第一届专科生,设置三个方向,1985 年 9 月开始上课,迈出全国文化干部文化管理学历教育第一步。

5) 12 月,湖南社会科院主办的《求索》杂志刊载一期"青年专号",其中两篇文章涉及文化管理研究课题。

1985 年

1) 9 月,文化管理干部学院大专班正式开设文化管理课。

2) 文化干部管理学院创办《文化管理》学报,褚朔维任主编,启功题签,在创刊号上发表了刘再复、丁守和、周传家、焦勇夫、许柏林、商尔刚、李军等人的文章,其后陆续发表了高占祥、龚心瀚等人的文章,这些作者都是中国文化管理学的先行者。该刊于两年内出版了三期,1987 年停刊。

3) 中央戏剧学院在舞台美术系尝试开办舞台技术管理班。1990 年在舞美系再次开办舞台技术管理班；1995年，在舞美系、导演系、戏文系分别创办舞台管理班、舞台监督班、戏剧文化管理班，率先开始尝试培养表演艺术管理类人才。

4）上海对文化管理科学的研究起步，在上海城市文化发展战略研讨中出现了一些文化管理研究方面的论文。

1986年

1）3月28日，文化部政策研究室、中国文化报社在北京联合召开"文化艺术管理科学的建立与发展问题"座谈会，在京部分理论工作者和文化管理教学研究人员出席会议，文化部常务副部长高占祥到会讲话。4月17日，《中国文化报》详细报道座谈会情况。此后，艺术管理学术活动在全国文化系统普遍展开。

2）5月，文化管理干部学院完成《文化管理学概论》教材编写工作，戴碧湘担任主编，商尔刚、蒋以明、汪建德、金占兴、李雄等参加编写。

3）11月20日—26日，文化部政策研究室和中国文化报社在厦门鼓浪屿联合召开"全国文化事业发展战略研讨会"。

4）上海市根据中共中央书记处批准的《上海城市文化发展战略》关于"对文化事业进行有效的科学管理"的要求，正式提出建立文化管理学科，上海市委宣传部决定选择华东师范大学、上海大学、上海工业大学分别设置研究生、本科、专修科三个不同层次的文化管理专业。

5）文化部政策研究室举办的《文化发展与政策研究》年底创刊，仅出1期；《人民日报》《光明日报》《中国文化报》陆续发表文化管理方面的文章。

6）李准发表《实践呼唤着文艺管理学的诞生》一文。

1987年

1）1月，《中国文化报》理论版开辟"文化市场"专栏，连续发表《文化发展与市场机制》《文化领域中如何实行间接控制》等文章,引起比较广泛的重视。

2) 8月15日—23日,第一届全国艺术管理学研讨会在大连召开,这是"中国艺术节·大连之夏"的重要组成部分。会议由中央文化管理干部学院、辽宁省沈阳市和大连市艺术研究所联合发起,参加研讨会的有来自北京、上海、天津、黑龙江、吉林、山东、河南、陕西、湖北、广东等10余个省市的百余名从事艺术管理学研究的专家学者。会议收到近50篇论文和有关艺术管理学的著作4部。会议还收到在国外攻读艺术管理学的我国留学生寄来的文章。

3) 8月,上海大学文学院文化经营管理专业开始招生,这是普通高等院校第一次设置文化管理类的专业,标志着全国文化管理人才培养将走向正规化、制度化。此外,上海第二工业大学、华东师范大学还分别办了大专班和研究生班,在文化管理人才的培养方面,上海已经遥遥领先,大专、本科、研究生三个层次俱全。

4) 9月,北京电影学院开办制片管理、发行管理干部大专班,招收学员32人(1990年招收第一届发行管理本科学生)。

5) 12月,第一本公开出版的文化管理研究专著《困扰与转机——文化艺术管理学初探》问世,作者李军从文化艺术的管理机制、发展战略、系统工程、调节机制等四个方面阐述了文化艺术管理学的若干基本问题。随后,聚焦文化艺术管理的各种专著、译著、论文集、调研报告集等陆续问世。

6) 中央文化管理干部学院文化管理教研室十分活跃,应邀赴内蒙古、浙江、江苏、西藏、北京等地文化艺术干部学校讲学。

7)《文汇报》《光明日报》《上海文化艺术报》《中国文化报》《管理世界》《管理与教学》《行为科学》《戏剧景观》《上海大学学报(社会科学版)》等报刊发表了一大批文化管理学的研究成果。《文化管理》《文化发展与政策研究》因为各式各样的原因停刊。

1988 年

1）在 1988 年第 1 期《上海大学学报（社会科学版）》上，王生洪发表《关于文化管理学科建设的思考》、龚心瀚发表《关于文化管理学科建设之管见》、徐永耀与金华发表《处在焦点上的文艺管理》。

2）4 月，郁仁民、陆汉文、刘名祯等编著的《剧团管理》由华东师范大学出版社出版。

3）4 月 18 日—28 日，文化部艺术局和香港中华文化促进中心在北京芦园宾馆联合举办"北京国际艺术管理研讨会"，周谷城到会致辞，文化部副部长英若诚作长篇发言，来自中国内地和香港的 70 余位代表与国外的艺术管理专家们共聚一堂，研讨切磋。此次研讨会使国内的文化管理者和文化管理研究者对国外的基本情况有了一个较为全面的了解。

4）4 月份，中国戏剧家协会在香港中华文化促进中心支持下，举办首届"国际文化艺术管理培训班"，邀请全国多位艺术行业从业者就艺术管理人才的素质和培训、文化艺术的宣传语推广、艺术策划以及演出团体的推动力等课题，做了报告和演讲。学习期间，与会者倡议发起成立了"中国文化艺术经营管理家联谊会"。

5）5 月，上海大学文学院文化管理教研室编译的《实用文艺经营管理入门》由上海百家出版社出版，此书详细介绍了国外文艺经营管理方面的具体做法。

6）5 月 2 日—8 日，上海国际艺术管理研讨会召开，这次研讨会由上海大学与上海市文化局、香港中华文化促进中心、上海文化发展基金会联合发起，邀请美国、英国和中国香港地区的专家参加。研讨会以"艺术管理与艺术管理人才培训"为中心议题，采取专题演讲与案例讨论相结合的方式，选题包括"艺术管理人员担当的角色""艺术节的经营筹划与推广""艺术行政人员的素质与能力""艺术管理人才的培养"等，讨论和交流了欧美国家政府资助演出院团、私人企业赞助剧团、艺术与市场、艺术与法律、艺术与教育等问题。

7) 8月,文化部政策研究室、中国文化报社、吉林省艺术研究所在延吉市联合召开第二次全国艺术管理研讨会,提出建立中国文化管理学的动议和设想。

8) 1988年9月—1990年1月,受上海市文化局委托,上海戏剧学院依托戏剧文学系开办"演出经营管理班",毕业授予"专业合格证书"。这是全市高校最早的,也是全国艺术院校里较早出现的艺术管理班。南京艺术学院1988—1991年举办"文化艺术管理"成人大专班。

9) 9月,由甄悦、杨径青、金淑云等翻译的英国专家约翰·皮克与弗朗西斯·里德合著的《艺术管理与剧院管理》一书在中国戏剧出版社出版,此书是世界上比较早的专门论述艺术管理的经典之作。

10) 9月,《文化管理丛书》编辑委员会在北京成立。这是中华人民共和国成立后第一套文化管理方面的丛书,编委会汇集了国内文化管理研究方面的专家学者,高占祥担任主编,汪建德担任执行副主编,文化艺术出版社负责出版。丛书共出版图书七种:高占祥著《文坛百论》(1990年);商尔刚、汪建德著《文化管理学初探》(1991年);汪建德、金占兴著《中国古代文化管理简史》(1991年);王晓华著《市县文化管理》(1991年);许柏林著《现代精神生产方式与管理导论》(1991年);翟信斌著《文化行政管理学概论》(1991年);周解著《艺术档案管理》(1991年)。丛书的出版为中国文化事业适应商品经济的发展作了有益的探讨和理论准备。

11) 湖北省首届文化管理理论研讨会在武昌召开;湖北省文化厅成立文化管理学会筹委会。

1989年

1) 6月,吉林省艺术研究所于敏汇编第二次全国艺术管理研讨会优秀论文集《文化管理研究》,由文化艺术出版社出版。

2) 8月8日—13日,第三次全国艺术管理学研讨会在大连召开,这届会议由文化部艺术局、文化部政策法规司、中国文化报社、中国艺术研究院、中国音乐学院、吉林艺术研究所、福建省艺术研究所、湖北省文艺干校、辽宁省艺术研究所、沈阳市艺术研究所和大连市艺术研究所联合举办,来自全国近 20 个省、市的 70 多位从事艺术管理实践、科研、教学的领导、专家、学者参加会议,在会上宣讲论文 30 余篇。

3) 9 月,北京电影学院管理系师生克服了教学经费不足、缺乏教材和专业教师等困难,终于招收了第一届制片管理专业 15 名本科生。

4) 9 月,上海市政府文化经济与管理政策调研小组编《文化经济与文化管理》,由百家出版社出版。

5) 80 年代后期,上海大学文学院和上海第二工业大学社会科学系分别成立文化管理教研室;辽宁省艺术研究所专门成立艺术管理研究室。

1990 年

7 月 24 日,第四届全国艺术管理学研讨会在北戴河召开,会议由文化部艺术局、文化部政策法规司、中国文化报社、中央文化管理干部学院、全国艺术科学规划领导小组办公室、中国艺术研究院科研办、中国音乐学院、吉林省文化厅、湖北省文化厅、吉林省艺术研究所、辽宁省艺术研究所、大连市艺术研究所、沈阳市艺术研究所、武汉市艺术研究所等联合举办,来自全国 18 个省、市的 70 余名从事艺术管理学研究的专家、学者和在艺术管理第一线的实践家参加会议,这次会议的中心议题是讨论剧团运行机制、政府文化主管部门职能转变和艺术管理学科建设问题。

1991 年

1) 2 月,由高占祥担任主编、汪建德担任副主编的《文化管理手册》(工具书),由吉林人民出版社出版。

2) 12 月 20 日,国家民政部批准中国文化管理学会成立。

3) 12 月,中央文化管理干部学院学报《中国文化管理》创刊。

1992 年

9月,山东艺术学院艺术文化系成立,率先举办文化艺术管理专科;2013年12月更名为艺术管理学院,重点开展艺术理论、艺术批评、艺术管理、艺术遗产四个学科方向的建设。

1993 年

原国家教育委员会批准上海交通大学、北京大学在文学门类下首次创办文化艺术事业管理本科专业,上海交通大学开始招生,北京大学没有招生。

1995 年

1)上海大学林国良著《现代文化行政学》由上海学林出版社出版。

2)9月,北京电影学院开办制片管理、发行管理干部大专班,招收学员32人;同年,北京电影学院管理系正式成立。

1997 年

1)中央美术学院提出成立艺术管理学系的想法。2001年筹备,2022年专业创建,2003年招收第一届本科生和研究生课程班,设立第一个视觉艺术管理专业。2015年成立艺术管理与教育学院。

2)北京电影学院与美国纽约大学合作,针对娱乐市场的操作技巧,连续开办两届暑期娱乐市场营销培训班;1998年正式引进EMT(娱乐、媒体和传讯)独立制片人培训项目。

1998 年

9月15日—10月10日,中央戏剧学院举行"98中央戏剧学院国际戏剧邀请展"小型学术交流与学术对话活动,其中包括:台湾国立艺术学院专任教师詹惠登主讲"美国及中国台湾的剧院管理与演出制作",香港演艺学院舞台及技术管理系主任李莹教授主讲"剧院管理及演出制作"。

1999 年

11 月 22 日,由国家文化部教育科技司主办、北京舞蹈学院承办的"21 世纪舞蹈教育研讨会"举行。在探讨人才培养的同时,还关注舞蹈教育"产业性、市场性"问题。其中,文化部教科司司长冯远指出,"早期专业型人才"培养模式已与艺术教育不相适应,人才培养应兼顾国家需求与市场调节,因此,需要培养多层次、多种类的人才。浙江大学副教授桂迎指出,舞蹈教育既需要针对表演者,更需要兼顾欣赏者。北京舞蹈学院王佩英教授提出"舞蹈策划"概念,强调舞蹈策划同舞蹈教学、舞蹈创作一样,是舞蹈学的一个重要组成部分,如果重视并建构这一机制,舞蹈教育人才素质和艺术创作的科学品位将上一个新台阶。

2000 年

中央戏剧学院正式成立艺术管理系,2001 年正式招收 30 名本科生,2012 年 9 月更名为戏剧管理系。

2001 年

1) 南京艺术学院在音乐学目录下举办艺术管理本科专业方向,2004 年成功申报公共事业管理(艺术管理)本科专业,2006 年在人文学院开办艺术管理本科专业。

2) 天津音乐学院创立艺术管理系并开始招收本科生,随后北京舞蹈学院、中国音乐学院、沈阳音乐学院的艺术管理系纷纷建立起来。至此,艺术类院校陆续设立艺术管理专业。很多普通高校艺术院系也开始设立艺术管理类专业,并设置有大专、本科和研究生等不同的学历层次,兼顾培养应用型人才和研究型人才。

2002 年

1）中国音乐学院开设艺术管理系，2003 年开始招收演出制作管理和艺术院团管理两个方向的本科生，2007 年开始招收硕士研究生。

2）上海交通大学胡慧林担任主编的《21 世纪文化管理系列教材》由上海文艺出版社陆续出版，该教材系列是为适应我国文化事业和文化产业的迅速发展对该领域高级经营管理专门人才培养的迫切需要编写的，也是我国高校编写的第一种关于文化管理的系列教材。

3）中央文化管理干部学院与北京大学艺术学系联合举办文化艺术管理、文化经纪人研究生课程进修班，为培养高层次的文化管理人才开创了新的办学模式和渠道。

2003 年

1）2 月 20 日，中国人民大学开设文化艺术管理研究生课程班，64 名来自全国各地的学员参加学习。9 月 17 日，中央美术学院举办艺术管理研究生课程班。

2）2 月，中国音乐学院向有关部门提交《成立艺术商务与管理系可行性报告》，并开始筹建艺术商务与管理系。

3）上海戏剧学院 2003 年成功申报公共事业管理本科专业，分别设置文化艺术事业管理、群众文化管理、艺术展示、创意与管理等专业方向，本科专业先后依托戏剧文学系、戏曲学院、创意学院培养专门人才。2006 年 4 月，上海戏剧学院获得全国首批艺术硕士项目，设置"艺术管理"（MFA），2007 年 9 月开始艺术管理（MFA）招生。2012 年，经上海市教委批准，将本科阶段的原公共事业管理专业下的相关方向整合为艺术管理方向，归属艺术管理系并实施一本招生。2012 年 9 月开始在艺术学理论一级学科下设置艺术管理博士点。

4）中央戏剧学院、中央美术学院、中国戏曲学院、北京舞蹈学院等艺术院校陆续开始招录艺术管理相关专业硕士。

2004 年

1）北京大学首届文化产业及艺术管理主题论坛举行。本届论坛邀请各高校文化艺术管理相关专业的学者及活跃于中国文化艺术产业的各行业专业人士走进北大讲堂，就当前行业的热点问题、行业走势、政策动向等问题进行现场讲座、对话沙龙及专题研讨会等活动。

2）教育部在山东大学、中国海洋大学、中国传媒大学、云南大学等全国重点高校以试办的形式首次增设"文化产业管理"本科专业。

3）新疆艺术学院创办文化艺术管理系，设立公共事业管理（文化艺术管理方向）普通本科专业，这是当时自治区唯一的文化艺术管理专业。

2005 年

1）6 月 9 日，"中国艺术管理教育工作研讨会"在中央美术学院举办，来自中央戏剧学院、中国音乐学院、北京舞蹈学院、北京大学、上海大学等校的艺术管理专业带头人汇聚一堂，初步达成了成立"中国艺术管理教育协会"的意向，对于各校艺术管理教育面临的机遇与问题，各高校的学科带头人进行了探讨，艺术管理学科的规范化建设正式起步。

2）9 月，首届全国文化管理类学科建设联席会议在中国海洋大学召开。会议旨在加强高校文化管理学科专业建设，自 2005 年起每年召开一次。联席会议在推动文化管理学科专业建设、提高师资专业水准、加速扩大文化产业后备人才培养、交流互通办学经验等方面，作出了重要贡献。

3）12 月 13 日，中国戏曲学院召开"社会主义市场经济条件下艺术管理与经营研究"科研课题研讨会。

4）中国人民大学开办"文化艺术策划与管理"方向课程研修班。"文化艺术策划"是由中国人民大学艺术学院首创的专业，中国人民大学也是目前国内高校唯一开设此专业方向的大学。

2006 年

1) 3月16日—17日,"2006中国艺术管理教育国际研讨会暨第一届中国艺术管理教育年会"在中央美术学院举行,会议主题是"艺术管理教育与创意产业人才培养"。分论坛1:中国艺术管理教育年会制度设计;分论坛2:中国艺术管理教育学会筹备事项;分论坛3:艺术管理教育与创意产业人才培养。来自全国各地高校的数十位学科专家参加了会议交流,与会专家一致认为:创造良好的、配套的制度尽快培养出复合型人才,是艺术管理教育工作者当前面临的重要任务;通过院校联谊的形式,促进多方的沟通与交流,对于艺术管理教育和文化管理经营人才培养将起到积极的作用。

2) 首届全国音乐院校艺术管理学科建设研讨会在天津音乐学院召开,来自全国各音乐院校的40多位代表出席。

3) 由中国文化报、杭州广播电视集团主办,杭州市文化中心等单位协办的首届中国剧院(团)论坛在杭州之江饭店举行。艺术人才特别是艺术管理人才和演艺管理人才的培养,也得到了论坛与会者的广泛关注。中央戏剧学院、中国音乐学院和上海音乐学院的艺术管理系负责人参加了这次论坛。

4) 星海音乐学院成立艺术管理系,中央音乐学院音乐学系开设音乐艺术管理专业方向,当年招收8人。

2007 年

1) 1月30日,文化部在北京命名清华大学、南京大学、南京航空航天大学、中国海洋大学、华中师范大学、云南大学六所高等院校的文化产业研究机构为国家文化产业研究中心。

2) 5月24日—27日,"2007中国艺术管理教育国际研讨会暨第二届中国艺术管理教育年会"在上海大学举办,本次研讨会的主题是"教育拓展:核心课程及其方法"。分论坛1:艺术管理本科及硕士培养目标;分论坛2:学位论文标准以及核心课程教材建设。会议采取主题演讲、分组讨论及大会总结的方式。

3) 同济大学人文学院文化产业系成立,是国内高等院校中较早设立文化产业管理本科专业的系科(授予管理学学士学位),2007年秋季开始招收文化产业管理专业本科生,设置3个培养方向:艺术与创意产业管理,媒体产业管理,珠宝产业管理。

2008年

1) 3月21日—22日,北京电影学院举办第三届中国艺术管理教育年会,主题是"艺术管理高等教育核心课程与评估标准"。分论坛1:艺术管理教育中的实践教育体系;分论坛2:艺术管理教育的招生模式与毕业论文(作品)的设计与评价;分论坛3:艺术管理教育主干课程"艺术营销"的教学与观众拓展。

2) 11月15日,首都师范大学召开"当代中国艺术市场及其专业人才培养"学术研讨会,旨在为国内艺术市场领域的专业人士与相关研究学者提供一个交流的平台,共同探讨学院教学与艺术市场的关系,艺术机构间的互动关系,艺术机构与艺术品收藏的关系,艺术批评、策展与艺术市场的关系等问题,共同厘析与探讨在当下的全球化文化语境中,中国本土的艺术市场在推进当代中国视觉艺术发展中所面临的机遇与挑战,对于中国艺术市场未来的发展有着重要的现实意义。

3) 11月23日—24日,中国音乐学院和中国艺术管理教育学会共同举办"北京音乐与艺术市场现状及发展态势高层论坛"。来自全国音乐院校、北京艺术类高校的专家、学者和来自唱片公司、演艺公司、文化艺术出版社的领导参加了研讨会。大家围绕演艺市场现状及发展态势进行了广泛深入的探讨和交流。

2009 年

1) 5月6日—8日,"中国艺术管理教育学会第四届年会暨艺术管理国际论坛"在南京举行,本次年会由中国艺术管理教育学会、江苏省文化厅、南京艺术学院联合主办。年会主题:搭建学界和业界互通的桥梁。分论坛1:艺术管理学科建构与理论视域;分论坛2:艺术管理产学研的互动与融合,着重探讨文化艺术管理人才的需求以及培养机制;分论坛3:艺术展演的项目策划与受众拓展。同时举办全国大学生首届"从创意到策划:艺术展演受众拓展方案设计大奖赛"。来自国内外的100余位专家研讨了学科理论基础、专业建制等问题,收到相关文章60余篇。

2) 5月7日,由南京艺术学院发起、策划的"全国首届大学生艺术展演受众拓展方案设计大奖赛"是"中国艺术管理教育学会第四届年会暨艺术管理国际论坛"的一项重要活动内容,此次大奖赛要求报送参赛的作品选题新颖,视角独特,市场前景广阔,有助于艺术展演行业的发展;方案设计阐述明确,论证严密,分析严谨,具有前瞻性和可操作性。本次大赛对参赛方案实行匿名评审,进入半决赛和决赛的方案主创选手,需要在现场面对专家评委进行陈述与答辩。

3) 7月1日,内蒙古大学艺术学院举办"文化产业战略暨演出市场发展草原论坛",主旨是在全国文化产业建设和演出市场发展的大背景下,探索文化产业发展及艺术管理人才培养的有效途径,以有效促进全国各地尤其是草原地区文化产业与艺术管理学术研究、产业实践的进程,提高文化艺术管理人才的培养水平。参加本次论坛的演讲嘉宾对文化产业特征、艺术管理内涵进行了深入的分析和进一步厘清,并结合个人思考和在各自岗位上的实践经验,为文化产业的建设与艺术管理人才的培养提出了许多建设性的意见。

2010 年

1) 5月18日—23日,"第五届亚洲戏剧教育研究国际论坛暨第一届亚洲戏剧院校大学生戏剧节"在中央戏剧学院举行,本次论坛由中国教育部体育卫生艺术司和亚洲戏剧教育研究中心主办,中央戏剧学院承办,中国教育电视台协办。来自国内外22所艺术院校的专家学者以"戏剧管理的教学与实践"为主题展开探讨与交流。在五天的论坛和戏剧节活动中,与会者交流了戏剧管理教学和实践的经验体会,了解到亚洲各个艺术院校在戏剧管理方面的信息,开阔了学术视野,建立了相关领域的专业联系,留下了后续思考的议题。

2) 9月17日—20日,北京舞蹈学院举办"第五届中国艺术管理教育年会"。年会主题:搭乘文化创意产业快车,培养高端艺术管理人才。分论坛1:文化创意产业的振兴发展;分论坛2:文化体制改革中艺术机构的改制难点;分论坛3:艺术经纪组织以及艺术"走出去"。本届年会的主要工作包括:第一,举办中国艺术管理教育国际论坛,邀请国内艺术管理专业院校负责人及专家参加此次论坛;第二,举办"2010全国大学生艺术管理创意项目策划"比赛,邀请全国各高校(艺术类与普通高等院校)的青年学子来此展示自己的才华;第三,向全国艺术管理界征集相关论文并甄选优秀论文结集出版。

3) 南京艺术学院、上海大学、中国艺术研究院等正式开始招收艺术管理专业博士生,此举标志着中国艺术管理教育已经形成本、硕、博完整的体系。

2011 年

1) 5月21日,武汉音乐学院举办"国际艺术与文化产业管理学术前沿工作坊"。

2) 10月21日—23日,天津音乐学院举办"中国艺术管理教育学会第六届年会暨艺术管理人才培养国际研讨会"。年会主题是"行业发展前沿与艺术管理人才培养"。分论坛 1：非营利艺术机构的运营与管理；分论坛 2：艺术管理产学研合作培养模式的探索与实践；分论坛 3：国家文化政策研究；分论坛 4：艺术管理人才培养模式。论坛针对艺术管理学科前沿与行业发展动态、艺术管理学科建设、艺术管理人才培养模式、产学研合作项目、非营利艺术机构运营、文化艺术政策、艺术管理案例教学等当前艺术管理领域的重点、热点问题展开讨论。

3) 中国艺术市场情报站创建，这是首都师范大学美术学院艺术市场专业与中国文化传媒集团《艺术市场》杂志社的合作项目，由吴明娣教授带领"艺术市场"专业本科生和"艺术市场与管理"专业研究生，在《艺术市场》杂志开辟《中国艺术市场情报站》专栏，分设拍卖、展览、热点、艺评四大版块，每月定期撰写、发布海内外艺术市场资讯和新闻述评，至 2019 年已历 128 期。中国艺术市场情报站成为首都师范大学美术学院艺术市场专业的重要教学实践项目，它直面艺术市场与社会需求，培养了一大批专业人才。

2012 年

1) 5 月 8 日，上海戏剧学院艺术管理专业正式纳入上海市普通高校秋季统一招生的第一批次进行录取。在上戏 60 多年校史上，这是考生首次无需加考艺术特长项目、仅凭文化成绩就能被直接录取。

2) 6 月 16 日，"全国艺术学学会艺术管理专业委员会第一届年会暨文化遗产保护与资源利用学术研讨会"在山东艺术学院召开，来自全国 31 所院校的 80 余名与会嘉宾围绕"艺术管理学科专业建设与理论研究"以及"文化遗产保护与资源利用"进行了深入地讨论与交流。

3) 10 月 21—23 日，"第七届中国艺术管理教育学会年会暨艺术管理人才培养国际研讨会"在上海音乐学院召开，分论坛包括"城市化进程中的文化战略""跨文化艺术管理创意人才的培养"等。

4) 11 月，由南京艺术学院联合东南大学出版社编撰的《艺术管理学研究》丛刊出版，丛刊每年一卷，2016 年停刊。

2013 年

1) 3月29日—4月1日,"中美艺术管理课程工作坊暨青年艺管者2013圆桌会议"在南京举办。南京艺术学院联合美国瓦尔普莱索大学共同举办此次活动,邀请美国、中国内地及港台艺术机构资深管理专家和艺术管理专业名师以项目策划与执行、案例分析、情景模拟、实地考察等方式,为艺术机构经营管理人士提供一个职业提升与交流合作的渠道,为艺术管理专业师生提供一个教学观摩与学术探讨的平台。

2) 5月25日,首都师范大学举办首届"艺术市场·北京论坛"。本次论坛分为"中西方艺术市场比较""艺术品拍卖市场报告""艺术市场研究""艺术金融资产市场""艺术资产交易管理及法规""艺术品电子商务、艺术品授权及艺术品收藏""艺术市场学科建设"七个主题,与会的中国政府官员、国内外拍卖行业协会负责人及各大拍卖行高管、高校和艺术研究机构权威专家,以及艺术品金融机构、法律机构、艺术媒体资深负责人围绕不同的主题发表演讲。

3) 6月2日,中国音乐学院举办"2013年全国艺术管理专业建设阶段性与持续性发展研讨会",作为中国音乐学院艺术管理系十年系庆的重要内容。来自世界各地的专家学者齐聚一堂,共同交流和讨论了艺术管理学科的发展现状及前景。

4) 7月13日,对外经济贸易大学举办"2013国际文化管理年会",旨在促进中外高校文化领域学者、文化企业家、文化行政管理者、文化非政府组织管理者之间的国际交流,构建国际合作平台,推动文化管理学科的发展。会议的中心议题为全球化中的文化发展与政策,分议题涉及国家文化战略、文化法规、文化贸易、文化交流、艺术管理、创意与休闲经济、文化企业与NGO组织管理、文化遗产和旅游等15个主题。

5) 11月2日—6日,南京艺术学院联合英国剑桥大学举办"中英对话——当'剧'与'场'相遇"学术交流会。来自中、英两国的学者、行业专家出席此次学术交流活动,就"文化产业能向艺术承诺什么"与"演出剧场如何通向生活现场"两个议题分上下半场进行了交流研讨。

6）11月12日，清华大学举办"美国艺术史与展览国际学术研讨会"（含研究生工作坊）。会议主题为"美国艺术史与展览：19世纪至今美国艺术在本土与海外的呈现"。北京大学、中央美术学院、中国艺术研究院和清华大学遴选了23名艺术史论相关专业硕士生、博士生参与，旨在为中国年轻学子提供一次与美国知名专家交流、研讨的机会，帮助大家深入了解美国艺术体制、艺术展览与博物馆运行机制以及它们与美国艺术史的关联。

7）11月27日，由中央美术学院举办的"艺与脑：艺术管理思考——艺术管理学系成立十周年国际研讨会"召开。经过多年的建设，艺术管理学的学科发展已进入关键阶段，它要求艺术管理学的学科建设从方法论的层面回归到本体论的层面，回归到对文化与艺术本身的反思与重新认识上。此次国际研讨会的要旨就是和国内外的艺术管理学科领域的同仁们共同探讨这一基本问题。

8）11月29日—12月1日，"第八届中国艺术管理教育学会年会"在中央美术学院召开，本届年会的主题是"新十年：面向未来的艺术管理学科定位与规划"。文化体制改革在当时已经进入攻坚克难的深水区，文化艺术创造生产的活力有待进一步的激发，制约文化艺术持续健康发展的体制机制障碍亟待破除，年会倡议艺术管理学科的建设能够在广泛吸取各国经验、研究普遍规律的基础上，积极面对中国问题，总结中国经验，探寻中国道路，构建具有中国特色的学科发展之路。

2014年

1）3月12日，"清华—苏富比"联合人才培养项目启动。由清华大学美术学院、清华大学经济管理学院、苏富比艺术学院共同打造的高端人才合作培养项目启动仪式在北京举行，三所学院将利用各自优势联合培养高端艺术管理人才。

2) 5月29日，天津音乐学院举办"国际艺术节与城市发展高峰论坛暨艺术管理工作坊"，本次活动特邀200名嘉宾，包括来自6个国家的8位顶级国际艺术节艺术总监、国内外高等院校的专家学者以及资深从业者。此次活动由主题演讲、高峰论坛、艺术管理工作坊及圆桌会议等部分组成。高峰论坛的主题是"国际艺术节运作模式及其对城市发展的促进作用"。持续五个半天的艺术管理工作坊的主题为"西学中用，一城艺节"，分别围绕"艺术节定位及节目设计""艺术节组织管理""艺术节观众培养及拓展""艺术节资金筹措与分配""艺术节宣传推广"五大议题展开，工作坊的形式为资深艺术总监演讲、项目团队方案制作与展示及专家点评，其中项目团队方案制作与展示环节充分调动了学生的积极性，培养了学生的现学现用能力。

3) 6月8日，"全国艺术管理与创意类学科高层论坛"在南京艺术学院召开。在全面深化改革的进程中，艺术管理与创意类学科已然置于整个文化发展的框架内，因应着新的社会情势，承载着新的学术责任，积聚着新的发展诉求。在此背景下，艺术管理与创意类学科如何寻找发展的新动力与新机制，如何确定智库型理论成果的学术脉络、选题范围及研究方略，如何进行研究生教育专业课程设置与教学资源拓展，是本届论坛积极探索的议题。

4) 7月11日，"第二届国际文化管理·2014年会"召开，年会主题为"全球化中的文化发展与公共管理"。与会嘉宾围绕"国际文化政策与文化战略""国际文化规划与投融资管理""文化法规与国际文化权利""国际文化贸易与文化产业管理""文化经济与创意经济"等主题进行了深入交流与探讨。

5) 11月7日—9日，"第九届中国艺术管理教育年会暨传统艺术的对外传播国际高峰论坛"在中国戏曲学院召开，国内外艺术管理与文化创意产业相关学者，文艺院团、艺术机构相关负责人受邀参会。分论坛1：文化多样性背景中的传统艺术；分论坛2：传统艺术对外传播战略探索；

分论坛3:当传统艺术遇到新技术。包括中国艺术管理教育学会会员单位在内的近40家高校艺术管理相关专业师生代表近300人参加了本届年会。

6) 11月29日,"海峡两岸文化创意产业高校研究联盟艺术管理专业委员会暨全国艺术管理教育学会'青年艺管人'2014专题学术沙龙"在北京舞蹈学院举办。此次会议的主题为"创+艺:演艺策划与项目分享"。北京、天津、广州、台湾等地艺术管理学界资深教授和多年从事演出策划及剧场经营的业界专业人士与会。

7) 12月4日,"全国艺术学学会艺术管理专业委员会第三届年会暨全球化语境下的艺术管理学术研讨会"在云南艺术学院召开。年会围绕"全球化语境下的艺术管理"这一主议题展开,同时设置了"艺术管理与公共文化服务""艺术管理与文化产业""艺术管理与非物质文化遗产保护""艺术管理与国际文化交流与贸易""艺术管理在地域与民族文化中的地位与作用"五个分议题。国内30余所相关院校90多位专家学者和艺术管理类专业负责人与会。

2015年

1) 3月12日,教育部下发《教育部关于公布2015年上半年中外合作办学项目审批结果的通知》,其中艺术类项目——清华大学与美国苏富比艺术学院合作举办艺术管理硕士研究生教育项目,由清华大学美术学院(AAD)、清华大学经管学院(SEM)及苏富比艺术学院(SIA)凭借强大的艺术理论及管理学科优势、整合三校师资联合创办,旨在培养熟识中西方艺术品市场现状与趋势且拥有战略思维、商业技能以及全球观的综合人才。

2) 5月15日—16日,"2015首届全国视觉艺术管理教学研讨会"在四川美术学院召开。本届研讨会的主题为"建构与标准:高等院校视觉艺术管理专业建设与人才培养"。

3) 5月21日—24日,天津音乐学院主办"国际艺术与文化产业管理学术前沿工作坊",特别邀请了5位享誉国内外的艺术与文化产业管理专家开展主题演讲、大师班、工作坊等系列活动,分享了他们的教育教学理念、学术研究成果以及项目实践经验,就一些学科前沿热点问题进行了深入交流和探讨。

4) 10月17日,"第二届'艺术市场·北京论坛'——新常态与艺术市场"召开。本届论坛的主题为"新常态与艺术市场",围绕该主题延伸出"中国艺术市场新常态""'互联网+'时代的艺术品营销""艺术市场专业人才培养模式的探索""海内外艺术市场的互联互通""中国艺术市场状况考察"五个议题。在2013年第一届北京论坛成功举办之后,本届论坛首次增设了圆桌会议环节,通过主题发言结合圆桌讨论的形式,对艺术市场话题进行深度剖析。

5) 11月12日,"2015国际艺术管理(上海)论坛暨全国艺术学学会艺术管理专业委员会第四届年会"在上海戏剧学院召开。论坛主题为"深化艺术管理的理论研究与实践"。这次论坛与会议的召开是将我国艺术管理事业及学科建设与国际社会实现充分接轨与融合的尝试,是对艺术管理理论研究的深化,也是对全国各类院校艺术管理类专业教学实践的重要拓进,将使我们在全球化文化背景下艺术管理事业获得新的提升。

6) 11月27日,"第十届中国艺术管理教育年会"在广州美术学院召开,来自全国30多所艺术专业高校和艺术文化机构的专家、学者、教师、学生代表齐聚一堂,共同探讨艺术管理学科的现状和未来。年会分别以"理论突破""新锐视角"为主题,邀请了不同领域、不同专业的专家学者围绕各自的研究领域进行主题演讲,对艺术的现状与发展进行理论性、前瞻性的探讨。"跨学科的实践——粤港澳台艺术管理模式"先后以"艺术管理教学的实践与省思""美术馆的管理与策展"为主题,邀请了中国内地与港台的8位学者就艺术管理不同的专题开展跨学科交流。与此同时举行的"教学交流"以"艺管教学再思考"为主题,围绕艺术专业的教学实践、课程设置、人才培养模式等问题进行交流和探讨。作为年会活动内容之一的"2015·聚橙杯·全国艺术管理学生创意策划决赛"于11月28日举行,来自各大高校的24支参赛团队带来了充满创意的项目方案。

7) 12月7日,"2015年上海戏剧学院艺术管理国际大师班"举办,上海戏剧学院聘请海外顶级专业院校教授以及业界领军人物授课,面向全国招生,旨在培养高级艺术管理、剧院管理、演艺制作人才,使国内和国际院团能够在同一平台上实现面对面的交流,拓宽学员的视野。

8) 12月9日—11日,"2015粤港澳台艺术管理高峰论坛——全球化语境下的区域艺术管理合作与发展"在星海音乐学院大学城校区举办。来自国内外多所艺术院校及艺术机构的领导和专家学者们笃实的专业实战经验分享、独到的行业前景分析,通过双向的沟通、交流、对话,碰撞出了别样的智慧火花。"两岸四地艺术管理教育联盟"的成立更作为我国艺术管理教育新的合作交流平台,通过建立长效合作机制,深入挖掘符合行业发展趋向的艺术管理理论内涵,助力粤港澳台在演艺业、人才培养、文化传承与保护、艺术创新等多方面的合作与交流,共同推动区域乃至更大范围文化艺术的繁荣与发展。

2016年

1) 5月3日,由星海音乐学院与广州大剧院共同主办的"2016'创艺馆'艺术管理系列工作坊"在广州花园酒店举行启动仪式。"2016'创艺馆'艺术管理系列工作坊"共有三期。第一期活动从5月3日启动至9日结束,历时一个星期,主要在广州大剧院和星海音乐学院大学城校区开展,分为场地运营、艺术筹资、艺术教育、艺术机构战略管理四个主题工作坊,还设有发展论坛、机构考察等内容。

2) 5月14日—15日,"国际艺术管理学术研究工作坊"在天津音乐学院举办。本届工作坊是在2014年、2015年连续举办了两届具有国际影响力并产生良好效果的"国际艺术管理工作坊"基础上搭建起的一个国际化、高水准的学术交流与育人平台。工作坊围绕艺术管理学术这一研究主题,特别邀请了5位国内外艺术管理学界的重量级专家,针对艺术管理学术研究的学理及方法、科研论文的写作与发表、研究生科研能力培养、学位论文选题及质量控制标准等问题,与来自全国20余所院校的师生代表进行了深入地探讨与交流。

3) 5月15日,由中央音乐学院、香港中文大学和中国戏曲学院组成的艺术管理三校校际学术交流活动在中央音乐学院举行。来自香港中文大学文化管理学科、中国戏曲学院国际文化交流系的师生们与中央音乐学院音乐艺术管理专业的师生汇聚在一起,围绕各自的学科领域展开了一系列的交流与探讨。

4) 6月8日—9日,"全国艺术管理与创意类学科论坛"在南京艺术学院召开。此次论坛以全国艺术管理与创意类学科博士生导师和中国艺术管理教育学会常务理事为主体,部分高校的艺术管理与创意类学科部分青年学术骨干也参加了此次论坛。

5) 8月5日,"清华—苏富比艺术论坛暨清华—苏富比合作实践基地签约授牌仪式"举行,来自艺术领域的企业管理者、金融投资者以及高校的学者专家汇聚一堂,就"艺术市场回顾与展望"及"文博及艺术机构的机遇与挑战"这两个主题展开了热烈的讨论。

6) 9月10日,"首届全国演出艺术管理学术研讨会"在中央戏剧学院剧场东厅举办。正值教师节之际,来自各院校的老师们齐聚一堂,进行了关于演出艺术管理的热烈讨论,沟通取得共赢,交汇带来力量。

7) 9月25日—26日,"第二届全国视觉艺术管理教学研讨会"在吉林艺术学院召开,主要议题有:(1)时代要求与视觉艺术管理专业内涵建设;(2)视觉艺术管理的资源整合与教学生成;(3)区域文化规划与视觉艺术管理的专业特色塑造;(4)美术馆公共教育功能及实施策略;(5)"视觉艺术管理+"方向下的文化产业新业态。

8) 10月22日,中央戏剧学院"第五届国际剧院团管理大师班"开班。本届大师班共有10国的专家、50多家剧院团的负责人参加,为期三天,其中开展主题演讲11次,专题讨论3次,是一场主题鲜明、内容丰富、成果丰硕的交流盛会。大师班通过多种形式充分展示了专家学者们高水平、高质量的经验与研究成果,反响空前热烈。

9) 11月11日—13日,由中国艺术管理教育学会、星海音乐学院主办的"第十一届中国艺术管理教育年会"在广州大学城隆重开幕。本次年会是中国艺术管理教育学会迈入第二个"十年"的标志,主题为"艺管新视界——Rolling the Future",旨在让来自不同国家、地区的学界、业界专家一起分享在艺术管理教育与实践领域的成功经验,共同思考全球化、数字化背景下中国艺术管理教育所面临的问题与机遇,探讨在当前本土化与全球化双向互动过程中,我国艺术管理教育如何以全新的姿态因应社会与文化发展的急剧变化,推动文化艺术的整体发展。本次年会包含"主题演讲""主题论坛""全国大学生艺术项目创意策划大赛""青年艺管人圆桌论坛"等传统版块,并创新打造了"最佳拍档——全国艺术管理大学生精英赛"版块。

2017年

1) 3月16日,国家教育部发文公布2016年度普通高等学校本科专业备案和审批结果,上海戏剧学院和中央美术学院获批"艺术管理"本科专业,招生代码130102T。专业的申报成功对于艺术管理领域专业教育、行业实践的意义和影响深远。这是2011年艺术学门类升格以来,5个一级学科里第一个也是目前唯一的本科特设专业,从而使艺术学真正拥有了理论艺术学和应用艺术学这样更加完整的学术格局。

2) 5月28日,上海戏剧学院在华山路校区召开"艺术管理专业发展的新动力与新机制——2017中国艺术管理专业建设研讨会"。来自全国50余所院校及演出机构的近百位代表参会。本次会议围绕"新时期社会发展对艺术管理人才需求的迫切性与艺管专业自身的特殊性"展开研讨,共同探索艺术管理人才的培养方案与课程设置准则。研讨会分主题演讲、圆桌会议两个环节。圆桌会议议题包括"艺术管理本科专业标准设置""实践教学体系建设""师资力量建设与发展"等版块。

3）6月22日—23日，"第十二届中国艺术管理教育年会"在北京大学举行，本次年会由中国艺术管理教育学会主办、北京大学艺术学院和国家对外文化交流研究基地联合承办。本届年会主题为"跨文化艺术管理"，包括主题发言、分论坛及圆桌会议等环节，旨在共同思考在全球化与多样性并存的时代，中国艺术管理所面临的机遇与挑战；探讨当代中国艺术管理在让中华文化同世界各国人民创造的多彩文化一道为人类提供正确精神指引的历史使命中应该发挥的作用以及如何发挥作用；通过研究跨时空、超国界、跨文化的艺术管理理论创新、实践创新、教学创新，推动艺术管理学科的发展、人才的培养，促进文化艺术的繁荣和对外传播。来自50多所高校的200多位艺术管理专业的师生和专家学者出席了本次会议。在分论坛环节，与会代表围绕"跨文化艺术创新的组织形式与机制""跨文化语境下中国艺术经典""跨文化艺术传播的受众培养与市场培育""跨文化语境下的创意表达与艺术传达""跨文化艺术管理人才培养"五个子议题分组展开热烈讨论。圆桌会议特别设置青年教师和艺术管理双语教学两个专门项目。

4）6月26日—28日，"第十四届世界文化艺术管理双年会"在北京大学英杰交流中心举办。此次双年会由北京大学与世界文化艺术管理学会（International Association of Arts and Cultural Management，AIMAC）联合主办，北京大学艺术学院、国家对外文化交流研究基地与中国艺术管理教育学会共同承办，上海戏剧学院与北京舞蹈学院协办。教育部、文化部、德国驻中国大使馆、北京大学、上海戏剧学院、北京舞蹈学院、中央音乐学院、中央美术学院、北京电影学院、南京艺术学院、国家博物馆、国家大剧院、中国美术馆等单位领导和各界专家学者出席会议，来自世界各地艺术管理领域的专家学者、师生近400人参加本次年会。本届双年会设立7个分会场，分别对文化政策、战略管理、战略营销、文化金融、组织管理、消费者行为、创业管理展开研讨。大会收到来自世界各地的会议论文600余篇,从中筛选并确认在大会上发言的逾130人。来自世界46个国家和地区的近400名参会者分别参与高峰圆桌论坛和7个分会场的专题会议以及博士生论坛,展开为期三天的深度交流讨论。

5) 6月30日,中央戏剧学院在东城校区召开"剧团的运营与管理学术研讨会"。与会者围绕剧团发展中遇到的营销管理宣传推广、技术制作、艺术培训等问题展开讨论,共同探索剧团未来的发展方向。

6) 9月16日,"第二届全国演出艺术管理学术研讨会"在中央戏剧学院东城校区剧场东厅召开。本届研讨会的主题是"演出艺术管理教学",旨在深入探讨新时期高等演出艺术管理教学面临的机遇与挑战,共同推进演出艺术管理的教学体系建设与学科建设。

7) 11月4日,由上海交通大学媒体与设计学院和上海交通大学—莫纳什大学全球文化经济研究中心发起和主办的首届"文化管理:中国与世界"学术论坛举行。本次论坛吸引20余所高校文化艺术管理专业的院长(系主任)和学者参加。论坛的主题是"文化管理学科建设:全球视域与中国智慧"。论坛特别邀请香港中文大学郑洁教授围绕其新作《世界文化管理与教育》作主题发言。

8) 11月16日,由上海音乐学院主办,上海音乐学院艺术管理系承办,橄榄古典音乐协办的"四只眼睛看演艺——2017首届'艺管国际·上海论坛'"在上海音乐学院行政楼排演中心举行。此次论坛演讲嘉宾为来自德国、奥地利、英国、日本及中国演艺市场剧团、剧场、经纪、票务四大要素领域的8位具有广泛影响的业界标志性人物。近200名来自艺术管理业界与学界的代表,在多视角背景下,聚焦演艺行业发展、未来艺术管理专业人才培养等热点话题,进行了深入交流与探讨。

9) 12月11日—14日,"第二届文化艺术管理(上海)国际会议暨国际学苑"在上海戏剧学院华山路校区举办。本次论坛由上海戏剧学院主办,上海戏剧学院艺术管理系、国际艺术管理研究中心与《艺术管理》编辑部共同承办。本次论坛的主题为"走进新时代的文化艺术管理"。整场活动分为"国际会议"及"国际学苑"两大版块,前者由海内外顶级学者分享研究成果,后者为青年教师及硕博研究生向参会的国内外学人近身请益提供了机会。

10) 12月15日—17日,由江苏省教育厅全额资助的"长三角地区艺术管理研究生学术论坛"在南京艺术学院举办。本次论坛的核心议题是"公教新知:艺术机构的观众拓展/市场营销的新境遇与新策略",针对长三角地区文化与社会发展的实际需要特别分设四场专题论坛:"如何塑造艺术生态""大剧院、博物馆应该是一个怎样的地方""当代语境下艺术机构观众拓展的挑战与想象""艺术新营销的视角与方法"。来江苏省、上海市、浙江省、安徽省以及湖北省、山东省、山西省、北京市等地高校艺术管理、文化管理、文化创意等相关专业硕士、博士研究生50余人参加会议,长三角地区艺术管理领域知名学者、骨干教师和业界新秀20余人应邀与会。整个活动主要包括主题演讲、专题论坛、研究生沙龙等环节。

11) 12月25日—26日,"第十二届中国艺术管理教育学会年会2017全国大学生艺术项目策划大赛暨海创未来——'艺术+'创意创新创业大赛"在北京大学双创中心举办。本次大赛结合时代最新课题,采取企业介入的方式,培养造就"青年艺术+"的生力军;推动赛事成果转化和产学研用紧密结合,促进"艺术+"新兴文化业态形成,服务经济提质增效升级,以创意推动创新、以创新引领创业、以创业带动就业。大赛组委会从全国高校选送的300个预报名方案中选出54个创意项目和46个创业项目进入复赛评审,复赛评审专家组对每个项目进行充分审阅和评议,分别从创意组和创业组中选拔出30个项目晋级本次大赛决赛。经过激烈角逐,最终创意组与创业组分别评选出一、二、三等奖,以及未来之星。

2018年

1) 5月14日—20日,北京大学与澳门理工学院联合举办以"艺术介入与社区文创"为主题的"艺术管理与文化产业工作坊"。此次活动以北京前门社区为个案对象，采用理论学习与案例实践相结合的方式，深入探索"社区+文创"的创新模式，主要包括专题讲座、社区考察、艺术展览、项目策划和成果展示等内容和形式。海内外专家学者、企业家，分别就"故事与故乡：特色社区的创意营造""美好关系与社区文创""地域与策略：乡建实践三例""动画形象和文化产品的IP开发与经营""城市文化IP的落地模式"等展开相关讲座与主题演讲。

2）5月24日—26日，上海戏剧学院联合全国艺术学理论学会、中国艺术管理教育学会创办的"全国艺术管理青年学者论坛"在上海举行。这一学术活动两年一届，主要致力于把各院校、各单位优秀的艺术管理青年学者聚集起来，探讨学术思想，交流理论成果，推进学科建设。本次论坛主题为"艺术管理研究的学术范式与理论价值"，按照"以文参会"的原则，经过论文评审，来自全国50多所艺术院校、文化机构的60多位艺术管理青年学者参加论坛。主旨演讲嘉宾针对新建学科青年学者的实际需求，从艺术学、艺术管理学、艺术社会学以及文化产业、文化行政等方面，在学科思维与方法论层面向大家阐述了当前的研究领域与选题、研究思路与方法以及研究现状与趋势，也讲解了如何撰写并发表高水平的学术论文、如何申请并获批高水平的研究课题。在分论坛环节，每位青年学者积极发言，或宣读向大会提交的论文，或就嘉宾的主旨演讲谈体会、作引申，以开阔的视野和方法论层面的反思展开学术争鸣、对话与交流，气氛热烈，高见叠出。

3）6月30日，由首都师范大学主办，首都师范大学美术学院承办，中国拍卖行业协会文化艺术品拍卖专业委员会等机构协办的首届"艺术市场：新生代专场"顺利召开。本次专场分别设置"推广：艺术消费品的空间价值""经营：艺术机构的区域化与全球化""前沿：艺术品金融的未来""突破：数据时代的艺术品电商"四个议题。来自全国各地优秀的年轻从业者和艺术管理与市场专业的优秀学子，就艺术消费品的市场空间、艺术机构的区域化与全球化经营、艺术品金融的未来发展、数据时代的艺术品电商等问题展开深入的讨论。

4）9月21日，中央戏剧学院戏剧管理系主办"第三届全国演出艺术管理研讨会"。本届研讨会以"演出艺术的经营·管理·人才"为主题，分析经营、管理和人才在演出艺术中的重要性和关键性，来自全国12所高校的学者针对演出艺术行业发展中的问题展开主题发言。

5）10月5日—6日，天津音乐学院艺术管理系举办"2018跨界艺术项目展演国际工作坊"。来自国内外30余所高等院校、艺术机构、文化企业以及媒体单位、政府部门的近200名代表参会。

6）11月2日—3日，国际美术教育大会在中央美术学院举办。艺术管理论坛作为本次国际美术教育大会的重要组成部分，邀请了10个国家和地区34个机构的45位嘉宾与会。艺术管理论坛围绕"艺术机构的教育本质"这一主题，以主旨演讲和圆桌论坛相结合的形式，进行了深入的探讨。

7）11月17日，来自中国美术学院、南京艺术学院、上海音乐学院、上海戏剧学院、上海交通大学、同济大学、上海大学、华东政法大学、上海财经大学、上海视觉艺术学院等长三角地区高校的20余位专家、学者汇集上海戏剧学院，聚焦艺术管理核心课程配置与通识课程开设这两个最为基本的议题，谋划艺术管理学科专业在国家文化战略以及长三角经济社会一体化框架下更好发展的新目标与新思路，形成了在全国具有示范意义的"上海共识"。

8）11月24日—25日，上海音乐学院举办"歌剧与中国——2018第二届艺管国际·上海论坛"，分别邀请与歌剧相关的国内外知名作曲家、指挥家、导演、理论家、评论家和歌剧艺术管理者，采用主题演讲与对话研讨的形式，回顾歌剧发展历史，把脉当下中国歌剧发展的现状、挑战和机遇，共商歌剧未来发展大计。此次论坛的重点不在于达成共识，而是尽可能地从不同角度探讨歌剧在中国发展的可能性，引发更多人对中国歌剧的关注。

9) 12月1日—3日，由中国美术学院、中国艺术管理教育学会联合主办，中国美术学院艺术管理与教育学院、中国美术学院创业学院、中国美术学院美术馆总馆承办，华夏博雅（北京）教育科技有限公司、中国美术学院艺术管理研究中心协办的"第十三届中国艺术管理教育学会年会暨新时期文化艺术管理共同体高峰论坛"在杭州举行。本次年会以"新时期文化艺术管理共同体"为主题，下设"智能化时代艺术管理开展的可能性和方式""艺术管理机构与院校交流机制与人才供需""文化政策与产业化运作对艺术管理的影响""不同艺术门类艺术管理教育学科建设的共性与个性"四个分论坛。年会开幕前还举办了"2018·全国艺术管理学生创意策划竞赛"。来自全国46所院校的141支队伍参赛，经过激烈且精彩的现场展示，来自26所院校的35个团队进入决赛。13位业界专家、学者与同学们展开了热烈的讨论，思维的碰撞紧扣了本次大赛"创新+"的重要主题。最终，评委根据项目创意、现场表现、艺术+主题、核心竞争力、未来发展等评分标准，评选出本次大赛的金银铜奖以及其他相关奖项。

2019年

1) 3月10日，由上海世纪出版集团主管，上海戏剧学院、上海人民美术出版社主办的《艺术管理》学刊正式发行，新编国内统一连续出版物号为CN31-2155/J，这是国内第一份专门研究艺术领域管理议题的综合性双语类学术刊物，也是艺术学理论一级学科创建以来唯一新办的专属类别学术期刊。《艺术管理》遵循"跨学科、国际化、应用性"的办刊理念，聚焦各类艺术机构和文化企业的战略运营与持续发展，密切跟踪整个艺术行业在社会发展中的跨界与融合。

2) 5月18日，由上海市高峰高原学科建设基金项目资助的"剧院管理专题研讨会"在上海戏剧学院成功举办。此次研讨会由上海戏剧学院主办，上海戏剧学院国家文化与旅游改革发展研究基地、上海戏剧学院中国剧院发展研究中心、《艺术管理》杂志社共同承办。来自国家大剧院、上海大剧院等全国各大剧院，上海戏剧学院、上海交通大学、上海音乐学院、武汉大学等知名高校的近 30 位业内专家、学者针对剧院团的运营管理发展的基础性议题及论域与方法进行探讨，以期形成剧院管理研究的理论范式，推动剧院管理学科体系以及人才培养体系的建立，从而进一步提升剧院管理研究的整体水平和社会影响。

3）5 月 26 日，由清华大学美术学院艺术史论系主办、清华大学美术学院艺术管理项目组组织策划的"RE‐CONNECTION——2019 清华美院艺术管理论坛"在清华大学艺术博物馆报告厅举办。本次论坛邀请了多位来自艺术机构、艺术营销、艺术金融等领域的学者与资深专家围绕着"创新——艺术机构的运营及创新"与"回应——消费升级背景下，艺术品的消费与投资"两个主题展开主旨演讲，共同聚焦中外艺术管理领域前沿及热点话题。

4）6 月 16 日，"2019 上海娱乐法国际会议"在上海交通大学凯原法学院召开。多国娱乐文化相关政府官员、法官、资深学者、公司高管和跨国律师围绕"数字时代的 IP：电影、音乐和游戏"主题，对娱乐文化产业相关法律问题展开深入研讨，开启娱乐产业界与法律界的良性互动，为产业发展、学术研究、人才培养、规则制定等提供广阔的平台。

5）6 月 21 日—23 日，"倡导共建世界剧院命运共同体——2019 世界剧院北京论坛"在国家大剧院举办。本次论坛的主题是"交流合作、共享共赢"。来自意大利米兰斯卡拉歌剧院、英国皇家歌剧院、法国巴黎歌剧院、美国卡内基音乐厅、德国柏林歌剧基金会、奥地利维也纳国家歌剧院等国内外艺术机构的近 50 名嘉宾围绕"剧院运营管理新理念""艺术教育与观众培养""艺术创作与生产的未来之路"等剧院发展共同面临的实际问题发表了主题演讲。

6）11 月 11 日—12 日，由中国艺术管理教育学会、中国音乐学院、全球音乐教育联盟主办的"第十四届中国艺术管理教育年会"在中国音乐学院举行。年会以"艺术管理教育的全球视域与本地经验"为主题,来自中国、美国、加拿大、法国、德国、英国、比利时、日本等国家的艺术管理专家就艺术管理学科建设、艺术管理人力资源、艺术管理专业实践、表演艺术课程教育、中西方文化艺术碰撞、表演艺术市场融合、大数据与观众拓展、开放博物馆革命、城市发展与新社群等议题进行主旨发言和深度探讨。

7) 11月21日—23日,由上海戏剧学院主办的"第三届文化艺术管理(上海)国际会议"在沪举行。本次会议以"专门聚焦全球艺术管理前沿课题,特别瞄准文化领域重大战略"为主旨,提出"艺术、科技与管理的跨界及融合"这一研讨主题。专家们从概念化、数字化和观众等维度探讨了艺术管理的可持续发展以及行业和学科的未来。"艺术、科技与管理的跨界及融合"课题的推进,预示着社会进程中新兴变革力量正在生成,艺术管理学科已经发出了走向文化发展的中心的明确信号。

8) 11月22日,由中央美术学院主办、中央美术学院艺术管理与教育学院和中国人民大学律师学院联合承办的"2019艺术法国际论坛"在中央美术学院召开。国内外艺术法学研究领域的专家、学者,以及艺术市场与法律实务领域的专业人士,围绕"艺术法与文化治理"这一主题,共同探讨艺术法领域的最新观点与研究成果。"2019艺术法国际论坛"是国内首个艺术法国际论坛,通过国内外艺术法学者之间的学术交流,中国艺术法教学与科研得以更深入地发展,而研究学者与实务工作者之间的经验分享,也更好地加强了艺术法研究与法律实务的结合,为艺术法的学科建设与实践探索共聚智慧。

9) 11月23日—24日,由上海音乐学院、巴黎索邦大学主办,上海音乐学院艺术管理系承办,巴黎音乐城—爱乐音乐厅、法国音乐出口局、上音歌剧院、橄榄古典音乐·橄榄戏剧协办的第三届"艺管国际·上海论坛"在上海音乐学院隆重举行。本次论坛以"聚焦音乐剧制作人的中法对话"为主题,邀请了来自中法两国共10位在音乐剧制作、运营、研究等方面拥有杰出成就的制作人与专家,通过系列主题演讲与对话研讨,从"制作人"视角回顾音乐剧的发展历程与中法音乐剧交流历史,把脉当今音乐剧的现状、挑战与机遇,展望音乐剧市场的未来发展方向,共同探讨"制作人"在剧目选题、版权共享、内容创作、舞台表演、观众拓展、国际交流等层面的角色担当与核心作用。这些探讨对于中国音乐剧未来的发展、高层次艺术管理经验交流平台的搭建、艺术管理理论与实践的融合产生了积极的作用。

10) 11月30日至12月1日,"结构与创新:2019全球艺术品市场研究国际研讨会"在中央美术学院召开。本次会议由中央美术学院艺术管理与教育学院、国际艺术市场研究学会中国分会(TIAMSA CHINA)合作举办,邀请中国、德国、意大利、荷兰、瑞士、英国、法国、波兰、韩国等国家和地区的20位具有代表性的学界研究者参会,以"结构与创新"为主轴,共同探讨国际语境下当前国际艺术品市场动向与区域竞合、艺术品市场商业及服务模式创新、艺术品市场与金融创新、艺术品市场技术创新、艺术市场类机构运营创新、艺术品市场研究全球化等诸多议题。来自世界各地的学者、专家结合自身的实践经验,分享了彼此的前沿研究,积极探讨了技术和运营的变更为艺术市场带来的发展和格局的变化。

11) 12月7日—9日,以"人类命运共同体与全球文化管理"为主题的"2019全球文化管理学术研讨会"在上海交通大学举行。参加会议的有联合国教科文组织专家委员会委员,有来自英国、德国、塞尔维亚、蒙古、韩国、塞拉里昂等国家和地区的学者,以及来自北京大学、清华大学、复旦大学、华东师范大学、中共中央党校、中国社会科学院、上海交通大学等国内的文化管理学者。本次论坛以中外学者对话的方式,深入探讨文化管理的意义内涵、结构层次、多样实践和多重效果,借鉴外国特别是西方文化管理的理论、方法和学科建设经验,总结、提炼中国文化管理的丰富经验,为建立具有中国特色的文化管理学科体系进行了理论研讨与实践探索。

2020 年

1）11 月 29 日—30 日，第二届全国艺术管理青年学者论坛在上海戏剧学院召开。本次论坛是上海戏剧学院建校 75 周年校庆系列活动之一，由上海戏剧学院、全国艺术学理论学会、中国艺术管理教育学会联合主办，由《艺术管理（中英文）》编辑部、上海戏剧学院国际艺术管理研究中心承办。在论坛主旨演讲环节，围绕"后疫情""新文科"两个关键词，八位知名专家学者基于新文科的艺术管理跨界与融合做了主旨发言，还采取工作坊、圆桌会议等形式探索有效的文教协同机制。艺术机构负责人、文旅企业负责人、相关专家学者及艺术院校硕士研究生、博士研究生百余人参会。

2）12 月 4 日，由中国美术学院主办，中国美术学院艺术管理与教育学院、艺术管理研究中心、中国国际设计博物馆、长三角艺术管理教育联盟组委会承办的"长三角艺术管理教育联盟"成立大会在中国美术学院象山校区中国国际设计博物馆报告厅开幕。

3）12 月 12 日—13 日，第十五届中国艺术管理教育学会年会在西安美术学院举行。本届年会以"艺术管理·面向 2035 的世界领先学科建设"为主题，设主旨发言、大会分论题讨论、青年艺管人专题交流会、全国大学生艺创竞赛等环节。大会下设"新文科·新视域与艺术管理的新发展""艺术管理与文化产业""公共文化服务体系与文化乡建""艺术管理与美育的协同发展""文化政策与文化治理""艺术管理与区域发展"6 个分论题。

4）根据教育部公布的 2020 年度国家级和省级一流本科专业建设点名单，上海戏剧学院艺术管理专业获批国家级一流本科专业建设点；根据教育部公布的 2021 年度国家级和省级一流本科专业建设点名单，中央戏剧学院艺术管理专业获批国家级一流本科专业建设点。

2021 年

1）9 月 24 日—28 日，由浙江音乐学院和中国艺术管理教育学会联合主办的"全国艺术管理中青年骨干教师高级研修班暨艺术管理学科建设研讨会"在浙江音乐学院顺利举办。本次培训活动以创新性的"双研"模式启动,邀请国内文化产业和艺术管理领域的八位顶级专家授课,分为四天研修班和半天研讨会,课程设计充分体现专业的多元性、权威性和前瞻性。研修期间,还穿插安排了一场教学互动和一次艺管沙龙,最后在研讨会上充分交流学习心得和思考成果。本次高研班吸引了来自全国 17 个省市自治区的 50 名学员,其中在职教师 35 人,相关专业人士 4 人,在读艺管硕博研究生 11 人。学员平均年龄 37 岁,其中教授 2 人、副教授 8 人、讲师 19 人,在各个院校担任艺术管理院系负责人的有 12 人。

2) 12 月 11 日,深圳大学文化产业研究院举办 2021 "云"中相"会"系列网络学术论坛第五期——艺术管理专业建设高峰论坛。

3) 12 月 23 日,在上海市委宣传部和市教委指导下,上海戏剧学院与上海大剧院艺术中心就开展联合培养人才项目在上海大剧院签订合作协议。双方将以产学融合模式,重点培养艺术管理本科(舞台技术制作方向)和艺术管理硕士 MFA(歌剧制作方向),这在国内高等院校中尚属首次,填补了我国艺术类学科在教学培养方面的空白。

4) 根据教育部《关于推荐新文科研究与改革实践项目的通知》,上海戏剧学院"基于交叉、融合、应用为特征的艺术管理专业课程体系与教材体系建设"和中央美术学院"作为新兴学科的艺术管理专业建设与实践"入选教育部新文科研究与改革实践项目。

2022 年

1) 11 月 5 日—6 日,中国艺术管理教育学会第十七届年会在浙江音乐学院召开。本届年会以"中国艺术管理学科建设 20 年——回溯与展望"为主题,设置"学术大会""校长论坛""面向 2035 中国演艺生态重塑研讨会""大学生创意策划大赛""优秀硕博论文评选"等环节。本届年会以线下主导、线上联动的形式召开,由浙广直播平台进行全网同步展播。会议汇聚了来自国内外艺术管理领域的诸多专家学者,得到学界、业界同仁们的广泛关注,为艺术管理学科建设搭建了良好互通的交流平台。

2) 11月10日—12日,由教育部艺术学理论类专业教学指导委员会、上海戏剧学院主办的第四届文化艺术管理(上海)国际会议在上海召开。来自全国40多所高校艺术管理专业的学者和业界专家,通过线上线下结合的方式,围绕"艺术管理国家一流本科专业建设的示范与引领"进行了深入研讨。

3) 11月12日,44家院校共同发起成立全国高校艺管院系(学科)负责人联席会(简称艺管联席会),本次发起成立大会在上海戏剧学院举行。艺管联席会为全国专业艺术院校、经管理工类大学、综合性大学艺术管理与文化产业本科教育、硕博研究生教育等领域的教学科研协作自治组织,以中国式艺术管理及其教育的"国际公信力、跨域协同力、在地执行力"为宗旨和目标,通过构建艺术管理本硕博教育完整的体系,搭建艺术管理领域政产学研资源共建共享平台,致力于艺术管理学科专业建设、人才培养、社会服务、国际交流的深度对话与合作,以此促进中国式艺术管理三大体系构建与实践,全面培养担当民族文化复兴大任的高质量艺术管理人才。发起单位名单如下(按学校名称首字拼音排序):广东工业大学、广西艺术学院、贵州商学院、贵州师范大学、哈尔滨音乐学院、河南财经政法大学、湖北美术学院、华东政法大学、吉林艺术学院、临沂大学、南京艺术学院、内蒙古艺术学院、清华大学、山东工艺美术学院、山东艺术学院、上海出版印刷高等专科学校、上海大学、上海师范大学、上海视觉艺术学院、上海戏剧学院、上海音乐学院、沈阳音乐学院、四川美术学院、四川音乐学院、天津美术学院、天津音乐学院、武汉大学、武汉理工大学、武汉音乐学院、西安美术学院、西安音乐学院、星海音乐学院、云南艺术学院、浙江传媒学院、浙江音乐学院、中国传媒大学、中国美术学院、中国戏曲学院、中国音乐学院、中央财经大学、中央戏剧学院、中央音乐学院。

2023 年

1）4 月 3 日—4 日，由中央美术学院主办，中央美术学院艺术管理与教育学院承办的"面向现代化国家建设的艺术管理——中央美术学院艺术管理教育 20 周年系列活动"举行。活动以"面向现代化国家建设的艺术管理"为主题，由庆祝活动和"第四届全国视觉艺术管理教育研讨会"组成，汇聚了全球视觉艺术管理教育界、理论界同仁以及一线艺术管理从业者，紧扣中国艺术管理发展的时代脉搏，探讨中国式现代化背景下中国艺术管理在面向现代化国家建设中的重要作用，助力构建艺术管理的国际交流新格局。

2）11 月 4 日—5 日，由浙江音乐学院主办的"面向未来的全球合作与交融"艺管国际—西湖论坛在杭州举行，国内外 10 余所高校的专家学者参加论坛。与会嘉宾从艺术与文化管理的视角，围绕跨文化沟通与交流、艺术管理领域的学科交叉和艺术管理人才的多元汇通等话题展开对话研讨。

3）11 月 17 日—19 日，中国艺术管理学会第十八届年会在北京舞蹈学院举行，年会主题为"中国式现代化艺术管理的新思维、新路径与新方法"，包括主旨发言、专题演讲、青年艺管人论坛、硕博论文宣讲、学界与业界互动沙龙、主题演讲、圆桌会议等环节。

4）12 月 2 日—3 日，第二届全国高校艺管院系（学科）负责人联席会议在浙江传媒学院举办，会议主题为：艺术管理"三大体系"的构建与应用，中外艺术管理实务前沿比较分析，国际艺术机构的形态演变与职能拓展。30 多家院校 60 余位代表参加此次会议。经过申报和评审，联席会遴选出中央戏剧学院、中央音乐学院、中国美术学院、中国音乐学院、中国戏曲学院、中国传媒大学、上海戏剧学院、上海音乐学院、四川美术学院、星海音乐学院等全国艺术管理特色教学示范点 23 家。

图书在版编目(CIP)数据

论艺术管理教育/董峰著.—上海：复旦大学出版社，2024.1
ISBN 978-7-309-16505-0

Ⅰ.①论… Ⅱ.①董… Ⅲ.①艺术教育-教育管理学 Ⅳ.①J114-4

中国版本图书馆 CIP 数据核字（2022）第 194203 号

论艺术管理教育
董　峰　著
责任编辑/陈　军

复旦大学出版社有限公司出版发行
上海市国权路 579 号　邮编：200433
网址：fupnet@fudanpress.com　　http://www.fudanpress.com
门市零售：86-21-65102580　　团体订购：86-21-65104505
出版部电话：86-21-65642845
上海崇明裕安印刷厂

开本 787 毫米×960 毫米　1/16　印张 22.5　字数 301 千字
2024 年 1 月第 1 版
2024 年 1 月第 1 版第 1 次印刷

ISBN 978-7-309-16505-0/J・475
定价：88.00 元

如有印装质量问题，请向复旦大学出版社有限公司出版部调换。
版权所有　　侵权必究